紫微探源

王文華

推薦序一

中華海峽兩岸周易科學交流協會創辦人
黃來鎰

《繫辭傳》曰：「易有聖人之道四焉：以言者尚其辭，以動者尚其變，以制器者尚其象，以卜筮者尚其占。」

《易》有「辭」、「變」、「象」、「占」四者，都是聖人應用的方法。討論吉凶之理，在於卦辭所繫的文辭；決定行動時，則可以觀乎奇偶陰陽的變化；一卦一爻，各取其象，可法以制器而盡物之用；更可用以占，以斷吉凶。

研《易》，以六十四卦，三百八十四爻為「體」；歷代聖哲運用各種方法，將卦、爻之間的變化和結論，應用於生活上的「堪輿」、「醫理」、「算命」、「占筮」、「面相、體相」。此山、醫、命、卜、相合稱「五術」，可以為人解惑，趨吉避凶，轉凶為吉，轉吉為利，終究利往攸往，利涉大川。（「術」者，方法也）

「易理」與「五術」互相理解，交互運用，「體」「用」兼備，利益眾生。

吾之摯友，紫微泰斗王文華大德以長庚大學企管碩士的高學歷為背景，鑽研「紫微斗數」三十五年，著作相關書籍多本，為研究紫微的前賢大德提供寶貴的參考資料，樹立了紫微斗數的權威地位。

旋以王文華大德新著《紫微探源：易經象數剖析紫微斗數原理》涵蓋層面，較諸以往之著述更深且廣。除了系統探索，復就「河圖洛書」加以深論，六十四卦的父母卦「乾、坤」詳細推演，同時探究「六十甲子納音法則」、「五行局」、「四化原理」，如此詳盡的論述，實為讀《易》、研《易》、悟《易》者一大佳音。

旋以王文華大德謙謙君子，慈悲為懷，大作完成，即將付梓，敝人感其德、尊其心，敬其義，願為之「序」，以示尊崇。

推薦序二

星元五術大學校長
吳慕亮

《易》之為書也，廣大悉備，有天道焉，有地道焉，自太極分而陰陽立，四象成而八卦定，古聖人探賾索隱，以前民用，仰則觀象於天，俯則觀察於地，引介觸類，參伍錯綜，河洛源流，悉見斯圖則天文與地理，相為表裏者也，考《禮》則有辨圭測土之文，《詩》則有相其陰陽之語也。自宋太祖趙匡胤於公元九六〇年歲次庚申得天下後，希夷亦奉紫虛天命旨意，獨創「紫微斗數」新傳，精其學術，厥後廣流，各分門戶，別為一端，深文奧義，言者各殊，依類以述，真法祕竅，迄今世遠年湮，學者淺陋，於其精妙處，茫然不知，竊其皮毛，以為道在是矣！以致愈傳而愈失其真，愈傳愈流於偽，為可慨已，悵然若失，誠感可嘆耳！

雲間有青年俊彥，文華賢弟精於《易》者也，闡八卦之苞符，測五行之生尅及六十甲

子變化，萬象包羅，溯厥淵源，無他謬巧，斯言陰陽交互而已！華弟之言，真以一人而通三才之祕，而又博覽群書，折衷一是，研究三十載年，論斷服務已越百萬次，神而明之，竟得圖南真傳，華弟亦人傑哉！天運丁酉初冬，再重逢於二〇一七年「第七屆海峽兩岸暨亞太地區周易高峰論壇」，賡繼舊緣，懽忭無極！欣喜先能拜讀《紫微探源：易經象數剖析紫微斗數原理》之初稿，復以囑弁於余，老朽年邁覩其誠懇弗敢辭焉！從康城別後歸塹邑，即夜下挑燈，悉心披閱，書凡七卷，並附錄《說卦傳》臆解及宋版六經圖之《大易象數鈎深圖》，可謂至寶耶！

探索總論則窮源竟委，條分縷析，自成一家言，如暗室燈，頓開覺路；似寶筏渡，立出迷津，其嘉惠於後學者，豈淺鮮哉！余年已將屆古稀，忽忽不知老之至，及見此書，若有心領神會，頓開茅塞哉，文華賢弟其先攝我心者歟！靜思，自別芝宇，倏以三年，久欲馳書左右，而公私魚鹿，兼以嵇生性懶，遲遲至今；然「君子之交淡如水」，疏於跡者，乃親於神也。辱荷先施，備感注存；知文華賢弟懸懸於我，當亦知我之拳拳於華弟也。忽驚聞君有交通事故，髖骨撞擊成碎，知悉悵然，幸今已癒安然無恙，乃吉人自有天相，欣慰之至。晨曦時刻，精神抖擻，擬撰七律拙詩，上平聲二冬韻，聊作讚賀，寸褚如後，元亨利貞（三稱）！

旋以，此次「周易高峰論壇」，渥蒙李桂欽所長之引薦，伏承當代書法方家葉泉力老師允諾，特為文華賢弟新書封面題字，誠然雙喜臨門也。一喜，論壇佳評如潮，掌聲如雷；二喜，巧遇書法良師，貺以墨寶。吾觀泉力公之書法詣境，融合諸家，貫通於〈楷〉、〈行〉、〈草〉、〈隸〉、〈篆〉各體，自闢蹊徑，獨具風格，注重內涵及神韻，以臻運筆有力，鳳翥鸞迴有勢。其結構穩妥，融合新意，展現氣魄，借以墨色，增益作品之效，如淡墨揮灑，則含蕭疏透逸。堪稱：「書藝高妙，仙露明珠。」彷彿文華賢弟之名，「文」光射斗，「華」耀八荒，不亦樂乎！

讚曰：

「萬國咸寧御六龍，乾坤妙諦總歸胸，三墳洞徹天時究，八卦知情地利從；祿忌星辰能靜悟，科權軌道弗迷蹤，文華見地全台冠，河洛尋源百代宗。」

天運丁酉年小雪候節穀旦良辰

隆中　吳慕亮敬書於風城璇璣小閣之牖前

推薦者簡介：

吳慕亮教授，乃當代五術方家，香港上海哲理學院哲學博士。現任星元五術大學校長及財團法人軒轅教二宗伯暨台中潭邑《觀顯堂年刊》顧問，以傳道、授業、解惑，著書立說，執經問難，弘揚儒宗，纘承文化為不朽之盛業！

別號：孔子門生、延陵布衣、玄魁居士、鍼灸山人、隆中逸叟（耳順之前，以狂客而稱）、方外處士、野鶴老朽、閒雲簑翁、臥龍散人。

室號：河洛居、愛吾廬、半仙居、瑩拂園、滌塵軒、臥龍軒、璇璣小閣、隆中小築、拂塵掃葉樓、如聞心齋、笑傲山房、市隱草堂。

設硯處：延陵堂五術文化會館。新竹市民富里少年街100號

電話：03-5214041　**手機**：0936-996563

E-mail：wcw969696@yahoo.com.tw

推薦序三

中國五術教育協會命理學院院長
劉英雄

夫「紫微斗數」源遠流長，祖述自夏、商、周至秦、漢，出於道家，始於呂純陽，載於《道藏經》，初稱：「術天機。」至宋朝陳希夷（字圖南，號扶搖子）集其大成，後世則尊「紫微斗數」祖師，歷經迄今一〇五七年，卻歷久而彌新；「紫微斗數」細分〈天文學〉、〈氣象學〉、〈數學〉、〈堪輿學〉、〈醫學〉、〈生化學〉，統稱自然科學；綜合〈統計學〉、〈心理學〉、〈邏輯學〉之理論，以科學方法推理。

「紫微斗數」，其理則乃根源於《易經》、〈河圖〉、〈洛書〉，以之預測人生命運之窮、通、禍、福、吉、凶、榮、枯及亨、泰、否、蹇，鮮有不中者，尤有甚者，吾人日常生活中微細之事亦能窺知，洞徹玄微。「紫微斗數」概分南北二派，南派以占驗為主，稱「占驗」派；北派偏向修身養性為主，然論命咸能「百發百中」；故「紫微斗數」號稱「天下

第一神數」，名列中國「五大神術」之首。

夫《易》者，象也；象也，者像也。像者，乃事理之彷彿近似，可以想像者也，非真有實事也，非真有實理也。是以：〈象〉中有數，〈數〉中有〈象〉，來瞿唐先生曰：「對待者數，主宰者理，流行者氣。」故象、數、理、氣，乃《易》之真諦也，亦是〈河圖〉、〈洛書〉之精隨；〈河圖〉↓象也、空間也；〈洛書〉↓數也、時間也。由於時空之交會，而產生萬物之變化，以至於生生不息，吉凶悔吝由是而生，文華賢弟大作卷中有詳細之論述，讀者自究，故在此不贅耳！

夫「紫微斗數」之三要素：象、星、宮，象於《斗數》而言，即四化↓化祿、化權、化科、化忌，四化分一、生年四化；二、飛宮四化（或稱飛星四化）；三、自化。此三者錯綜交會而千變萬化，命運之軌跡由是一一呈現。星者，星辰、星斗也；《斗數》星辰有十八顆主星，應用上有用三十六顆星（《華山玄祕》，以三十六宮皆是春取用）與一〇八顆星者。論命以十八顆星配合四化為主，一〇八顆星為輔，星辰乃貫穿命盤之體用，《斗數》是以四化論斷吉凶，星辰論所發生何人、事、物？

宮位，亦稱：「宮職。」係「紫微斗數」之根基，所有象數、星辰所落於宮位，亦必因宮職始可論斷象數之理氣；宮職分本命盤宮職、大運宮職、流年宮職，乃至於流月、流日、流時、流分等，由是產生宮職重疊，宮職重疊，以及各宮立太極推演，乃「紫微斗數」之甚深微妙法，此法通《斗數》即通。《斗數》宮星象必配〈河圖〉、〈洛書〉之理，運用之妙存乎一心，子曰：「吾道一以貫之。」

欣聞文華賢弟新著《紫微探源：易經象數剖析紫微斗數原理》乙書，即將付梓，華弟仁慈敏惠，秉性敦厚，博學多聞，坊間「紫微斗數」之書汗牛充棟，惟文華賢弟如出汙泥之蓮花，一枝獨秀，獨能重《易經》象數應用，發前人所未發，書前人所未書，對於〈河圖〉、〈洛書〉之應用，闡述深入淺出，讓初學者亦能，一目了然。吾奉慕亮師兄口諭，謹遵囑咐，疾筆案前，略述拙見，聊表賀意，或代弁焉！

讚曰：

「著書立說任辭勞，河洛精研萬頃濤；解惑傳薪經歲月，紫微付梓探原高。」

歲次丁酉年小雪候節癸丑吉晨曦

彭城　劉英雄敬書於彰邑祥居燈下之處

推薦者簡介：

劉英雄，係風城吳慕亮教授之《華山玄祕》紫微斗數一脈同門手足。

現任：救國團南投終身學習中心《易經》及《華山玄祕》紫微斗數老師、中華易學教育研究院協會終生院士、中國五術教育協會命理學院院長、中華易學地理學會第五屆理事長、臺中潭邑《觀顯堂年刊雜誌》專欄主筆。

地址：彰化市中山路一段556巷21弄24號10樓

電話：（04）7114619　FAX：（04）7112699　手機：0919-013895

Email：hero0919013895@mail.com

推薦四

觀顒堂命理哲學服務處執行長
王若庭

溯源《易》書：乃伏羲、文王、周公、孔子，四聖集智而作。伏羲氏，觀天法地與人身之自然外形，首揭八卦，以象天、地、雷、風、水、火、山、澤，為形象文字之始祖。周文王（姬昌）將八卦重之為六十四卦，並繫之以〈卦辭〉。周公（旦）則作〈爻辭〉，實用卜筮之術；爾後，孔子作〈十翼〉，以贊《周易》之學。至此，吾國文化天人合一之儒、釋、道，三教心傳，密弗可分之哉！

班固之《漢書．藝文志》，稱《易》為諸經之源，群經之首，或經中之經也。後之儒、道、墨、法、名、兵、農、陰、陽、醫、卜、星、相等，諸子百家，莫弗好引其文字，以為論據而旁徵博引也。吾國《易經》聖策，非僅學術思帷之本源，抑且屬舉世最古老之經典。儒門、萬世師表孔子對《易經》，獨讚揚備至。《繫辭上傳》：「《易》與天地

準，範圍天地之化而不過，曲成萬物而不遺。」

旋以，歲次丁酉十一月十八日，孟冬既至，仍高照豔陽，風暖和煦，一路唱和，相迎若庭偕學生共計四人（劉元瑞、王宥期、曾愷昀）南下遠赴，參加台南二〇一七年「第七屆海峽兩岸暨亞太地區周易高峰論壇」之欣喜情愫。此《周易》學術論壇，人才薈萃，參加專家學者弗僅限台灣，甚而擴及亞太、美國、加拿大、日本等地，吾翹首盼望許久，尤以午時論文發表早已備足紙筆，始能受薰己之弗足！

然而，所有論文報告人，僅有二位以「紫微斗數」作專題報告，一者，鳳山王文華老師；二者，潭邑末學若庭排序在後。仰首佇候，深索片刻，稍又遺珠之憾，此乃短視也。當王文華老師台前講述「紫微斗數」系統源流，以《易經》象、數，邏輯深入淺出，剖析「紫微斗數」祿命術原理，續以理論架構為基，活用《易經》之邏輯思帷一以貫之，涵蓋生活面無所不包，且合乎天地運行之理也。

審視文華老師台風穩健，侃侃而談，條達舒暢，句句攝入心弦，扣入內心，以理說《易》，若非才華橫溢，成竹在胸，焉有此般見地，令人感佩。以致排序於後之吾，頭皮發麻，不由得莫名地緊張，遜色必然矣！嗣後，二日，文華老師弗棄，熱切學術交流，並贈《紫微星鑰》、《紫微四化》二書，拜讀有感，其文循序漸進，井然有序，採擷眾長，屏除諸短，且令讀者淵思寂慮，誠不誣矣！

爾後，接獲新書文稿，伏承文華老師之不棄索弁，甚感誠恐也。然，新書付梓，豈敢延誤，先睹為快，如文華老師所言，貼近生活，輕鬆白話深入淺出，辭約理清，故其分門別類，章節有序，內容紮實，便於讀者於疑竇時，得以迅速解惑，使能貫通天體運行與環境變化，以及人之行走坐臥中，蘊籍天、地、人，三才之吉凶禍福，當有裨於探索捷徑。於此，忭懽之餘，讀後有感藏名七律以賀焉！

讚曰：

「文章聚頂筆刀評，華氣韜光斗指明，易理乾坤為體用，紫微祿忌莫能爭；言功得失三才定，富貴別離五德情，學術相傳攜手護，激揚化俗醒民聲。」

歲次丁酉年小雪候節癸丑午時吉日

太原 王若庭敬書於潭邑觀顒書軒牖前

推薦者簡介：

王若庭，祖籍太原，台中人氏。觀顯堂命理哲學服務處執行長、觀顯堂五術詩學研究社社長、台中潭邑《觀顯堂年刊雜誌》總編輯、當代易學方家黃來鎰教授之學生、竹塹五術作家吳慕亮教授之門生。

設硯處：台中市潭子區興華一路273號

電話：04-25339928　**手機**：0927-894928

E-mail：mandy0523@hotmail.com

推薦五

觀顯堂命理哲學服務處行政主任
王宥期

夫《易》古聖人作也，傳於庖犧，紹述神農、軒轅，繼堯舜及夏后，周文因而變化之，以成今傳經。庖犧及夏禹，因〈河圖〉、〈洛書〉之見，而明察天地之象，概論人物之情。上以窮生化之初，下以辨變《易》之軌；幽以探於神鬼，明以合於日月；遠以徵於四極，近以求於一心，而後知天地生成，物類化育矣！

蓋〈河圖〉、〈洛書〉，乃中國曆數之源始，陰陽、五行之老祖宗，《易經》、八卦、占卜之根本。〈洛書〉九星圖表，據「北斗七星」斗柄所指，從天體中尋出於九處方位上最明亮之星為標誌，爰由斗柄於天上辨方定位。〈河圖〉由觀五大行星（木星、火星、土星、金星、水星）之運行而畫，乃天行健之天體矣！

係數千年前人類老祖宗，與天地合而為一。觀天象以定四時，節氣，方位，旋有〈洛

書〉及〈河圖〉，闡說乾坤之奧妙。《易經．繫辭》：「河出圖，洛出書，聖人則之。」大禹治水時，神龜載文於背，而出洛水，因成九疇，謂之〈洛書〉。其中所含深藏奧祕《易》理、宇宙玄機，以須彌筆，大海墨，書不盡意也。

吾從太原王若庭老師習《華山玄祕》始知斗數星相家，僅知「星斗」而弗知「天數」，然亦可論命，惟難臻詣境，斯乃有粗、細、微、玄、妙之別也。故吾曹必究以《易》理說命，深入探賾，俾使紫微妙理，正本清源，撥亂反正。讓後來者設硯，層層功夫，由淺入深，萬法隨心，化妙五內胸中，爰於能滔滔善語，暮鼓晨鐘，振聾發聵，警醒迷頑而暢乎世間，願吾之同道，皆能知曉先機！

旋以，二〇一七年「第七屆海峽兩岸暨亞太地區周易高峰論壇」時，初見文華君，握手言歡，即為所展現「君子義以為質，禮以行之，遜以出之，信以成之」之氣質所感染。加之與家姐王翠薇熟識，更巧合現居鳳山乃我故居，頗有他鄉遇故知之慨。古云：「人間巧事真不少，只是可遇不可求。」惟文華君，卻以深入淺出之法配合時間空間之因素來推演紫微本源。其構思，想法與資料之精確讓人嘖嘖稱奇。更讓吾曹讚佩，將其研究無私，搦管成冊，造福後學，實我輩之楷模也。

復次，有期與文華君暢懷，人生宦海浮沉及頡惠吉之事，其曰：「潛居儘可以為善，何必顯宦？躬行孝悌志在聖賢，纂輯先哲格言刊刻廣佈，行見化行一時澤流後世，事業之不朽蔑以加焉！貧賤儘可以積德，何必富貴？存平等心行方便事，效法前人懿行訓俗型方，自然誼敦宗族德被鄉里，利濟之無窮熟大於是！」傾聽妙語，豁然開朗，如飲醇醪，欽佩曷勝！吾雖棲隱於潭邑「御香坊」任掌門，然心繫聖學，亦讀書勤奮不輟，謹撰上平聲四支韻，七言絕句，聊以祝賀！

讚曰：

「深耕易道志難移，好學深思忘記時。聖德傳揚籌幄運，驊騮嘯傲世人知。」

天運丁酉年冬至候節穀旦良辰

太原 王宥期敬書於潭邑御香坊之牖前

推薦者簡介：

王宥期，祖籍太原台中人氏，觀顯堂命理哲學服務處行政主任，觀顯堂五術詩學研究社吟唱組主任及《觀顯堂年刊》採訪記者。

服務處：台中潭子區興華一路73號
電話：0425339928　**手機**：0912369114
E-mail：mandy0523@hotmail.com

推薦六

觀顒堂五術詩學研究社投影片製作主任
張翔綸

夫以照見天成，俯論日月，五行星宿，君臣合德，四時合序，鬼神合其吉凶，並蘊四方隅時干支，假於自然法成，備構始於《易》也。是故天垂象，見吉凶，旋復神無方而《易》無體，實相乃無相無不相也，物類化育矣！妙哉大《易》，天心見諦。東漢經學家之鄭玄《易注．引春秋緯》，載曰：「河以通乾出天苞，洛以流坤吐地符，河龍圖發，洛龜書感，河圖有九篇，洛書有六篇。」聖學潔淨精微，頗非一蹴可即，必微潛心參禮，方可探究門窺妙境。然！「紫微斗數」源於〈河圖〉、〈洛書〉始就而序，立意太極，縱横方寸，萬變弗離其中，體用相交，天數相應，所以成變化而行鬼神。子曰：「知變化之道者，其知神之所為乎！」

蒙受執行主席黃來鎰理事長懇邀，參與二〇一七年「海峽兩岸暨亞太地區高峰論壇」

雅臺前上，王師文華妙論斗數高理，精研〈河洛〉數理象學，後學耳頻於讚譽盛傳，俾使吾儕慚赧而效尤！爰以拜讀大作《紫微探源：易經象數剖析紫微斗數原理》，文始載述靡遺，細索探賾天文時學假說，源因溯本，推移蒼穹，道應數理。家師慕亮囑命翔綸弁言以賀，讚仰大哉聖學之彌功。論壇午後場，吾亦暢論詩學偶賦感言，憶起吾詩學祖師黃宏介，愨誠授以慕亮家師，旃勉：「學詩不學《易》，難見天心；學《易》不學詩，難見聖心。」家師慕亮亦遵奉教誨，拳拳服膺，故於紫微斗數設硯批命時，無論吉、凶、悔、吝，則必絕句詩賦，以表嗣後引證。

爰以，五術之山、醫、命、卜、相，環扣縝密，醫者，均以相而察理，中醫斷以望、聞、問，切診論，病徵亦能知性情緣由，甚同之理，「紫微斗數」一六共宗位，乃命疾二宮，斷以身性之海。若病理根究，源〈河圖〉之序，自北而東，左旋而相生，然對待之位，則北方一六水，剋南方巳午火；西方四九金，剋東方三八木，而相剋者，寓乎相生之中。蓋造化之理，生而不剋，則生者無從而裁制，故《易經》者，涵蘊陰陽，靜觀〈河圖〉，審察〈洛書〉，方能臻意境。自古讀書人每逢談《易》好之者，愛其玄妙默測，造化靈機，真理無窮；抑之者，恨其陰陽不測。蓋《易》典經論，莫測高深，亦探無常，啟迪智慧，始匡以迷濛。

環顧「海峽兩岸暨亞太地區周易高峰論壇」，去歲因政治變動所致，僅於竹北舉行，規模略小；爾今復燃薪火於康城，繼成盛典，論壇之精闢更勝往屆，獨以王文華老師「紫微斗數」發表，解析分明，令翔綸戰戰兢兢，頓然豁達。旋而數象理精，藉由剖析「文華」二字雅名，「文」字，上頭一點，下一爻，即精研《易》理相互與名合應；「華」字，草首內十字，若花開中滿合實；二字相併，學富五車，廣佈盛讚，草木豐密。古云：「胸藏文墨懷若谷，腹有詩書氣自華。」復次，《紫微探源：易經象數剖析紫微斗數原理》大作付梓在即，吾儕等輩，欣喜奮待，賢良繼典，纘聖先德，後學翔綸齋戒撰弁，聊以七言絕句十一尤韻拙詩，聊表賀忱！

讚曰：

「鳳嶺高儒繹象謀，河龍數理悟真流；洛龜斗柄尋分究，繼纘薪傳復始舟。」

天運丁酉年小雪候節穀旦良辰

清河 張翔綸沐手敬撰風城拓樸書軒牖前

推薦者簡介：

張翔綸，祖籍清河，彰化人氏。啟碁科技股份有限公司主任工程師、觀顒堂五術詩學研究社投影片製作主任、台中潭邑《觀顒堂年刊雜誌》首席記者、風城五術作家吳慕亮教授之門生、當代易學方家黃來鎰教授之私淑弟子。

地址：新竹市中山路640巷196號3樓之一

手機：0952-351688

E-mail：shing5211@gmail.com

自序

從《易經》象、數剖析紫微斗數原理，早在二〇〇三年就想要出版，中間很多起伏轉折，最後放棄出書。總是在人生發生重大事故後，休息很長一段的時間，猶豫許久，經由好友鼓勵，決定出書，要以生活周遭熟知概念說明，不用艱澀文字表達，淺顯易懂真是難題，皇天不負苦心人，終於完成付鐫出版。

本書是非常值得珍藏的好書，《紫微探源：易經象數剖析紫微斗數原理》內容真的不好寫，尤其是純粹探討理論的書，要交代的東西太多，取捨也是考驗。接觸紫微斗數也有三十多年了，紫微教學也有十多年，實際開始研究理論原理超了二十多年。理論研究是一條很枯燥無味的路，找論述原理的資料少之又少，不知從何著手進行。光是研究坤卦動爻第四、五、六爻，就花了我六年時間才了解其中過程；而紫微斗數四化部份以化科部份推論，花的時間更長，中間一度停擺，當了解四化原理後，四化應用更上一層樓。

本書是筆者將過去研究的心得分享讀者，針對在教學上學生常問之問題以及相關部份

都有詳細說明。參閱此書在短時間內能快速了解整體架構，對於發揚紫微斗數有很大幫助，也期盼能應用在各產業上。本書特別收錄宋版六經圖《大易象數鉤深圖》與《易經》相關資料，也是得來不易，研究《易經》大多是文字解說，沒有圖可以參考，理解上會有很大落差，會走很多冤枉路。

平常所了解之《易經》象、數理論，大多不會用，例如《說卦傳》：「數往者順，知來者逆；是故，易逆數也。」《繫辭》：「是故，剛柔相摩，八卦相盪」要如何做，本書裡面有詳實介紹，再內化成自己的知識，一生受益無窮。

本書分為二大部份，第一篇系統探索，分為四章，第一章地球文明毀滅假說，說明地球時間的起始點及空間形成的假設，在何情形下會文明毀滅，重新開始；第二章河圖洛書介紹，要如何運用河圖及洛書；第三章乾坤二卦卦爻推演探索，以象數剖析動爻之變化，探討邏輯變化，如何應用在紫微斗數原理架構；第四章六十甲子納音法則，介紹六十甲子納音是如何推論出五行，對於五行之變化運用。

第二篇紫微原理探索，主要是以紫微斗數原理探討為主，第一章時間探討，紫微斗數為何以時間做依據；第二章星曜探討，星曜是如何從八卦推演出來，如何起紫微、天府等星曜，宮氣與星曜關係，五行局如何推論出來；第三章四化原理，祿、權、科、忌是如何推

演出來，主要以第一篇所提及相關知識應用，四化星推演出來，是有哪些邏輯理論之運用。

最要感謝的是中華海峽兩岸周易科學交流協會理事長黃來鎰理事長，及慕亮老師為文化傳承不遺餘力推廣，令人感佩；泉力老師是當代書法名家，惠賜墨寶；若庭老師、宥期老師、翔綸老師、一建，時報文化趙董事長、蘇總監、謝編輯等，在寫作期間給予很多寶貴的意見及協助，由衷感激，銘感五內。

筆者對於紫微斗數的熱愛，分享研究心得，提供另一個思帷方式，提升紫微斗數進階研究，倉促付梓，若有謬誤之處，或是理解不周全，盼祈先進、高明之士不吝賜教！

王文華
二〇一七年十一月高雄鳳山寓所
E_Mail: sw5353@gmail.com
電話：+886-966-683267

作者簡介

王文華

◎學歷

長庚大學企研所

中國生產力中心，第二屆高級經營管理顧問師班

◎現任

郁宏數位服務　總經理

星鑰排盤 https://meen.tw

星鑰命理 http://www.profate.com.tw

公司網 http://www.pro58.com.tw

台塑易經社團紫微斗數　講師

中華民國占驗紫微學會 首席顧問
中華易經哲學研究發展協會 顧問
高雄市薩迦大慈佛學會（第六屆）理事

◎**經歷**

廣良億科技（股）公司（南港軟體園區）總經理
弘一科技（股）公司（新竹科學園區）總經理特別助理
盛泓企業（股）公司（樹林、大陸）經營管理師

◎**著作**

紫微星鑰（時報出版）
紫微四化（時報出版）
專業版新編萬年曆三冊（筆名：王郁宏）
星論命理網及線上神算作者（https://www.profate.com.tw/，紫微斗數論斷，資料庫五十萬字以上，論斷服務超過一百萬次以上）

◎專利

干支陰陽萬年曆（發明第 200910 號）

安干系諸星排列結構（新型第 M 278019 號）

記憶體裝置改良結構（新型第 M 287493 號）

以易經命理方式分之人力分析管理裝置（新型第 M 291566 號）

◎研究（命理基礎究研）

紫微斗數研究三十年，基礎研究十五年以上。

文明毀滅假說

時間假設（甲子年甲子月甲子日甲子時的開始）探討

後天八卦推論研究

地理風水之九運卦推論研究

乾坤二卦象數推論

紫微斗數的星宿與易經八卦關係研究及應用

紫微斗數四化星原理推論

易理結合產業預測研究

易理應用產業核心價值研究

以紫微斗數數值預測匯率走勢

命理雲端工具軟體系統發展研究

人力資源應用紫微斗數分析及預測研究

目錄

推薦序……3
自序……25
作者簡介……28

第一篇　系統探索

第一章　地球文明毀滅假說

第一節　時間形成假說……42
第二節　空間形成假說……52
第三節　預測應用……68

第二章　河圖洛書

第一節　河圖基本觀念……76
第二節　洛書基本觀念……84
第三節　河圖洛書總說……94

第四節　運用探討……100

第三章　乾坤二卦卦爻推演探索

第一節　乾卦卦爻推演探索……112
第二節　坤卦卦爻推演探索……122
第三節　應用探討……136

第四章　六十甲子納音法則

第一節　六十甲子之五行推論……142
第二節　五行生剋……165

第二篇　紫微原理探索

第一章　時間探討

第一節　曆法介紹……174
第二節　祿命時間探討……179

目錄

第二章　星曜探索

第一節　起紫微天府各星曜……194

第二節　八卦與星曜應用……206

第三節　宮氣……215

第四節　五行局探索……220

第三章　四化原理

第一節　化忌原理……235

第二節　化祿原理……245

第三節　化權原理……250

第四節　化科原理……255

後語……263

附錄一　《說卦傳》臆解……274

附錄二　宋版六經圖《大易象數鉤深圖》……292

第一篇

系統探索

在閱讀本書之前，筆者建議先把對紫微斗數或其他的祿命術觀念先放一邊，基本上很多人都認為祿命術是一種算命或是一種迷信，主要是整體的理論架構不完整，或是沒有一個完整的體系說明清楚，使人產生似是而非無所依循的狀況，光是紫微斗數出於何年代都交代不清楚，而在這科技發達的時代，要有基礎理論才是科學，所以筆者試著將所研究的心得提出一套較為完整的理論架構，供大家參考。

從現代考古來看數千年出土文物，有許多是現代科技無法重製的，例如從秦朝兵馬俑的兵器、銅馬車、中國紫等顏料，到漢以後各朝代之絲織品，尤其是皇家用，都有很嚴格管制不可以外流，所以古代之絲織品現在無法做出來，同樣的紫微斗數在古代都是皇家在用的，是不准流傳到民間，但在各朝更迭時，才會流傳出來。紫微斗數算命也有數千年傳承，假設這個學問不好，古聖先賢會讓這個學問留下來嗎？當然早就丟掉了。

本書以《易經》象、數邏輯剖析紫微斗數祿命術原理，其主要的理論架構是如何運用《易經》的邏輯思惟一以貫之，說明紫微斗數是一個非常嚴謹的理論所支撐，並非是零散、拼湊出來的理論體系，其應用涵蓋面之廣，放諸四海皆準，且合乎天地運行之理。

本書雖以紫微斗數原理架構做為本書主軸，其系統邏輯性很強，對我們邏輯思惟、理則方面是有很大幫益，無論對人、事、物之間的互動更為成熟。不止於此，更何況是一門

預測學問，若能將環境為你所用，以有限資源發揮最大效益，這是筆者所要傳達的概念，古人云：「一理通，百理同。」運用存乎一心，內化應用就要看個人之修為。

本書分二部份探討，第一篇是系統面與《易經》邏輯探討，第二篇是以紫微斗數祿命原理設計探討。

第一篇是以系統探索為切入點，在第一章討論「地球文明毀滅假說」，為何用「假說」來說明，是筆者無法用實際證明其事實，是推論的結果，或許在未來可以證明其真或偽。本章節是主要說明地球在上個文明毀滅時，接下來立即產生一個新的文明開始，新文明開始要有「時間」與「空間」同時成立，新的「時間」產生，即是祿命術之基準點「甲子年、甲子月、甲子日、甲子時」的開始。新的「空間」形成，要定義新的「空間」名稱，以地球區分八個卦象，根據《易經》八卦「乾、兌、離、震、巽、坎、艮、坤」基本定義將地球區分八個區域，與先天八卦排列是不同的，所以後天八卦與先天八卦的位置是不同的，其原因是以地球新文明的環境而定義，故與先天八卦是有所不同。筆者以後天八卦與環境變化，提出個人預測方法，讓讀者參考或運用，請參閱本章第三節預測應用。

第一篇第二章河圖洛書介紹，本章節說明河圖數與洛書數的應用，河圖與洛書是相互應用的，最重要的是平衡與不平衡關係的運用，文中除了介紹在《易經》上的應用外，在我們生活上也可以應用，了解其邏輯變化過程中，運用在我們生活週遭，或是人際互動都有實際的幫助。

第一篇第三章是介紹乾坤二卦的推演，本章筆者認為是很重要的觀念，在推論紫微斗數原理中，是一個很重要的過程，本書的邏輯才能全部串起來，有用到河圖、洛書的觀念，再進一步推論乾、坤二卦的變化。河圖、洛書是說明二個物體相互變化達到最適的平衡，而乾、坤二卦是除了上述之平衡外，還有自變的功能，也必須達到動態或靜態平衡，是以象、數方面說明爻卦變化關係。

第一篇第四章六十甲子納音法則及五行生剋，是介紹六十甲子納音五行是如何推論出來，五行相生相剋在我們生活之中應用為何，一般在祿命術中談的最多，筆者認五行生剋是一個可轉換衡量的標準，可以在生活上實際運用出來提供舉例說明參考。

第二篇是紫微斗數原理探索，本章節主要是以紫微斗數原理介紹為主，原理之運用，由第一篇中相關之理論帶入紫微斗數原理架構，從開始為何要用出生之年、月、日、時做為推論依據；星曜由來的探索主要介紹八卦是如何轉換到紫微斗數星曜，星曜與八卦之關係，介紹安紫微諸星、安天府諸星訣由來，五行局之推論，介紹宮氣的運用等。

在第二篇裡最重要是四化原理的推論，如何應用「先天八卦」、「後天八卦」如何推論

出化祿、化忌二組星曜，而化權、化科是如何利用八卦相盪而推演出來，再以「八卦納甲」配合十天干之變化，四化變化成為紫微斗數祿命推論中最特殊的運用。

附錄一是《易經．說卦傳》臆解，主要是提供本書可應用的相關參考資料，在八卦之「乾、兌、離、震、巽、坎、艮、坤」各卦都有明確的說明，以補強原有紫微斗數之星曜特徵不足，讓整理論理及衍生推演上，不會受限在原有特徵上之解說，也希望能將萬事萬物都能納入各星曜中，相對也能從星曜的推論，應用到環境或生活，達到運籌帷幄，掌握機先。

附錄二是宋版六經圖《大易象數鈎深圖》，是有關《易經》圖的介紹，一般大多是《易經》版本所附之相關圖，提供筆者所收藏的宋版有關《易經》之圖，供大家研究。

第一章

地球文明毀滅假說

第一節 時間形成假說

「時間」是一個很平凡的事，經常感覺不到時間的存在，若要約某人在某個日子見面，想一想沒有時間的定義，要如何表達「時間」呢？還是說經過五天看見太陽的日子再見面，沒有特別明確依循會說不清楚，也不明瞭，若「時間」再長一點，就開始下雪的時候的五個太陽日見面，如此一來，變的不精準的「時間」，那問題可大了。

有想過「時間」是從何時開始起算的嗎？這個問題真是令人頭疼的問題，找了所有文獻或是書籍，沒有此相關的討論，好像橫空出世突然就有了，真是神奇。現在所使用曆法是都是根據天文來編曆法，在中國曆法常用的有三種，一是太陽曆（節氣曆）、太陰曆、干支曆，這三種曆法合成一種曆法使用，可稱為「甲子陰陽三合曆」，這是在全世界很少有這樣子用的。

太陽曆（節氣曆）是以太陽為主的，太陰曆是月球為主的，干支曆又是從何而來？一連串的疑問出現，筆者只能大膽假設，無法求證，以「假說」為立論基礎，故用「地球文明毀滅假說」來說明之；筆者對《易經》的體會而言，陰陽即為一體二面，在「陽」的部份，可以直接影響、感受或是看到，而「陰」的部份，是潛藏在內心裡，這是相互呼應的，環境變化而引動出來，環境依天體變化，地球環境一定要呼應到天體之星球，我們生活在這空間裡，必受外面環境影響。

紫微斗數祿命術主要以個人出生之年、月、日、時做為推論依據，但是翻遍古籍找不到「時間」的起始點，那麼「甲子年、甲子月、甲子日、甲子時」起始點又在哪裡呢？這個「時間」又如何定義出來？「空間」的又如何形成呢？又是從何而定義呢？

「時間」與「空間」是要同時討論，本章節主要討論「時間」問題，而「空間」問題會在下一節詳細討論，討論時也很難分開說明，儘量切開來說明。

「時間」與「空間」要從〈河圖〉與〈洛書〉做為基

圖 1-1-1　河圖

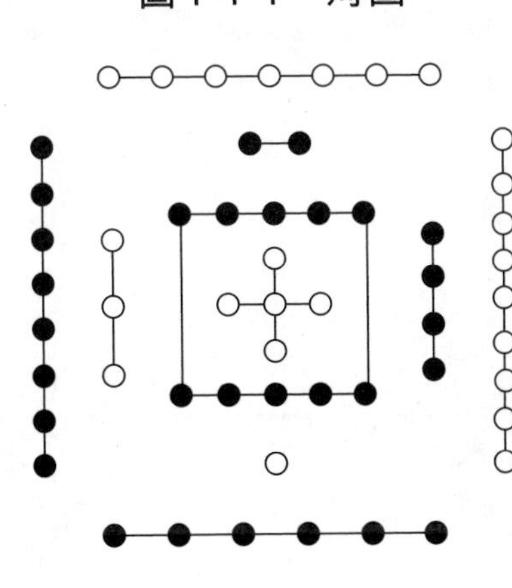

本假設談起，我們先定義〈河圖〉（如圖1-1-1河圖所示）代表「時間」，〈洛書〉（如圖1-1-2洛書所示）則代表「空間」的位置。《繫辭上傳》第十一章：「河出圖，洛出書，聖人則之。」《繫辭上傳》第九章：「天一、地二、天三、地四、天五、地六、天七、地八，天九、地十。天數五，地數五，五位相得而各有合。天數二十有五，地數三十，凡天地之數，五十有五，此所以成變化而行鬼神也。」此說明〈河圖〉，以及〈洛書〉變化之數。（河圖及洛書圖．《周易本義》宋朱熹註第二～三頁），是天地變化基本原則（此處以地球觀點而言）。

將〈河圖〉如圖1-1-1所示，轉置〈河圖〉之數字，如圖1-1-3「河圖數」所示。〈洛書〉如圖1-1-2所示，轉置〈洛書〉之數字，如圖1-1-4〈洛書〉數所示。圖1-1-3及圖1-1-4，係由圖1-1-1及圖1-1-2，以各點數圖形轉置數字，以數字顯示易於分辨。

此二張圖〈河圖〉與〈洛書〉要合為一來看待，要如何合起來看呢？以圖1-1-3之中間數

圖1-1-2　洛書

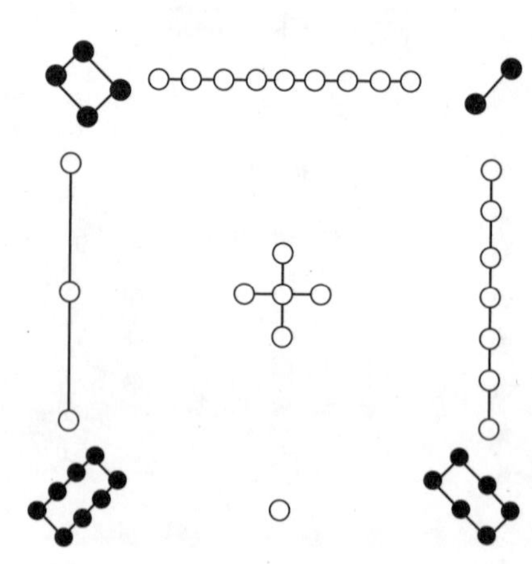

字5的位置，將圖1-1-4之「洛書數」代入圖1-1-3之5的位置，這張圖是以平面表示，要用立體概念來看，〈河圖〉代表天體運行「時間」，〈洛書〉代表地的理境是「空間」，表示天與地是互動的，相互引導，圖1-1-3表示「時間」與「空間」運行的位置。

從《易經》象、數祿命術觀點而言，與現代天文學觀點有所不同，現代西方天文學以太陽為中心，所有行星繞著太陽運轉；而《易經》象、數哲學理論是「人」為中心，所有星球是繞著「人」而動，例如「人」站在地球某一個地點（空間），所有星球繞著地球

圖1-1-3　河圖數

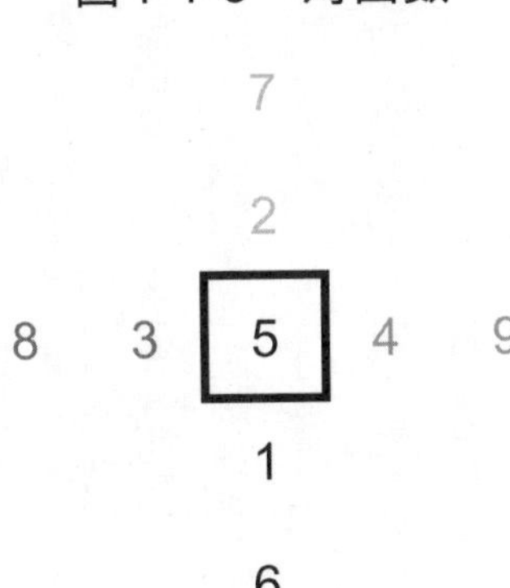

圖1-1-4　洛書數

4	9	2
3	5	7
8	1	6

轉，形成各行星與地球之相對位置關係，各星球之間與地球之引力或某種頻率交互影響，產生外在環境變化，而直接或間接引動，環境變化影響人類的行為模式變化。

紫微斗數祿命術，預測基本推論是在未來「時間」與「空間」組合點上，各星球與地球相對的位置，對地球所在之環境產生變化，當人進入這個環境之中所產生可能行為模式，來預測人的最有可能之行為模式。舉個例子，把環境參數簡化容易理解預測基本觀念，當然真正的預測或是運用，是有非常多的參數，較為複雜的。

例如在某一個時間及地點（空間）預測衣服的穿著大衣或是涼快的衣服？以現在時間是二〇一七年三月，問在國曆二〇一八年八月一日上午十點整，空間（地點）在台北市一〇一大樓外面廣場，若你當時在這個地方，請問你會穿大衣或是涼爽的衣服呢？答案是穿涼爽的衣服，請問你對此預測準確度可以達到多少？最少有九〇％以上的準確度吧！聽到這個數字真是很嚇人，有人會說這是基本常識，由時間及地點可知道，八月份是在北半球是夏天，台北平均氣溫高達攝氏三十多度，所以衣服要穿著涼快衣服。如果時間不變，地點改為澳洲雪黎歌劇院前面廣場，在同樣的時間不同的地點，南半球是冬天，衣服穿著不會涼快，自然會穿多一點。

上述例子，我們以簡化地球與太陽關係，來說明預測的概念，實際預測並非如此單純

的推論，各星球之關係，能量增減與地球之間的某種頻率、能量或引力都有複雜之變化，當時間與空間的組合點上，找出當時環境之情境因素，則可預測人、事、物之行為變化，進而推論未來環境變化，做為決策參考，準確性雖無法達到百分之百，可以提供未來環境變化預測及因應之策略，或降低損害。

各行星或星球在不同時間接近地球，及各行星之間相互影響，直接影響地球皆會產生對人、動物及植物不同的影響，例如當月球在農曆十五日時，對地球引力很大，易造成大漲潮或是大退潮，從犯罪學來看，犯罪機率大增，因為容易讓人心情亢奮所導致，這是由外部環境而引影響，引發內部情緒而不自知。所以在《易經》預測學中有很多複雜且交錯邏輯思帷，往往在推論過程中不易掌握重點，容易差之毫釐失之千里而失去焦距，是預測最難的部份。

本章一開始所要討論「甲子年、甲子月、甲子日、甲子時」之時間基準點，是從何開始，假設「時間」與「空間」重新組合，可稱為「地球文明毀滅」或「世代交替」。基本假設是太陽系之各行星，以地球為中心，將其他行星或星球排列成大十字形，如圖1-1-3河圖數所示，中心之數值5變成地球，數字1、6及2、7及、3、8及4、9各帶入太陽系之行星，包含地球衛星月球，以地球為中心，形成大十字，可分二種情形討論：

第一種情況

以地球為中心，在未形成之大十字排列時，各星球的能量是逐漸累積，各星球變化的能量（或某種頻率）是等量增加，由於是慢慢累積起來，而形成大十字排列，如圖1-1-3河圖數，將地球入中心5的位置上，以地球為中心成大字，如圖1-3-5所示（示意圖）。

狀況一，地球內部本身無法承受各行星引力或某種頻率的拉力或壓擠，則直接分解或分裂，地球從此消失在太陽系中，顯然是這種狀況到目前尚未發生，所以本狀況不成立。

狀況二，原來都是平衡狀態或是達到動態平衡，如狀況一所述，原來保持平衡運行的狀態，總體而言是各星球能量是平衡的，或是未超過各星球或地球之負荷，所以各星球是保持正常的運行，地球維持現在情形運作，不做任何改變。

第二種情況

仍以地球為中心，各行星或星球形成大十字的排列，初期地球承受各行星引力拉，或壓擠的力量時仍保持平衡，此狀況同上述情況之狀況二，此時大型彗星（除太陽系行星或星球外，而進入太陽系內的行星，例如：百武彗星是屬大型彗星或是行星……等）進入太陽系之運行軌道時，進入某個切入點，如圖1-3-5所示，引起各星球的引力或某種頻率失序的現象，造成各行星、各星球要釋放大量能量，地球對於各行星之平衡產生重大改變，地球為要調整本身能量與各星球新的平衡，地球本身也會調整因應新平衡，否則運轉就會產生問題。

由外太空之行星進入太陽系軌道內，由此可知不只有大型彗星會進入，由圖1-1-6所示，是由美國太空總署（NASA）在二〇一七年十月二十五日公布，行星代號為「A/2017 U1」之飛行軌道示意圖，在二〇一七年九月二日太陽系外的小行星，由上方飛入太陽系之內，從水星進入，繞到地球下方，由地球與火星之間出去，雖時間不長，但進入了太陽系，就會引動太陽系各行星平衡狀態，愈靠近則不穩定愈大，離開後需要一段時間恢復平衡。一般而言，由外部之星球或彗星進入太陽系內，都會引動不平衡，會引起地震、火山爆發、火災、氣候不穩定等，環境變動也造成動物、植物的異常現象。

此時為了抗衡或符合新的引力作用（或某種頻率）之平衡，內部必須調整現行運轉方式，當大型彗星或行星進入而造成各星球引力失序造成能量釋放的現象，引力或某種頻率結構發生巨大改變，此時地球要繼續運行，又要符合新的平衡，就會改變現有運行條件，瞬間改變原來地軸旋轉方向，假設地軸旋轉九十度，原來南北極變成赤道，原來赤道變成新的南北極，此時造成地球山崩地裂，瞬間會形成新的地球新的地形地貌，此時原來南北極之冰，快速融掉，就會造成大洪水，引起重大災難，地球上的生物無一幸免，大量死

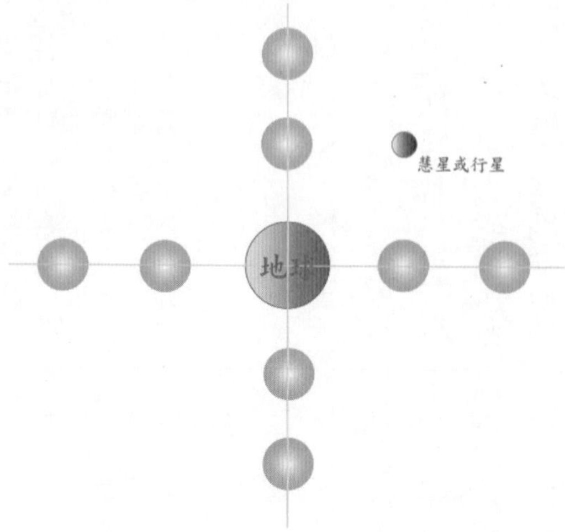

圖 1-1-5　以地球為中心

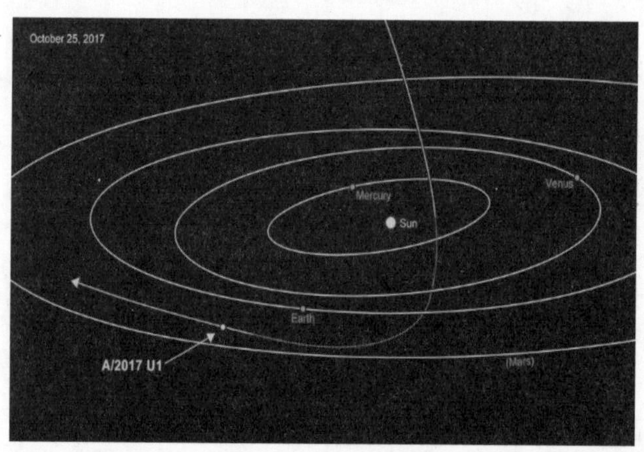

圖 1-1-6　A2017 U1 飛行軌道示意圖

（資料來源：NASA，https://www.nasa.gov/feature/jpl/small-asteroid-or-comet-visits-from-beyond-the-solar-system）

亡，最少有六五%以上會滅亡，此時可稱為「地球文明毀滅」或「世代交替」的開始，瞬間地軸旋轉時則是新的「時間」計算開始，可稱為「甲子年、甲子月、甲子日、甲子時」起始點，同時新的「空間」隨之重新組合，「空間」形成假設定義稍後第二節內詳細說明。

地球在瞬間改變新的地軸的時間，形成新的地形地貌，就是「甲子年、甲子月、甲子日、甲子時」之起始點，如圖1-1-3河圖數所示（帶入圖1-1-5內），數字1、6及2、7及3、8及4、9及中間5、10各帶十天干，十天干為「甲、乙、丙、丁、戊、己、庚、辛、壬、癸」即為太陽系之十大行星之代號，或是某些能量代號（目前僅推測，無直接證據證明），而十天干代表時間之變化，「空間」定義在空間起始假說中說明。

這裡要說明一下，地球能量釋放大量能量，可以用物理實驗做說明，以一杯常溫的水，放進微波爐加熱二十分鐘或更久，讓其溫度從常溫達到一〇〇℃，水是沒有沸騰，其原因是所有的水分子平均加熱，所有水分子的能量是平衡提升，當有一個外來物質的東西進入，例如加一點點咖啡粉到水中，只要有一個水分子失衡，則引動所有的水分子失衡，而引起其他所水分子的能量同時釋放，水則立即滾沸起來。

（讀者可以到YouTube或優酷查詢「王文華老師紫微斗數學理——時間起始」，或網址「https://youtu.be/_cFGlxddisk」觀看影片介紹。）

第二節

空間形成假說

第一節前面探討「時間」起始之假設及基準點，新的「時間」形成或開始，必要條件是「空間」必須與「時間」同時成立，就是說新的基準點開始，新形成之「空間」配合地球新地形地貌，以實際時間及地理位置，給予明確定義，做為新「時間」及新「空間」運行變化依據。

「時間」可視為「天」，「空間」可以視為「地」，二者可稱：「天地定位。」只要定位清楚，一切從這裡開始。

第一節所述「時間」重新起始計算時，地球之本身引力或地磁瞬間改變，地球的新地形地貌同時隨之改變，各星球對地球位置或引力或某種的頻率對地球產生新的重大影響，此時的地殼大變動，外部行星或是星球對地球產生最大影響。例如引力或是某種頻率很大

的星球，可以將海底的土地拉起來，引力小的星，所對應位置的土地可能會沉入海底，地球巨大能量釋放，而造成火山爆發、大地震、海水溫度的變化，最後形成現在地球的樣子。

接下來討論新的「空間」形成，根據圖1-1-2〈洛書〉及圖1-1-4「洛書數」為「空間」平衡做為推論基礎，圖1-1-4「洛書數」是一個三方階陣列（方陣），直、橫、斜均為十五，從各方向看這個方陣是平衡，第一節所討論「時間」起始，對應到「空間」的平衡，重新定義「空間」位置，新的地形、地貌、地物，乃根據八卦原則定義，形成後天八卦之位置且符合地球運轉規則。

地形、地貌的形成其特徵要分類，是依八卦意象來分類，而「先天八卦」（如圖1-1-7先天八卦所示）可能主要說明最原始的宇宙形成或是基本的位置，「後天八卦」（如圖1-1-8後天八卦所示）是根據新的「時間」、「空間」重新定義，必須與地球實際地形、地貌環境相吻合，「地」也代表承接「天」體的能量，互為影響，所以一般祿命術、風水、命理預測大部份使用「後天八卦」，這是我們生活的環

圖1-1-7　先天八卦圖

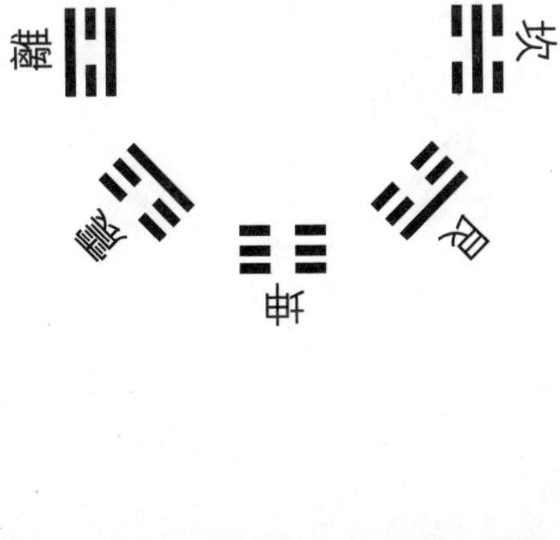

乾　巽　坎　艮　坤　震　離　兌

境，我們生活在地球上無不受其影響之大。

《繫辭上傳》，第一章：「天尊地卑，乾坤定矣；卑高以陳，貴賤位矣；動靜有常，剛柔斷矣；方以類聚，物以群分，吉凶生矣；在天成象，在地成形，變化見矣！」復云：「天地設位，而易行乎其中矣！」《說卦傳》，載曰：「天地定位，山澤通氣，雷風相薄，水火不相射。」

「天地定位」要何定義「後天八卦」的基準位置？過去在研究定位的問題，有很多的理論大部份說明以中國為中心，向外區分為八個區域，將八卦納入其中，實際在「紫微斗數」基本原理推論時，邏輯上產生頗大衝突，邏輯不一致，其原因是在於基準點之定義必有錯誤之處。

現代科學昌明衛星發達的時代，地球是圓形的要從哪裡定義中心點呢？地球是圓形的，要定義一個地方來分析地球之地形地貌，而南北極為地球旋轉為中心地軸，以北極為基準點，根據八卦之內涵來定義新八卦位置，以符合地球實際情形，如圖1-1-9後天八卦位置

圖1-1-8　後天八卦圖

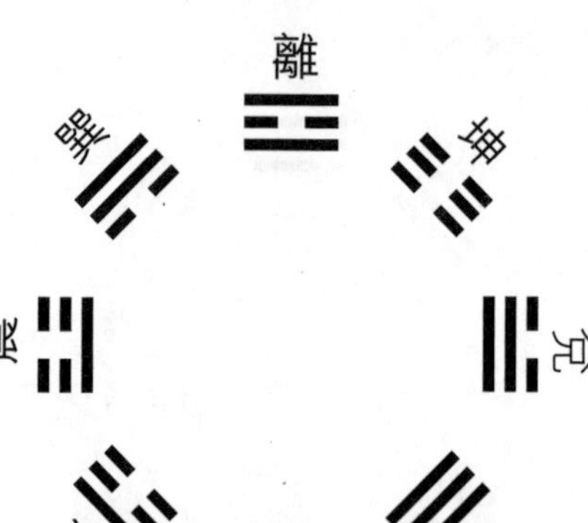

圖，為後天八卦圖完成結果圖。

「先天八卦」是宇宙運行之通則或是基本的法則，但我們是居住在地球，地球之環境非「先天八卦」的環境，故依地球之地形、地貌及地物做一個新定義，才符合地球現在實際之環境。

「後天八卦」定義乃從北極中心點，看地球地形、地貌及地物之分佈，在將八卦與地球之地形、地貌及地物結合，成為地球上運用之八卦，一般在風水地理實務運用很多，以「後天八卦」為主。

「後天八卦」在定義之前，先瞭解八卦各卦含意，依據《說卦傳》對八卦定義與地形、地貌及地物之說明，每個卦的明確定義及區分，實際地球的地形、地物，會有很多地方重疊一起，不是現在地界這麼明確，過那一條線就是別的地區，所以無法用一條線就可以分開清楚；分析後天八

圖 1-1-9　後天八卦位置圖

卦，是以北極為中心點，從外空向地球方向看，概分八個區域說明，如圖1-1-9所示。

要如何定「後天八卦」位置？

第一個卦是「坎卦」

要先從「坎卦」來定義，依據《說卦傳》對「坎卦」說明：「坎為水，為溝瀆，為隱伏，為矯輮，為弓輪，其於人也加憂，為心病，為耳痛，為血卦，為赤，其於馬也為美脊，為亟心，為下首，為薄蹄，為曳，其於輿也，為多眚，為通，為月，為盜，為其於木也為堅多心。」「坎卦」，主要是指水之意，全世界最多水的位置，是在於太平洋，太平洋是全世界最大的海洋，太平洋南起南極地區，北到北極，西至亞洲和澳洲，東到南、北美洲，約佔地球面積的三分之一。在地球成為新「時間」開始時，此區域所對應到星球的引力或某種頻率最小，引力無法把地殼拉起來，反而陷下去，形成全世界最大低窪地區而成形地球之最大海洋——太平洋。

到目前為止人類對海洋是相對陌生，海洋有很多我們所不知的世界，及未知的知識，「坎」卦是一個險卦，也代表城府深之意，不知葫蘆裡賣什麼，有時到最後未必完全知道，

這幾年科技發達才開始探知海洋，未來對海洋會更多知識被發現出來。

第二個卦是「艮卦」

在《說卦傳》中對「艮卦」說明：「艮為山，為徑路，為小石，為門闕，為果蓏，為閽寺，為指，為狗，為鼠，為黔喙之屬，其木也為多堅節。」所以「艮卦」指山之意，實體上是指全世界最高之山峰「珠穆朗瑪峰」（聖母峰），係「喜瑪拉雅山」主峰，海拔為八八四八・一三公尺，青藏高原是世界上最高的高原，有「世界屋脊」之稱，全世界的山由此而延伸出去。以前面所假設新的「時間」開始時，是該星球對地球最大的引力或某種頻率可能是最大，將地球表面吸引出來，成為全世界最高的山。

「艮」為山，代表聚的概念，比較有裙帶關係，在人際上是代表了人際關係，常聽到「沒關係，就有關係；有關係，就沒有關係」，運用上自己多領會「艮」卦的含意。

第三卦是「震卦」

《說卦傳》中對「震卦」說明：「震為雷，為龍，為玄黃，為敷，為大塗，為長子，為決躁，為蒼筤竹，為萑葦，其於馬也，為善鳴，為馵足，為作足，為的顙；其於稼也，

為反生其究，為健，為蕃鮮。」「震卦」是指某一種能量累積釋放，以地球而言只有火山或地震，才能符合此定義，綜觀地球最多的火山或地震最多、最頻繁的地震帶是在現在的「阿富汗」到「伊朗」這一帶為主，是地震危害最高的地區，或是地震加速度的最大值（風險強度），在此區域定義為「震卦」，向西延伸至歐洲的義大利，而日本、台灣地區北美、南美是屬於太平洋火環帶，最多地震及火山運動地區。在此「艮卦」與「震卦」有此重疊在一起，可以區分在主要分部地區。讀者可以上網查詢關鍵字「global seismic hazard map」或是網址http://www.gfz-potsdam.de/gshap/是主要計算全球地震災害圖。

「震卦」是指快速的，在此區域之大多是爆發力很強，氣候變化快速，常會讓人措手不及，以動物而言例如孟加拉虎瞬間爆發力強且凶猛，或是蛇攻擊速度都很快，相較其他地區來的快。

第四個卦為「巽卦」

《說卦傳》中對「巽卦」說明：「巽為木，為風，為長女，為繩直，為工，為白，為高，為進退，為不果，為臭；其於人也，為寡髮，為廣顙，為多白眼，為近市三倍其究，為躁卦。」「巽卦」為長之意，以全世界最長的河流是「尼羅河」，全長約有六六五〇公里，是世界最長的河流，要有這麼大的陸地才形成這麼長的河流。「巽卦」之地球地理位置可定義在南非地區。

「巽卦」代表長之意，此區域泛指非洲地區，以人種而言，非洲原住民男生高度都比較其他地方人種高，約二〇〇公分之高，女生約有一八〇公分左右，對於長跑是比較專長，動物方面也大多是屬於比較長型，在非洲大草原上有很多動物有遷徙習性。

第五個卦是「離卦」

《說卦傳》中對「離卦」說明：「離為火，為電，為中女，為甲冑，為戈兵；其於人也大腹，為乾卦，為鱉，為蟹，為蠃，為蚌，為龜，其於木也為科上稿。」「離卦」為火之意，意指全世界最熱的地方，其在北非之「撒哈拉大沙漠」，全世界平均溫度最高的地方，雖在北非地區，而在北邊相鄰為歐洲，「離卦」以地理位置而言，是泛指北非及歐洲地區。

「離卦」代表火，也是代表美麗之意，也是有曇花一現的特徵，歐洲是一個時尚流行的發源地，流行是一種時間性，過了就要換別的，時尚也是一種品味，也會造就階級的明確，如貴族與平民，在埃及金字塔時代都是階級觀念都很強；「離卦」也是戈兵，指戰爭較頻繁地區，從歷史上來看相較是多的。

第六個卦是「坤卦」

《說卦傳》中對「坤卦」說明：「坤為地，為母，為布，為釜，為吝嗇，為均，為子母牛，為大輿，為文，為眾，為柄，其於地也，為黑。」「坤卦」乃母之意，有孕育萬物及滋生萬物，而南美洲之「亞馬遜河」流域，是有一個很大的平原，「亞馬遜河」支流分佈很廣泛，是世界最大的平原，且供給全世界最多氧氣的地區，稱為地球的「肺」，地理位置而言，是以南美洲為主。

「坤卦」代表母及地之意，在南美洲無論是人類或動物界，很多是母系社會居多，物種的多樣性；在南美洲國家厄瓜多境內，有一座山「欽博拉索山」（Chimborazo）海拔六二六八公尺，若從地心中心點起算，有六三八四．一〇公里，而「珠穆朗瑪峰」距地心的距離為六三八一．九五公里，比欽博拉索山少二．一五公里，從宇宙或是外太空來到地球會是先看到「欽博拉索山」，因地球是有一點橢圓形，會比較突出。

第七卦為「兌卦」

《說卦傳》中對「兌卦」說明：「兌為澤，為少女，為巫，為口舌，為毀折，為附決；其於地也，為剛鹵，為妾，為羊。」「兌卦」有湖泊之意，全世界最大的淡水湖泊在北美洲，最大湖是「蘇必利爾湖」，總面積有二四．五萬平方公里，亦是世界最大的淡水湖，北美洲世界最大之五大淡水湖，另外有不計其數之小淡水湖泊，集中在北美地區，以「兌卦」地理位置指北美地區，以美國及加拿大為主要地區。

「兌卦」代表了表達、領頭之意，在北美地區比較會表達，例如行銷包裝、創意等，說的很完美，很有說服力；領頭是指英雄主義，比較崇拜英雄，從電影工業而言，北美地區發展很好。

第八卦是「乾卦」

《說卦傳》中對「乾卦」說明：「乾為天，為圜，為君，為父，為玉，為金，為寒，為冰；為大赤，為馬，為老馬，為瘠馬，為駁馬，為木果。」「乾卦」為寒、為冰之意，除南北極全年是冰天雪地外，在陸地上有全年冰雪只有「阿拉斯加」不在北極圈內土地，夏天平均氣溫為四度左右，冬天則更冷，終年冰雪。「乾卦」在地理位置，則指在「阿拉斯

加」地區為主。

「乾卦」，「象曰」：「天行健，君子以自強不息」，代表不會因時間空間的改變而有變化，一直維持原來方式，不易改變。

圖1-1-10地球納後天八卦位置圖，是將上述是將地球的地形地貌，重新定義八卦位置，最後整理成如圖1-1-8後天八卦位置圖所示，真正符合地球之環境變化，再將新的八卦帶入如圖1-1-4洛書數，是新的平衡，稱為「後天八卦」，由此開始所有祿命術、風水相關理論，發展出一套預測學，所有祿命理論基礎由此發展及應用。

在太陽系之行星運行，由於軌道因素，有些行星距離地球很遠，有距離很近，各

圖1-1-10 地球納後天八卦位置圖

行星之引力或某種頻率，對地球有不同的影響，地球本身能量必須平行衡，隨時轉換或調整，來因應外在環境的變化，以達到動態平衡，在《易經》裡最重要是「變」是「不變」的道理。目前只有非常少的行星，對地球產生直接影響被證實，例如太陽對地球影響最大，月球是直接響影地球的潮汐，大自然的潮汐力量，目前人類科技能力尚未找到其他行星與地球直接、間接影響關係，更遑論運用，科技再進步總有一天會知道的。

「空間」位置已確定，要與「時間」上配合，才能變成有效運用，太陽與月球是最直接影響地球的環境變化，地球繞太陽一圈約為三六五．二四二二日，月球則繞地球約為十二圈，實際月球繞著地球轉，以本次的立冬點，至下個一個立冬點，「月球」繞行地球約十二圈多一點，「月球」自轉一圈約為二八．四五天左右，找出最小公倍數為十二，在時辰上也要配合成為十二個時辰，配合地球自轉所產生之北迴歸線、南迴歸線，定義二十四節氣，十二個節與十二氣成為一年的循環，原來以八卦之八個方位（八個空間）區分，「時間」與「空間」運作下不敷使用，搭配產生問題，為配合地球的月份以十二個月運用，時辰上也要以十二個時辰來運行，相互搭配，也便於使用，由八個位置增加十二個位置。

為配合地球與月球運行，將圖1-1-9後天八卦方圖增加四個位置，變成十二個方位，如圖1-1-11十二地支圖（以方圖表示），中間以北極中心點，發展出十二地支「子、丑、寅、卯、辰、巳、午、未、申、酉、戌、亥」，太陽照到時間為「午」時，照不到地方為「子」時。

天干「甲、乙、丙、丁、戊、己、庚、辛、壬、癸」，地支「子、丑、寅、卯、辰、巳、午、未、申、酉、戌、亥」，「時間」與「空間」定位以「天干」與「地支」組合表示，演化出六十花納甲做為「時間」、「空間」的記錄，有關六十花納甲之運用請參考後面章節說明。

由於「時間」、「空間」

圖1-1-11　十二地支圖

寅	卯	辰	巳
丑			午
子			未
亥	戌	酉	申

基本定義完成，發展出一套「甲子陰陽三合曆」的曆法，在很多祿命術中，都是用出生「年、月、日、時」做為人的基準點，再以現在時間做為比較，找出個人未來行為模式預測，這是很科學的方法。

空間形成與後天八卦

有人說地球的文明經過交替又再生，已經有好幾次文明的變化，文明是如何交替，其原因眾說紛云，有傳說是彗星或流星撞擊地球，地球產生重大的變動，而造成所有生物的滅亡。

另外一種的傳說，地球有好幾個文明時期，在每個科技文明非常的發達時期，因為某種因素，而引爆滅性的武器，將地球文明或動物會有六七％以上同時消失，這是一種的揣測性或科學家假設性的問題，是否真是如此，我們無法證實。

恐龍或地球上生物大量滅亡的說法有很多，在一九八〇年由阿爾巴列斯（Benny Pieser）提出「隕石撞擊說」，隕石撞擊地球，而產生塵埃瀰漫大氣層，使地球氣候改變而造成滅亡。也有其他的學說如「氣溫下降說」、「海平面下降說」、「火山活動說」等。例如，恐龍在地球生存有二億年的時間，以地質年代區分為寒武紀、奧陶紀、志留紀、泥盆紀、石炭紀、二疊紀、三疊紀、侏儸紀、白堊紀、第三紀、第四紀等，這些恐龍，魚龍或大型的動物等，以上學說是真會造成恐龍或地球上生物大量滅亡？

如果用人類力量毀滅地球的文明，以目前科技能力是不可能的，筆者認為未來科技進步，困難度仍然非常高，並非是用人的力量可以毀滅地球所有的文明，若以局部性或區域性的文明毀滅而言，是非常有可能的，若以地球全面性的災難，只有靠大自然的力量才有可能。

筆者以〈河圖〉、〈洛書〉做為發想，做為地球文明交替假說的基礎，試做一個假設性的說法，從古代的河圖中我們可以瞭解，一、六在下，二、七在上，三、八在左，四、九在右，中間是五及十，從平面看來只有上、下、左、右、中五個區域，河圖表示動態運作的平衡，是動態的起始點。

太陽系中主要的星球以太陽為中心共有九大行，在內圍有水星、金星、地球、火星、木星、土星共六顆，太陽與月球對地球有直接的影響；在外圍的太陽行星有天王星、海王星、冥王星三顆星，距離地球太遠影響不太，目前應是不列入運用，但在古代星占或七政四餘有使用這三顆星，都有代表之意義，讀者若有興趣，可自行研究，筆者對天文相關資

訊研究不深，提出心得分享，盼祈專家指教。

《易經》或是祿命術其含射力很強，說一句比較通俗一點就是「包山包海」，萬事萬物、環境、人、事、物都包容進去，歷經數千年的考驗，都離不開其應用範疇，以「人」為中心的哲學思帷，發展出不同的術數，這也深深影響中國數千年的「人本」思想，以「人」為出發點，崇尚「天」、「人」、「地」觀念，「人」無法與大自然力量抗衡，順應大自然，或是藉大自然力量為我搭順風車。

另外一個課題，就是如何運用大自然的力量，與大自然共存，是中國人很重要的思想中心，所以發展出許多套學問，例如，太乙神數、大六壬、奇門遁甲、卜卦、風水、八字、紫微斗數、中醫體系……等。

（讀者可以到YouTube或優酷查詢「王文華老師紫微斗數學理——空間形成與後天八卦」，或網址「https://youtu.be/T6Dk02HP_0Q」觀看影片介紹。）

第三節 預測應用

本節預測應用是筆者在二〇〇四年十一月二十四日所撰寫，登載在工商時報，標題「掌握趨勢，決定勝負」副標「以易學觀點剖析未來，再創造企業高峰」，是十三年前所寫，截錄下來，主要是以第二節之後天八卦對應地球之變化而推論出現象，當運之地區及所發展的重點，做為產業或是個人在規劃未來方向。將預測時間部份分享讀者，提供研究方向。以下截錄文章：

先從大運勢分析討論，以地運卦每一運轉二十年，一個循環（九運）為一八〇年。每一個大運都有其變化重點，我們只要掌握此重點，可以幫助企業制定未來目標，再創企業的高峰。以七運、八運、九運做為分析重點如下：以下分析，以筆者所認知之產業或環境做一分析，以企業為主來看運勢變化，讀者可以將說明之重點轉換所認知環境，加以運用。

「七運」《易經》中的代表卦為「兌」卦，時間由西元一九八四至二〇〇三年，空間（地區）為北美洲如美國、加拿大等地區為主，不含「阿拉斯加」地區。

「七運」分析說明，主要發運地是美國及加拿大地區，天時及地利眷顧此地區。接下來要看「人」的問題，此地區發達的速度會比其他區域快。綜合「兌」卦現象是有自我膨脹、擴張、人際關係發展、娛樂產業、族群關係、衝突、溝通、英雄主義、共生的產業……等。

在過去二十年中（一九八四～二〇〇三年）企業的不斷擴張，電腦功能快速進步，電影、娛樂工業發達，重視個人的績效管理，以馬斯洛（Maslow）之需求階層理論而言，可以定位在「自我實現」階層。

在這二十年快結束時，就容易產生泡沫化（原因是過度膨脹、擴張），要提醒讀者，在時間交接時是有重疊時間（過渡期），有如白天要進入晚上時會有昏暗時段，但不會很久。過去發生過的事，不在此贅述，留給讀者自己體會這些原則。

「八運」《易經》中的代表卦為「艮」卦，時間由西元二〇〇四至二〇二三年，空間（地區）為中國、蘇聯、東南亞（包含泰國、印度……等）地區。

「八運」分析說明，主要發運在亞洲地區，現在已經正進入當運卦（目前天時及地利走到「艮」卦），與上個行運「兌」卦，會有很大的差異，在「兌」卦時是一種擴張及口號為主的現象。

惟至「艮」卦是一種務實、整合、控制、安全、專業、大者恆大、小者恆小的現象，以馬斯洛之需求階層理論而言，可以定位在「生存需求」及「安全需求」階層，讀者應注意這裏所說的現象是一種結果，是一種需求，而非正在醞釀期的產品，進入「艮卦」運時的需求或是一種趨勢，在這個時間是需要的。

「八運」當運時的趨勢分析

一、安全需求（有關安全議題等）

有形部份：對安全有實質的影響，包含人或物，如居家安全、監控系統、保全、警衛、門鎖、專利、軟體發展、武術、資訊安全、密碼、生化物科技、醫藥安全、食品安全、工作安全、企業內部管控機制……等。

無形部份：由抽象轉成具象之產品或工作，如心理因素的影響，超心理學、心理治療、養生、修練、宗教、玄學命理……等。

二、整合與專業

產業整合及合縱連橫更緊密，形成大者恆大，小者或微型企業，在專業領域市場耕耘，創造生存利基點，而中間產業，被迫轉型，否則不易經營。公司經營講求專業與實力，做專業的事，不屬於本身專業事項，交由專業公司處理，要懂得產業的交流，運用彼此的優點等。

比較明顯例子如醫院大者愈大，小者為診所或專業醫院……等。連鎖企業的發展，以專業區分市場，或以獨特利基市場之產品，產業往更小物質或更細緻發展，如奈米科技、生化科技、傳統產業……等。

三、控制

企業營運計畫以務實且可行性高，內部作業流程要落實，藉由網路資訊提昇效率，決勝關鍵在管控是否嚴謹，且具有效率，品質是一個非常基本的要求。若企業尚未做好各項控管事項，應馬上要做，一個疏漏造成全軍覆沒，不可不慎。

管控是指在一件事情上，直接掌握核心的控制點。例如：要控制一個人的行動，只要在主要的關節點控制，就可限制其活動，一般所說的就是擒拿術之概念，用最少資源可以完全掌控行動。

若不了解企業核心技術或核心思想，那就無法找出你的核心控制點，找出企業的核心控制點，落實執行，建立公司運行軌道。在這個「艮卦」運有一個特別的地方，以人而言要有跨領域專業，最少要二種不同專業，完全不相干的領域，可以整合新產品或新領域產品。

四、生存需求

農畜牧產業技術更進步，以豢養技術最為突破。原物料是發展的重點。農產品有新的耕種方式或以室內培養技術等。

五、其他

考古、研發、更細微科技、古代文物出土、復古風、東方風、心靈成長……等。

「艮卦」運之重點，是以筆者所認知之環境或情境做推論，並不侷限於此，希望讀者能夠運用在產業上，建立明確的目標及核心控制點，過去「本夢比」時代已經過了，華而不實的企業較難生存，務實的企業或人才將會出頭。

找出企業核心競爭力，不屬於自己專業製造範圍時，則委外製作（核心技術必需掌

控），向下展開，結合部門核心競爭力，完成公司核心目標，橫向與縱向必需要管制之重點且落實執行。在產品設計以實用、簡單、專業為主，不要太花俏，可以東方文化或復古概念做為思考方向，但特別注意產品對人或對物的安全性。

「九運」《易經》中的代表卦為「離」卦，時間由西元二〇二四至二〇四三年，空間（地區）為北非地區及歐洲地區。

九運時間距今還有漫長歲月，現在說是過於早也。筆者簡單說明發展趨勢，就企業未來資源分配，做長期規劃參考。「離卦」運，主要發展地區為歐洲及北洲等地方，指在此區域新氣象。產業發展重點是新能源運用已經趨於實用，國防軍火工業有新突破的技術，太空科技更發達，軍事競爭或戰爭之衡突，時裝領導流行，追求美感及新潮設計。生活上開始有階級之分，講究階級服從生活，美麗之事物，以炫耀品為流行主流，以馬斯洛（Maslow）之需求階層理論而言，可以定位在「社會需求」階層。

以上是對於預測應用，是運用了後天八卦變化推論而成，若讀者要對各八卦之易理內容，可參考筆者在附錄一《說卦傳》臆解對八卦之說明，對各卦有深層的認識，推論上愈精確，運用價值更好。

第二章

河圖洛書

第一節 河圖基本觀念

什麼是「河圖、洛書」？相傳在五、六千年以前，黃河流域附近，發現烏龜背上有刻特殊的圖案，這個圖案就是——〈河圖〉，以往古書中，發現數十種或是上百種樣式的河圖，以不同的圖形顯示，基本的意義是相同的，如圖1-2-1河圖 所示；另外一個圖案就是——〈洛書〉，如圖1-2-2洛書所示。〈河圖〉與〈洛書〉，從伏羲氏時代開始流傳下來至今。

《易經》開宗明義介紹「河圖、洛書」，這二張圖看似簡單，無任何特殊的地方，若是很平凡的圖，為何又要放在《易經》中討論，若要討論到底是在說什麼？傳達什麼概念？怎麼運用？

孔子在《繫辭傳》中曰：「河出圖，洛出書，聖人則之。」「天一、地二，天三、地四，天五、地六，天七、地八，天九、地十。天數五，地數五，五位相得而各有合。天數二十有五，地數三十，凡天地之數，五十有五，此所以成變化而行鬼神也。」此說明〈河圖〉與〈洛書〉，是天地變化基本原則，這原則可能是涵蓋整個宇宙觀，無論是有形物質或無形物質，皆遵守此原則。

〈河圖〉與〈洛書〉可以分開單獨研究或討論，運用上可以分開運用，也可以一起混合運用，以五術（山、醫、命、卜、相）而言，都是相互運用。〈河圖〉與〈洛書〉說明天

圖1-2-1　河圖

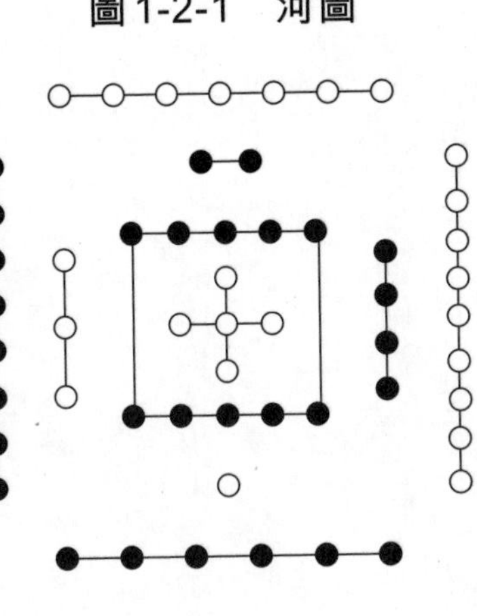
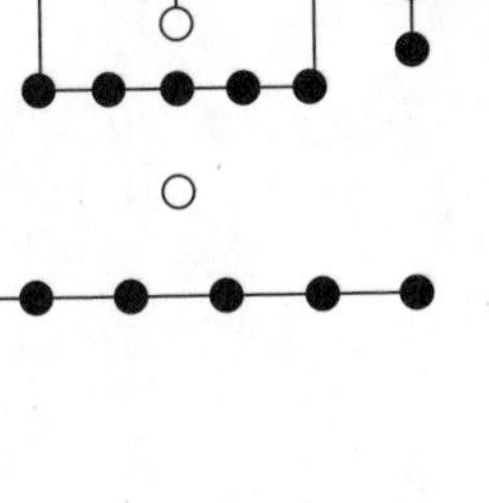

圖1-2-2　洛書

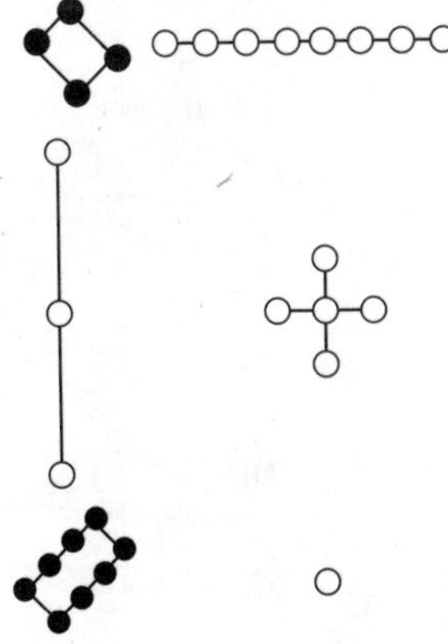

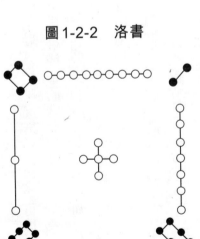

地之間的運行變化道理，宇宙的祕密盡在其中。

看〈河圖〉如圖1-2-1及〈洛書〉如圖1-2-2，這二張圖都是以平面展示，不妨可以從另一個角度來思考，在數千年前，要把宇宙運行道理要用最簡單的圖形表示，又要表示立體概念，要如何來表示？其中白色點即表示在明處，黑點部份是在暗處，如太極圖一樣（圖1-2-7太極圖），陽中有陰，陰中有陽，是相互呼應的，一上一下，成為立體圖，可以想像是太空中的上下左右。

另一個觀念是〈河圖〉、〈洛書〉其實是同一個物件，只是分開來說明，〈洛書〉圖帶入〈河圖〉中間之五、十，全部以立體概念來看，就會比較清楚了。

〈河圖〉與〈洛書〉前面說明了立體觀念，進一步了解，在圖形中都有白點及黑點表示，白點表示陽，可見看到的，就以我們眼睛或是觀測儀器可以看見的；黑點示陰，看不見的，眼睛或是觀測儀器無法看到的，看不到並不代表沒有，但是用另一種方式影響我們，看不到可以稱為「異空間」，以「紫微斗數」次級星或是流年星曜（長生十二星、博士十二星、將前十二星、歲前十二星）等，筆者認為有很多星曜是來自「異空間」，例如將前十二星之「月煞星」除了在星性基定義外，還另有一個作用，就是很容易有「空間迷向」的問題，簡單說在山裡迷路了，走不出來，這時會是與「異空間」重疊，對於平衡、空間感知產生問題。（詳細說明請參考拙著《紫微星鑰》第三〇一頁「月煞星」說明。）若能運用相盪之理由現有空間相盪到「異空間」，是到宇宙任何一個地方最快速之方法。

古人對〈河圖〉所做的註解

朱子曰：《繫辭傳》：「天一、地二，天三、地四，天五、地六，天七、地八，天九、地十；天數五，地數五，五位相得而各有合。天數二十有五，地數三十，凡天地之數，五十有五，此所以成變化而行鬼神也。」此夫子發明〈河圖〉之義也。

〈河圖〉：「以相生為序，故左行自北而東，而南、而中、而西、而復始於北。」

〈河圖〉：「太陽居一，太陰數六，在太陽一位外，少陰居二，少陽數七，在少陰二位外，少陽居三，少陰數八，在少陽三位外，太陰居四，太陽數九，在太陰四位外，中五衍母，次十衍子。」

朱子曰：「河圖四面，太陽居一連九，少陰居二連八，少陽居三連七，太陰居四連六，數與位合為十也。」又曰：「河圖七、八連於左，九、六連於右，皆為十五，生數一、三、五連於左為九，二、四連於右為六，九、六之合，亦為十五，五於十相守於中，

亦為十五。」又曰：「天地生數到五便住，那一、二、三、四，遇著那五，便成六、七、八、九，五卻自對五成十。」又曰：「一、六其宗，一為老陽之數，此故二老之合，然陽居陰位，陰居陽位，亦二老互藏其宅也，二、七為朋，二為少陰之位，七位少陽之數，三、八同道，三為少陽之位，八為少陰之數，此則二少之合，然亦陽居陰位，陰居陽位，亦二少互藏其宅也。」

又曰：「以四象觀之，太陽位居一，而數則九，乾得其數，而兌得其位，故乾為九而兌為一，少陰位居二，而數則八，離得其數，而震得其位，故離為八而震為二，少陽位居三，而數則七，坎得其數，而巽得其位，故坎為七而巽為三，太陰位居四，而數則六，坤得其數，而艮得其位，故坤為六而艮為四，今析六、七、八、九之合，以為乾坤離坎而在四正之位，依一、二、三、四之次為震兌巽艮，而補四隅之空也。」

劉雲莊曰：「圖之一、三、五、七、九，皆奇數，陽也，而一、三、五之位不易，七、九之位易者，亦以天地之間，陽動主變故也，然陽於東北則不動，於西南則互遷者，蓋東北陽始生於方，西南陽極盡之方，陽主進，數又必進於極，而後變也。」

黃勉齋曰：「自一至十，特言奇偶之多寡爾，初非以次序而言，天得奇而為水，故曰一生水，一之極而為三，故曰三生木，地得偶而為火，故月二生火，二之極而為四，故曰四生金，何也，一極為三，以一運之，圓而成三，故一而三也，二極為四，四以二周之，方而成四，故二為四也，六之成水，猶坎之為卦也，一陽居中，天一生水也，地六包於外，陽少陰多，而水始盛，七之成火，猶離之為卦也，一陰居中，地二生火也，天七包於外，陰少陽多，而火始盛，坎屬陽而離屬陰，以其內者為主，而在外者成之也。」

劉雲莊曰：「水陰也，生於天一，火，陽也，生於地二，是方生之始，陰陽互根，故其運行，水居子位極陰之方，而陽已生於子，火居午位極陽之方，而陰已生於午，若木生於天三，專屬陽，故其行於春，亦屬陽，金生於地四，專屬陰，故其行於秋，亦屬陰，不可以陰陽互言矣，翁思齋曰，水火金木，不得土不能合成一器，如天一生水，一得五便成水之成，地二生火，二得五便成為火之成，三生木，三得五變為木之成，地四生金，四得五便成金之成。」

胡雙峯曰：「五行質具於地，氣行於天，以質言，則曰水火木金土，取天地生成之序，以氣言，則曰木火土金水，取春夏秋冬運行之序也。」

吳曰愼曰：「陽始北而終四，一、三陽尚微，故居內，七、九陽盛，而著於外也，比實其中，而後能著乎外，故五居中，陰始南而終，二、四陰尚微，故居內，六、八陰盛而凝於外也，必堅乎外而後能實其內，故十居，自中而外，陰之生長，自外而中，陰之收藏也。」

從古籍中對〈河圖〉的介紹，都是以平面空間來看，〈河圖〉基本上的運用，應以立體空間來看待，要在一個平面上做出立體圖是有困難度，其主要是一種動態的平衡觀念，兩種能量（陰、陽）相互平衡的運行，達到動態平衡之理，有自己能量運行的路線或是軌道，代表一個群體運行，各有各的依歸，各有各的任務，各司其職的運行，當要運用時，再由〈河圖〉轉為〈洛書〉應用，所以〈洛書〉的圖是在動態中產生平衡，從一個剖面中討論，其本質是不會停止的，一直在動，有如「乾」卦的概念。

《繫辭傳》或古人對於〈河圖〉的作用說明，「一、六」共宗屬水在北居下，五行屬「水」，「二、七」為同道火在南居上，五行屬「火」，「三、八」為朋木在東居左，五行屬「木」，「四、九」為友屬金在西居右，五行屬「金」，「五、十」相守屬土居中，五行屬「土」，此說明河圖如何配上「五行」，做為基本的定義。為何要有「五行」呢？五行是一個共同的轉換物質，有如我們在生活中若是以物易物，現在一斗的米或可以換多少斤的菜，有時是認知問題，若是轉換到「錢」就比較簡單，就定義了一斤菜是多少錢，一斗米是多錢，這是在陰陽學上是很重要的事情。

這裡所說的東、西、南、北，與地磁（以現行地圖所標示方位）所說的東、西、南、北不同，正好相反，地磁上所指的西方在〈河圖〉上指的是東方，東方則為〈河圖〉的西方，南方在〈河圖〉的北方，北方在〈河圖〉的南方，讀者不要搞混。

在《繫辭傳》中：「五位相得而各有合」，指五行（金、木、水、火、土）陰陽搭配的關係。其意為天以一生水，而地以六成之，地以二生火，而天以七成之，天以三生木，而地以八成之，地以四生金，而天以九成之。「五位相得而各有合」主要說明「五行」生剋之理，在後面的章節中介紹六十甲子納音五行之木、火、土、金、水是如何推論出來的原理介紹。

所謂天地之數，奇數為陽數有一、三、五、七、九，天數以奇數相加則二十五（所有的陽數相加）；偶數為陰數有二、四、六、八、十，地數以偶數相加則三十（所有的陰數相加），天數地數相加五十有五。天地之數說明陰陽有別，運行上是指陽配陽、陰配陰，而無陽配陰或陰配陽，不可亂配，這是最少的組合，沒有重覆的組合，這個觀念與西方數學習的組合方式不同。

第二節

洛書基本觀念

古人對洛書所做的註解

〈洛書〉：載九履一，左三右七，二四為肩，六八為足，蓋取諸歸象也。

〈洛書〉：以相剋為序，故右轉自北而西，而南而東，而中，而復始於北。

朱子曰：「洛書之位，一對九，二對八，三對七，四對六，亦與河圖不異。」又曰：「洛書縱橫數之皆十五，互為七、八、九、六。」

胡玉齋曰：「洛書雖縱橫有十五之數，實皆七、八、九、六迭為消長，一得五為六，而與南方之九，迭為消長，四得五為九，而與西北之六，迭為消長，二得五為七，而與東北之八，迭為消長，三得五為八，而與西方之七，迭為消長，數之進者為長過者為消，長者退則又消，消者進則又長，六進為九，則九長而六消，九退為六，則九反消而六又長矣，七、八倣此，虛五分十者，虛其中五之外，則縱橫皆十，以其十者分之，則九者，十分一之餘，八者，十分二之餘，七者，十分三之餘，六者，十分四之餘也，參伍錯綜，無適而不遇七八九六之三之餘合焉。」

又曰：「洛書之五，又自含五而得十者，下一點，含天一之象上一點，含地二之象，左一點，含天三之象，右一點，含地四之象，中一點，含天五之象，所謂五自含五而得十，通在外四十，為大衍之數，積五與十而得十五者，以其所含之五積之，則又含五與十而為十五，通在外四十，而為河圖之五十有五也。」

胡雙峯曰：「書之中視河圖，惟有五而無十，然一、九、二、八、三、七、四、六之合，環而向之，未嘗無十焉，合圖書之數計之，為數者百。」

鮑雲龍曰：「以洛書邊數推之陽，陽以三左行，天圓徑一圍三，三天數也，一在北，一而三之，三在東，三其三為九而居南，九而三之，三九二十七而居西，三其二十七為八十一，而一復居於北，北而東，東而南，南而西，西而復北，循環不窮，有以符天道左旋之義；地方徑一圍四，兩其二也，蓋以地上之數起於二，而陰資以為始位在南而右行，二而二之為四，而居東南，二而四之為八，而居東北，二其八為十六，而居西北，二其十六

為三十二，而二復居西南本位，西南而東南，東南而東北，東北而西北，西北而復西南，亦循環不窮，有以協地道右行之說，一、三、九、七，陽居四正，二、四、六、八，陰居四隅左右旋轉，相為經緯，造化之妙如此。」

〈吳曰慎〉曰：「洛書上三數象天，中三數象人，下三數象地，人能參天地，贊化育，建中和，故歸重於五皇極焉。」

〈洛書〉主要承接〈河圖〉概念，〈河圖〉是主要說明動態的平衡，而〈洛書〉主要說明靜態的平衡，如圖1-2-2洛書所示，現在轉換到圖1-2-3洛書數，無論是直、橫或斜所有的數都是十五，這一種的平衡是非常穩定的，這裡是指一開始的平衡做為論述基礎，其動態平衡故洛書數也會隨之變化，以應因〈河圖〉的運行，所產生動態的平衡。

〈洛書〉的方位與〈河圖〉的方位是一樣的，以洛書數如圖1-2-3所示，數值代表的方位說明，如3是東方但在現在地圖上是指西方、4為東南方現在地圖的西北方、9為南方現在地圖的北方，2為西南方現在地圖的東北方，7為西方現在地圖的東方，6為西北方現在地圖的東南方，1為南方現在地圖的南方，8為東北方現在地圖的西南方，這裡與地磁的東、西、南、北不同，使用上不要弄混了。

所謂的四正位亦為陽位，在「洛書數」圖1-2-3中指的是1、3、9、7之位，四隅之地亦為陰位，在「洛書數」中指的是2、4、6、8之位，這裡所說是從〈洛書〉之平衡開始，基本運用的條件，再配合「八卦」則應用上變的比較複雜，這裡配上「八卦」有時是用「先天八卦」，有時會配上「後天八卦」，卦雖然是一樣，用的地方不同或用錯，其結果會相差十萬八千里的答案，但在推論上是非常不容易找出錯誤地方。

孔子在《文言傳》中：「承天而時行，積善之家必有餘慶；積不善之家必有餘殃」，筆者認為這一句話，「承天而時行」，這一句話是說明宇宙或天體運行成為一種規律，「時」是以解釋為一種習慣或是固定的行為，不按照規則，必定造成很大的錯誤；若是以人生而言，說人平時要積德行善，才會有好報，若不積德行善，必有惡報。

從另一深層意義說明，以象、數觀點來看，是根據天體運行之理，配合「八卦」的演算或推論，說明了「積」是指推論卦象的過程是正確的，就可得你的預期結果，所謂「善」就是推演過程是對；「不善」

圖1-2-3　洛書數

4	9	2
3	5	7
8	1	6

則在推演過程中產生錯誤，這個錯誤會禍及他人。筆者希望學會「易經」象、數、理之人，依自己的能力服務大眾，利益眾生，更不可用此工具獲得不當之利益。

《易經》的象、數、理的運用，要特別的小心，有如刀刃兩邊利，用的好則是可達到你的預期效用，反則會傷到自己，要非常的謹慎使用。讀者若有玩過撲克牌中有一種玩法叫「拱豬」，你的手中原有「羊」得正分一百分，「豬」則為負分一百，但是在「豬」、「羊」變色時，拿「羊」立即變成負分一百，反而拿「豬」變成正分一百。

在古人有提及「天道左旋、地道右行」，何謂「天道左旋、地道右行」，其意說明天地之間是一種「動、靜」、「剛、柔」相互交錯的運行，達到動態或靜態的「平衡」，這一種「平衡」觀念正是儒家所說的不偏不倚即「中庸之道」，凡事過與不及都不好。

在〈洛書〉中是如何的展現呢？首先以先定義「四正」之地即為1、3、7、9之數為「陽」，「四隅」之地即為2、4、6、8之數為「陰」。所謂「天道左旋、地道右行」，天為陽，地為陰；「天道左旋」以四正之數向左旋轉，順時鐘方向旋轉；「地道右行」以四隅之數向右旋轉，逆時鐘方向旋轉。

「天道左旋」以3為起點，為何以3為起點，這裡洛書數先納「先天八卦」如圖1-1-6所示，3的對應位置是「先天八卦」的「震」卦位置，「震」卦為起始之意，方位則為東

方，所以在這裡以3的位做為起點。要說明是「先天八卦」是基本的推論基礎，而「後天八卦」是應用部份，這裡不要搞混了。

3為「陽」數的起始點，陽數的動能為3，為何動能為3，在說卦傳中有一段：「參天兩地而倚數」，3與2的數相互依靠變化之數，以3做為「陽」運算的倍數，2做為「陰」的運算倍數。以3為起始點，順時鐘向到9的位置則3×3＝9；9的位置要到7的位置則是9×3＝27，易經在變化時大部份是取餘數，在做運算，在此取7；7的位置到1位置，則是27×3＝81，取餘數1，第二次循環則用81×3＝243，3取餘數3，這個3是往外擴張的而非原來的3。

2為「陰」數的起始點，陰數的動能為2，為何動能為2，上述已說明，不在此重述。以「後天八卦」說明2的位置是「坤」卦所在，在此要說明為何陽數為何用先天卦，而在陰數時卻要用「後天八卦」，陽的變化是有跡可尋，而陰的變化是有很多方式，答案不只一個，會有很多「解」，孔子云：「小人、女子難養也。」這裡指小人與女子的性情多變，不容易讓人掌握或理解之意，後面有四方階的說明，幫助了解。

2的數開始變化，陰數的變化方是以逆時鐘方向，陽數順陰數逆，如此才能平衡。4的位置則是2×2＝4，8的位置則是4×2＝8，6的位置則是8×2＝16，取餘數為6，下個位數則是16×2＝32取餘數為2，數的變化一直向外推演，無限向外的變化，變化愈大愈複雜，陰數之變化有一個特徵是不會固定一種變化，方式有很多種。

「參天兩地而倚數」另一個解釋是，「參天」則是3＋3＋3＝9為陽之數，在卦爻上稱「初九」，則初卦為陽卦之意：「兩地」則是二為地所以2＋2＋2＝6為陰之數，在卦爻上稱「初六」，則初卦為陰卦之意，可參考附錄一《說卦傳》臆解說明。

觀念運用

「洛書數」的對角線、橫、縱的和各為十五，這是完美的平衡數，而數字是跳躍卻不是依順序而行，必需依照洛書排列的順序，如此才能達到平衡。〈河圖〉的平衡是一種擴大的平衡，而〈洛書〉是在一個區域或是範圍內的平衡，「河圖數」的變化則「洛書數」也會跟者變化，互為因果關係。

平衡數的變化，其變動知未來變法之軌跡，能達到預測環境變化之關係，我們將事情馭繁為簡，簡化處理，假設「洛書數」如圖1-2-3所示，以1為起點，則下個變化點為2，但在我們現代大多以貫性推估，以統計、分析而言，要蒐集過去所發生的事情或資料，推測未來可能發生的機率，是找不出2的位置，因為沒有關聯，相差很遠，以2的週邊來看，實際是為8、3、5、7、6的數值，結果都不是推測結果；只有時間走到4時，可以推到5，在由5推到6，5與6可以很精確推論，以本體所在位置不計算，其他共有8個位，只有二個是百分之百預測中，整個比例來看只占2／8的機率，約二五％的比率。

在預測學中要百分之百預測正確，是非常困難的，筆者認為達到六〇％就非常的精準，若以二八理論來看，另外二〇％是取決於「人」的問題，而「人」確是決定八〇％的準確度。

方階介紹

以圖1-2-3洛書數可以做一擴大運用在數值運用，也可以當作一個趣味數學的遊戲，前面所提「洛書數」是三方階，各平衡是15，三方階是為單數階，其解法只有一種模式，其四個面都可以為切入點，變化只有一種。

四方階是以十六空隔所組成，把1～16的數值填入，所有的直、橫、斜的數值加起來總和為34，舉例來說如圖1-2-4及圖1-2-5是二種不同的排列方式，都符合總和為34，以四方階而

言，主要解法多達6～8種，變化型的可能達到百種以上，四方階是陰數，所以是多變的，讀者有興趣可以自行研究。

再一個例子是五方階，以25個方格所組成的，由1～25數值填滿，各平衡數為65，其變化情形與三方階變化順序差不多，有一定規律的變化，也是象徵是乾卦（陽卦）的變化，如圖1-2-6五方階圖平衡數所示。

圖1-2-4　四方階一

1	15	14	4
12	6	7	9
8	10	11	5
13	3	2	16

圖1-2-5　四方階二

6	3	13	12
15	10	8	1
4	5	11	14
9	16	2	7

圖1-2-6　五方階

11	18	25	2	9
10	12	19	21	3
4	6	13	20	22
23	5	7	14	16
17	24	1	8	15

第三節

河圖洛書總說

古人諸儒對河圖、洛數總說

張子曰：「通於天者河，龍馬出圖，天降其祥，中於地者洛，神龜載書，地效其靈。」

蔡覺軒曰：「河圖位與數常相錯，然五居中，一得五為六，二得五而為七，三得五而為八，四得五而為九，各居其方，雖相錯而未嘗不相對也，洛書位與數常相對，然五數居中，一得五而為後右之六，二得五而為前之七，三得五而為後之八，四得五而為前之九，縱橫交綜，雖相對而未嘗不相錯也。」

胡雙峯曰：「圖書之數，三同二異，其居中者不可易矣，獨西南二方之數相易者，則金乘火位，火入金鄉，有相克制之義焉，此造化所以必易二方之數者，正以成其相克之象也，自二方既易之後，圖則左旋相生，書則右旋相克，造化不可无生，亦不可无，克，不生則或幾乎息，不克則无以為之成就也。

胡玉齋曰：「三向者，圖書之一、六皆在外，三、八皆在東，五皆在中，三皆之位數皆同也，二異者，圖之二、七在南，而書則在二、七在西，圖之四、九在西，而書則四、九在南，二者之位數皆異也，陽不可易，專指一三五，陰可易，統指二、七、四、九，二、四以生數言，雖屬陽，然以偶數言則屬陰，不得謂之陽矣，故可易，七、九以奇數言，雖屬陽，然以成數言，只可謂之陰矣，故亦可易。」

董盤澗曰：「河圖之數，不過一奇一偶相錯而已，故太陽之位，即太陰之數，太陰之位，即太陽之數，少陰之位，即少陽之數，少陽之位，即少陰之數，見其迭陰迭陽，陰陽相錯，所以為生成也，天五地十居中者，地十亦天五之成數，蓋一、二、三、四已含六、七、八、九乘之故也，蓋數不過五也。洛書之數因一、二、三、四以對九、八、七、六，其數亦不過十。蓋太陽占第一位，已含太陽之數，少陰占第二位，已含少陰之數，少陽占第三位，已含少陽之數，太陰占第四位，已含太陰之數，雖其陰陽各自為數，然五數居中，太陽居一，得五而成六，少陰居二，得五而成七，少陽居三，得五而成八，太陰居四，得五而成九。則與河圖一陰一陽，相錯而為生成之數者亦无以異也。」

胡玉齋曰：「河圖偶贏而奇乏者地三十，天二十五也，洛書奇贏而偶乏者，天二十五地二十也。」

翁思齋曰：「河圖運行之序，自北而東，左旋相生固也，然對待之位，則北方一六水克南方二、七火，西方四、九金克東方三、八木，而相克者已寓宇相生之中，洛書運行之序，自北而西右轉相克也，然對待之位，則東南方四、九金，生西北方一、六水，東北方三、八木，生西南方二、七火，其相生者，已寓宇相克之中，蓋造化之運，生而不克，則生者无從而裁制，克而不生，則克者有時而間斷此圖書生成之妙各全備也。」

陳潛室曰：「河圖以生數統成數，洛書以奇數通偶數，若不相似也然一必配六，二必配七，三必配八，四必配九，五必居中而配十，圖書未嘗不相似也，河圖之生成同方，洛書之奇偶異位，若不相似也，然同方者有內外之分，是河圖猶洛書也，異位者有此肩之議是洛書猶河圖也。」

蔡節齋曰：「河圖數偶，偶者靜，靜以動為用，故河圖之位合皆奇，一合六，二合七，云云是故易之吉凶生乎動，蓋靜者，必動而後生也。」

「洛書數奇，奇者動，動以靜為用，故洛書之位合皆偶一一合九、二合八，云云是故範之吉凶生乎動，蓋動者，必靜而後成也。」

胡雙寳曰：「河圖洛書，皆木數居東方，伏羲畫卦，自下而上，即木之自根而幹，幹而枝也，其畫三，木之生數也，其卦八，木之成數也重卦亦兩其三，八耳，三八木數大備而後六十四卦大成，一六水，二七火，四九金，五十土，皆在包羅中矣，此春所以貫四時，仁所以包四端，元所以統四德，大哉易也，斯其至矣。」

古人對〈河圖〉、〈洛書〉的說明強調動、靜觀念，五行上的搭配，筆者以天文切入討論，從另一個思帷來看〈河圖〉、〈洛書〉的應用，讀者會更大的想像空間。在《繫辭上傳》：「在天成象，在地成形，變化見矣。」是指地球表面地形或地物的形狀，如山川河水，都對應到天上各星球對地球所產生對應的關係；換言之，各星球與地球之間有一種微妙或是相對應的關係，未必是引力或是某種頻率，這些無論是直接或間接都會影響地球環境、生態、氣候的變化，這些變化是因各星球之間的引力，或是目前科技所知的關係與地球的互動關係，各星球運行會與地球產生複雜關聯。舉例來說，光是一顆隕石要進入地球，若是超過某種體積，對地球本身為害很大，直接傷害的是地球上的生物。

各行星的運行是很複雜且有規律，這種星球的運行我們可以簡稱為「天體運行」，而這種的「天體運行」當作是外部系統的統稱；而地球本身系統的變化，是要因應外部系統的變化而變化，或是地球本身也對其他星球的影響，這些變化只為一件事情，就是維持「平衡」，就一般常說「天」與「地」的觀念，有時候會讓人弄不清楚到底是在說什麼？

「天」可以泛指宇宙的星球運行的規則或道理，研究各大行星與各星球相對應的「時間」與「空間」之關係，可歸類於「天」的範疇。我們將這「範疇」縮小來研究，就以我們所居住地「地球」做為討論的中心，以各星球對地球相對應關係，從外部環境變化而影響內部環境的變化，針對這些變化所產生影響問題之研究。

筆者在拙著《紫微星鑰》文中提及天文，而天文強的國家必為強盛的國家，這是其中一種簡單判斷一個國家強盛與否的簡單方法。在中國古代《易學》或是天文裡經常探討各星球或行星對地球相互影響的關係，例如「天狗食月」或是「天狗食日」，會是一個不祥的預兆，對「人」所產生的各種變化情形及影響，其原因在原因是在星球重疊或在一條上，引力是非常不穩定的，環境是會立即反應，人的反應有時候是很遲鈍的、沒有知覺的。

「地」可以泛指地球山、川、河、水、氣候的變化，地球的一切變化都會受到各星球的影響，現在太陽及月亮已經被科學家證明，是對地球有直接的影響，例如太陽對氣候變化有直接關係，以太陽為主的曆法，即時節氣曆，十二節、十二氣稱為二十四節氣，月球則對潮汐有直接的影響，這是被證實了，月球繞行地球發展出太陰曆。其他的星球對地球就

無影響嗎？可能是現代的科學尚無找出量測方法，但不能證明沒有影響。

大自然的力量是有多大呢？例如月球是對地球潮汐或浪產生影響，這是大自然的現象，並無特別，如果我們以人工製造泳或浪，要花費多少能量才能達到；現在有很多是室內種植疏菜，模擬環境變化，太陽光的色溫、熱等，所花費的資源不貲，且範圍亦受限制，雖能達到某一個程度「人定勝天」效果，人類所做的資源很多，終是抵不過大自然的力量。

〈河圖〉、〈洛書〉是要怎麼運用，其實在第一章的「地球文明毀滅假說」就明了，就是運用〈河圖〉、〈洛書〉概念，是花了一個章節介紹，〈河圖〉與〈洛書〉是可以分開使用，也可以合起使用，運作上由讀者決定。

第四節
運用探討

在〈河圖〉、〈洛書〉裡很重要的一觀念就是「平衡」，是指一切事或物，達到一種完整的對稱性，其對稱性可分為二種，一種是「動態平衡」，另一種是「靜態平衡」。「動態平衡」每個物質都在動，形成一種平衡，例如星球的運行，個人的運動中，如何與環境產生最佳平衡狀態等；「靜態平衡」則所有物質達到最適的對稱，例如地球上很多物質都有一定的比例，對稱性或是相對性的平衡，自然界中「碳」元素的結構面是非常的穩固，尤其是鑽石的堅硬度非常硬，其理即為「平衡」之理。

〈河圖〉狹義來說是一種「動態平衡」，而〈洛書〉則是一種「靜態平衡」，簡單的說，兩者是相互對應的，互為影響，內外互動達到平衡，〈河圖〉與〈洛書〉是一種關係維繫者，由動態影響靜態的變化。舉一例子，環境與人的關係，夏天時天氣非常的熱，這

是外部的環境因素，身體為了要降低溫度，一直排汗及喝水，才能維持氣候與身體平衡的變化；到了冬天，天氣變冷，身體內部產生變化，以符合環境的變化，如果無法調節，就會生病，生病用許多方法治療，使身體的器官或機能，恢復原有的功能繼續工作。

以太極圖而言如圖1-2-7太極圖，在太極圖中陰中有陽，陽中有陰，即為「平衡」，這一種的「平衡」是屬於靜態平衡，在使用上則是在太極圖上，二個小點互為對調，使太極圖產生極陽、極陰，而造成「不平衡」，形成另一種的「動態平衡」，在易經上運用，請參閱《易經》之《繫辭》及《說卦傳》內說明。

動與靜是如何的運用？「動」可解釋為行動或攻擊，「靜」則可解釋為對稱或平穩或是防守。以五子棋或其他棋為例，五子棋的玩法是用圍棋子，在棋盤上誰能夠先能夠連續排列成五個棋子在一起，無論是直、橫、斜，就為勝利的一方。

五子棋在攻防時，有不同的做法，在守的一方時，其原則要保持棋子的對稱性排列，即為「平衡」，每個棋子都可相互支援，結構面比較穩固，

圖1-2-7　太極圖

攻者不易攻擊，因為此時無機可趁。攻擊者在攻擊時要造成防守者，在佈局時產生缺口，攻擊者則單點突破，席捲兩側，方有勝算。

〈河圖〉、〈洛書〉是強調「平衡」，在我們生活之中的和諧，有時候我們也需要「不平衡」，達到某些需求，所以在「平衡」之間找出缺口，形成高低位差，產生動能時，是非常不穩定，若是不能控制則會崩盤；例如在五子棋或其他棋藝裡，攻擊者則要集中能量，集中的力愈大，其動能愈大，以大能量攻擊防守的缺口，則勝券在握，相對的當集中時即是最危險的，則速度及統合是決戰成功因素。

經上述筆者說明，讀者應有領悟其中道理，讀者心中定有疑慮，如果這攻擊與防守，都是高手時，如何決勝負呢？這是一個很好的問題，筆者引用孫子故事向讀者說明。

「孫子兵法」開始流行時，有位君主問孫武，每個將領都學會「孫子兵法」時，當兩軍對仗時，那一方會贏，孫武曰：「誰犯錯愈少，誰就是贏家。」話雖簡單，整個過程之中思慮要慎密，每個環節起、承、轉、合的點，要如何巧妙啣接，而巧妙運用關乎個人修養、知識、智慧與經驗。例如在一九四四年六月六日諾曼第登陸時，艾森豪將軍要下達攻擊命令時，是人生很大的考驗，錯了可能全軍覆沒，死傷慘重，歷史改寫。

「動」與「靜」只是一種相對的概念，而非只有字意上意義，在這裡東方與西方就有很大的差異，東方是含義或意義是向外延伸，無論是從微小事物及人生道理，大到宇宙變化的法則，是一種無限延伸、循環、實質的概念；西方科學定義是有很大差別，定義某一事件要定義非常的清楚，是在什麼範圍、流程、作法要有非常的清楚說明，可重覆驗證。

東方哲學是一種系統觀、西方科學是驗證為主，我們應取東方的哲學系統為「體」，西方實證科學為「用」，應用上則以系統分割成無數的小的次系統、分割到單一功能，用西方的定性、定量方法完成，再將每一個系統或單一功能的起、承、轉、合的啣接完成，即成為完整的運作系統。

「平衡」與「不平衡」、「動」與「靜」只是一種非常簡單的思考分析模式，加上「時間」及「人」的變化，所衍生的變化無窮大，讀者可將生活周遭事物簡化，加以分析運用。例如在人際溝通時，有時別人會丟出負能量，若你接了，你必需調整自己，會做回應，所以會接收這個負能，如《易經·繫辭傳上傳》：「方以類聚，物以群分，吉凶生矣。」就會被吸過去，不易脫離，最好解決方法是，將負能量不接收、不回應，幾次就不會有負能量。若是積極的人，發出正能量，會化解負能量，常有父母親要與孩子溝通，會挑小孩子過去痛點，小孩子會反嗆，這是負能量互動，小孩子若不回應負面說詞，反而說以前與父母快樂相處的時光，這樣溝通起來會較為正面能量。

「平衡」是一個道理，人是要積極的，有一個故事是這樣說，在古時候有一年輕人，工作非常努力，某一天有個算命師告訴他，你的命格為大富大貴之人，你在某個時間點開始變成非常富有的人，起初聽了半信半疑，又去請風水師看了一下祖墳，也是得到同樣的結果，這位年輕人為慎重起見，又去求神問卜，多請各方大師來看，所得到的結果是一致的，從「信度、效度」來看，是沒有問題的，現在的問題是等待這一刻的來臨，就會變成富有的人。

這一刻終於來臨，年輕人決定辭職，在家等候佳音，等待數月後，坐吃山空，最後餓死在家中，死後心中乃有一個很大的「結」，就是我在生前應為大富大貴之人，為何得不到應有的財富，最後竟然是餓死。

這位年輕人死後，心有不甘，決定控告財神爺瀆職，到了閻王殿，向閻王投訴控告財神爺瀆職，閻王受理此案，閻王調閱相關的資料，果然正如這位年輕人所言，命中是一個大富大貴之人，為何會餓死？其中必有隱情，此案秉公處理，查個水落石出，勿枉勿縱。

閻王傳喚被告財神爺，閻王問財神爺說：「你是掌管人間的財富，此年輕人命中註定大富之人，為何未將財富依規定時間送達？」財神爺答曰：「我是掌管人間的財富之事，我也受命要將財富送給此年輕人，我帶領許多的財富要給他，但是我找遍三百六十五行，找不到這一位年輕人是從事何種行業，我不知如何給起，我只好繳回，豈能怪我乎？」

由上面一個小故事，可以得知，機會來臨時，你是不是準備好了，如果你沒有準備好，這個機會亦不屬於你的，環境或機會都給你了，重要是謀事在人，若是你對天地之間道理有所瞭解，人類應該是積極開創新未來的人生，而非坐以待斃。如果每一個人都對社會貢獻一點心力，我們的社會變得更好。

「錢乃養生之源」，雖然錢非萬能，但沒有錢則是萬萬不能，在現實生活中是非常重要，常以金錢多寡，衡量一個人在社會上的地位重要指標。古云：「小富由儉，大富由天」，每個人都珍惜現在所擁有的，每件事情都不浪費且賦予愛心，雖未大富，小富已近。若能「樂天知命，故不憂；安土敦乎仁，故能愛」，藉由上述之故事可以瞭解，「人」是決定機會的關鍵點，機會稍縱即逝，把握當下機會，機會是成功的一個過程，努力加上機會是成功相當重要的因素。

第三章

乾坤二卦卦爻推演探索

本章節為何把「乾、坤」二卦放進來討論，因為「紫微斗數」的基礎理論來自《易經》邏輯運用，「乾、坤」二卦觀念影響四化的推論，對於紫微星曜也是以八卦推演運用，用數學來說，《易經》比方說加、減、乘、除，「紫微斗數」建構上去的數學代數應用，所以必需要交代過程，故把「乾、坤」二卦專章討論。

《易經．繫辭傳上傳》第一章：「乾知大始，坤作成物。乾以易知，坤以簡能。易則易知，簡則易從。易知則有親，易從則有功。有親則可久，有功則可大，可久則賢人之德，可大則賢人之業。易簡，而天下矣之理矣；天下之理得，而成位乎其中矣。」「乾卦」、「坤卦」二卦是所有卦的開始，「乾卦」是所有卦的變化開始，而「坤卦」繼「乾卦」之變化而成，「乾卦」變化是簡單而容易了解，「坤卦」變化是以「乾卦」為基礎再延伸變化，《易經》的道理是天下最基本的道理，無論在做人處事、事務的思考、多複雜、多長遠、多大、或是多小，萬變不離其中。

《易經．繫辭傳上傳》第四章：「易與天地準，故能彌綸天地之道。仰以觀於天文，俯以察於地理，是故知幽明之故。原始反終，故知死生之說。精氣為物，游魂為變，是故知鬼神之情狀。」《易經》這裡是說明了天地運行的道理，換言之天地運作規則都在《易經》裡說明清楚，只要觀察天體運行及地面與天體呼應之理，說明死生之道也（死而後生，生

生不息），其變化了然於心。

「原始反終，故知死生之說。精氣為物，游魂為變，是故知鬼神之情狀。」讀者可以參考《漢宋易學解》〈清．王希尹著〉註解：「聖人於易理知之矣，推原始之所以來，反究終之所以歸，始即始其所之生，陰變陽也，即終其所死，陽化陰也，死生之說，聖人於易理知之矣。陰精附於陽氣以凝聚而成物之形，陰變陽也，陽魂離於陰魄，以游散而變物之質，陽化陰也，氣至而伸為神，魂反而歸為鬼；鬼神之情狀，聖人又於易理知之矣，張子，謂精氣者，自无而有，游魂者，自有而无。」這裡所說明「乾、坤」二卦的變化開始，自己必須先變化，「原始反終」是指在推演卦時，反著推，才能得到結果，了解整個變化過程，其義涵自變過程後而還原成原始卦，即完成階段性任務，再自變時又是另一個階段開始。「精氣為物，游魂為變」是說明陰卦要陽卦推演，陽卦要化為陰卦推演，陰陽互為相輔相成，從無到有，又從有到無的變化，了解變化之理，連鬼神的變化都知道，若能掌握變化原則，必能了解天體運行之理及環境變化，所以《易經》也是一部預測之學。

在本章節中有使用卦的名稱是有區分，例如「乾卦」與「乾」卦之表示是不同，「乾卦」：是代表八卦裡「乾卦」只有三個爻；「乾」卦：是代表六十四卦裡的「乾」卦只有六個爻，有上卦下卦之組合，在閱讀上會較容易區分是說哪部份的卦，不至於產生混淆。

「乾卦」與「坤卦」放一個章節討論，其原因是在紫微斗數四化推論中需要「乾卦」、「坤卦」推論，尤其是在化權、化科時需要用到，這二個卦為「父母卦」，對於《易經》哲學思想及邏輯推論產生很最重要影響，在《易經》之〈十翼〉著作裡的〈文言傳〉專章討論「乾」卦、「坤」卦二卦，可見是多麼重要，對其邏輯規則要詳加研究。

本章節推演「乾」卦、「坤」卦二卦，是以象數進行推論，所用到的理論是前二章所提過的理論，主要有〈河圖〉、〈洛書〉為基礎，在「乾卦」、「坤卦」二卦是如何整合在一起推論出符合地球現有的條件，不從生活中人生體驗作為討論範圍，以邏輯體系原理說明為主，所以對其「乾、坤」二卦之經文無法做單一文字或單一字義或解說。

「乾」卦的卦爻變化，是比較單純的，在第二章裡有〈河圖〉、〈洛書〉的介紹，單數變化較為有一致性，原則較為固定，變化性少，以三方階、五方階之平衡數為例，其數字跳動變化位置都有固定模式，不論是單方階有多大，遵此要領，都可以完成。

「坤」卦爻的變化是比較複雜，不像是「乾」卦推論過程方向明確，其變化邏輯可以依循，在第二節中會有詳細的介紹，筆者在找出變化原則過程中，尤其是在「坤」卦動四、五、六爻推衍變化過程，研究時間超過六年之久，試了很方法，找出「坤」卦變化之理，不符合其〈彖〉辭、〈象〉辭裡條件，還好沒有放棄找出其邏輯。以偶數方階說明，各排

列組合會有很多解，沒有單一解，但會有一個基本變化規則，而非是毫無章法的變化，只要掌握原則，就不會亂演繹，產生似是而非觀念，最後還是沒有搞懂。

接下來開始介紹「乾」卦、「坤」卦二卦的推演，說到這裡，本「乾」卦、「坤」卦二卦是以象術邏輯觀念做為探討，若推論之中有不完備，敬請賢德、先進賜教精進。

第一節

乾卦卦爻推演探索

《易經》六十四卦相傳是〈伏羲氏〉所傳，真正的年代也不可考，確是對中國文化及哲學思想，產生很深且流遠的影響，對天地尊敬，包容的哲學、禮教等；《易經》古代列為五經之首，是一部很重要的經典，闡述了天體運行的道理，天與地協調運作，成為做人處事學習的對象及道理，也是判別是非的基本原則。

本節介紹「乾」卦卦爻變化推論之過程，前面已說過，推演方式是以象、數應用為主，探討邏輯變化的過程及應用，不以人生生活體驗為主。以「乾」卦推論而言，是恆動的、有規律的變化，所以在各爻推演過程沒有太多枝節變化，依序推論，就會得到結果。

「乾」卦如圖1-3-1所示，六個陽爻所組成的，代表「乾」卦，「乾」卦是六十四卦第一個討論的，是動能開始，萬物變化之始，推演「乾」卦第一步就是「乾」卦變成「坤」卦開始推演，「孤陰則不生，獨陽則不長，故天地配以陰陽。」單獨「乾」卦是無法變動，故必須先轉變成「坤」卦開始，陽中有陰，陰中有陽，才能產生動能，生生不息。六十四卦也區分陰陽二種，請參考附錄二宋版六經圖《大易象數鈎深圖》裡「一陰一陽圖」。我們從「乾」卦先作介紹。

《易經》對「乾」卦如圖1-3-1所示，「乾」卦本卦說明如下：

乾：乾為天，乾上，乾下

乾：元，亨，利，貞。

《彖曰》：「大哉乾元，萬物資始，乃統天。云行雨施，品物流形。大明始終，六位時成，時乘六龍以御天。乾道變化，各正性命，保合大和，乃利貞。首出庶物，萬國咸寧。」

《象曰》：「天行健，君子以自彊（強）不息。」

圖　1-3-1乾卦

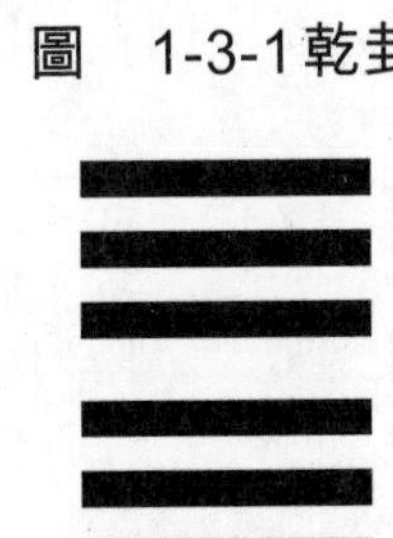

《文言曰》：「元者，善之長也，亨者，嘉之會也，利者，義之和也，貞者，事之幹也。君子體仁，足以長人；嘉會，足以合禮；利物，足以和義；貞固，足以干事。君子行此四者，故曰：乾，元亨利貞。」

《漢宋易學解》對「元、亨、利、貞」註解：「元，大也；亨，通也；利，宜也；貞，正而固也，乾始萬物，故曰元，乾遂萬物，故曰亨，乾益萬物，故曰利，不私萬物，故曰貞。」

《彖曰》是主要說明「乾」卦是所有的卦開始，不論是環境如何變化，「乾」卦變化始終如一，恆常不變，當六爻再變回六陽爻時，即是變化完成，表示本階段完成，再進入下個階段之變化，「乾」卦變化必需要按部就班完成，萬事萬物各司其位，各司其職，按其規則變化，為人處事、萬物運行也是依此理。

《象曰》及《文言曰》內容主要說明了「乾」卦是恆常的動，有如太陽系的太陽星，一直放射陽光，不斷的動，保持動能；有如我們人體心臟一樣，要不斷的動，停止了，人也就停止了，該階段任務完成。

為何「乾」卦一開始就提「元、亨、利、貞」，是說明在六個爻之中只有四爻才能

用，其中二個爻是不能使用，有如經度及緯度一樣，為何不能使用，有如現在GPS定位，一定要用地面上一個點來做基準點，這個基準點是不可以亂移動，不可以被佔用，若被佔用所有定位系統就會全部大亂。在「乾」卦初九，潛龍勿用；上九，亢龍有悔，表示這二個爻是不可以用，以現代科技而言就是定位用，即「天地定位」之意，故不能用。

對於上述之「元、亨、利、貞」將《漢宋易學解》之解說提出參考，從另外的觀點思考，也有其他版本之《易經》都有很清楚詳述，請自行參考。

祿命學上應用有「六爻卦」，是《易經》六十四卦方式做為占卜之用，其中「世」、「應」就是在卦的定位用，再用其他四爻與基準互動，所產生之吉凶，做為行事參考；而紫微斗數四化也是應用之一，在本書第二篇之中會詳細介紹四化原理。其實在我們生活上也是一樣，對每件事情都有一些標準，在當確定準備做時，事情都很好處理，最怕基準點（標準）常常變，沒有依循標準。

「乾」卦在前面已說過，是一個恆常「動」的觀念，這個「動」要如何動起來？用「坤」卦做為變爻推論開始，其理必須「自變」，由「乾」卦變為「坤」卦，這時才能產生動能變化。例如你肚子餓了，身體需要補充東西，會告訴大腦，大腦會產生肢體行為去找食物，是由內部先變動，才會產生行動，完成目標。當人產生「動機」時，才會由自己內

部身體產生變化，逐步擴及，慢慢與外界才能產生呼應，這些觀念又會到前面所提之〈河圖〉、〈洛書〉之應用。所以說人若產生正能量，心情就愉快，自己就感到沒有病，整個身體就健康起來，不要小看累積之正能量，人的潛能是無限。

圖1-3-2　乾卦動一爻

「乾」卦動一爻

初九：潛龍勿用。

象曰：潛龍勿用，陽在下也。

《文言》初九曰：「潛龍勿用。」何謂也？子曰：「龍德而隱者也。不易乎世，不成乎名；遯世而無悶，不見是而無悶；樂則行之，憂則違之；確乎其不可拔，乾龍也。」

「乾」卦動一爻如圖1-3-2所示，而不是用「乾」卦第一爻變成陰爻，《象曰》也就說明「潛龍勿用，陽在下」，明白說明第一爻是陽爻，在《文言》裡也說明「龍德而隱者也，不易乎世，不成乎名。」龍德為陽爻，在推論「乾」卦必需要陰爻推論，才乎合「乾卦」的「恆動」觀念，以「復」卦顯示其動一爻。

「乾」卦動二爻

九二：見龍再田，利見大人。

象曰：見龍再田，德施普也。

《文言》九二曰：「見龍在田，利見大人。」何謂也？子曰：「龍德而正中者也。庸言之信，庸行之謹，閑邪存其誠，善世而不伐，德博而化。易曰：「見龍在田，利見大人。」君德也。」

「乾」卦動二爻如圖1-3-3所示，「龍德而正中者也。」第二爻由陰爻變成陽爻，變成坤在上兌在下「臨」卦表示，「見龍在田」二爻變化是在下卦，直接由一爻向上變化，第一爻變化後，則固定不會變動，再到了二爻變化為「臨卦」，換言之動二爻之變化，就二個陽爻了，也就是「德施普也」，另一個說法就第二是延續第一爻之變化，那就是正確的。

圖1-3-3　乾卦動二爻

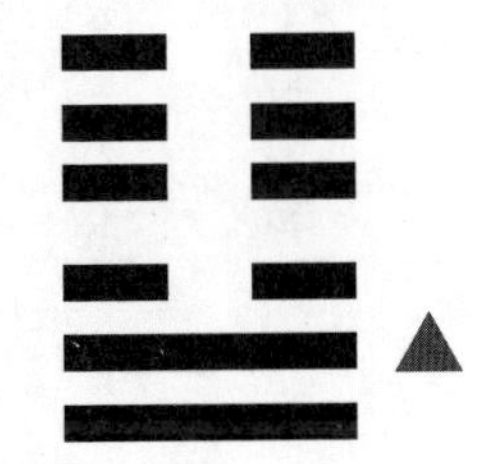

「乾」卦動三爻

九三：君子終日乾乾，夕惕若，厲無咎。

象曰：終日乾乾，反復道也。

《文言》九三曰：「君子終日乾乾，夕惕若，厲無咎。」何謂也？子曰：「君子進德修業，忠信，所以進德也。修辭立其誠，所以居業也。知至至之，可與幾也。知終終之，可與存義也。是故，居上位而不驕，在下位而不憂。故乾乾，因其時而惕，雖危而無咎矣。」

「乾」卦動三爻如圖1-3-4所示，以九三日「君子終日乾乾」，「乾」卦本卦之《象曰》：「天行健，君子以自彊（強）不息。」對動爻變化不用想的太複雜，陽爻推到三爻時，下卦全部都是陽爻即是正確。故動三爻為坤上乾下「地天泰」卦。

九三之《文言》說明人生進德修業要持之恆，知其道理，早晚要省身，有錯能改，雖不好但也遠離災禍。

圖1-3-4　乾卦動三爻

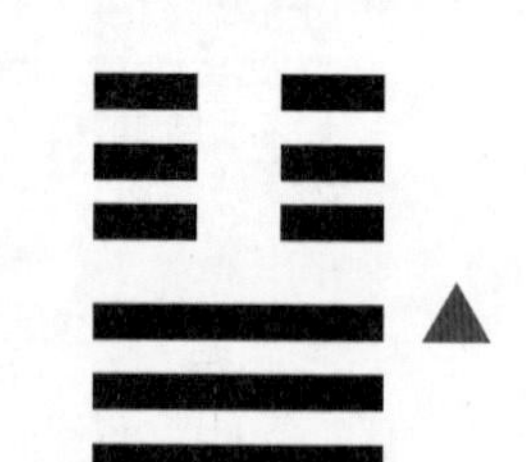

「乾」卦動四爻

九四：或躍在淵，無咎。

象曰：或躍在淵，進無咎也。

《文言》九四：「或躍在淵，無咎。」何謂也？子曰：「上下無常，非為邪也。進退無恆，非離群也。君子進德修業，欲及時也，故無咎。」

「乾」卦動四爻如圖1-3-5所示，在九三爻卦完成時，再進入九四爻時，「上下無常，非為邪也」及《象曰》：「進無咎也。」是指下卦完成要進入上卦第一爻（動四爻），直接變成陽爻，第四爻是指從第一爻到第四爻都是陽爻，所以動四爻卦為震上乾下為「大壯」卦。

圖1-3-5　乾卦動四爻

「乾」卦動五爻

九五：飛龍在天，利見大人。

象曰：飛龍在天，大人造也。

《文言》九五曰：「飛龍在天，利見大人。」何謂也？子曰：「同聲相應，同氣相求；水流濕，火就燥；云從龍，風從虎。聖人作，而萬物睹，本乎天者親上，本乎地者親下，則各從其類也。」

「乾」卦動五爻如圖1-3-6所示，推論到第五爻是陽爻，龍在天的位置是指陽爻，故兌上乾下為「夬」卦，在六爻裡有五個爻是陽，一個是陰爻，有如太極中之一點，陽中有陰，還是充滿動能。

在中國古代一般稱皇帝為「九五之尊」，在卦裡又有細分天、地、人三個討論，以一、二爻為地，三、四爻為人，五、六爻為天，由人往上升即是人之龍，在現代廣義的而言，則是各行各業之領導人物，都可以稱為最高頂級的人物，或是在某個群體是頭臉人物，在動物界也是如此。

圖1-3-6　乾卦動五爻

「乾」卦動六爻

上九：亢龍有悔。

用九：見群龍無首，吉。

象曰：亢龍有悔，盈不可久也。用九，天德不可為首也。

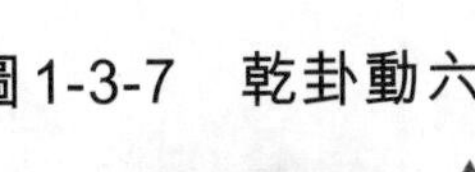

圖 1-3-7　乾卦動六爻

《文言》上九曰：「亢龍有悔。」何謂也？子曰：「貴而無位，高而無民，賢人在下而無輔，是以動而有悔也。」

「乾」卦動六爻如圖1-3-7所示，在用九：「見群龍無首」龍為陽爻，所以推演到了第六爻為陽爻，若是推到這裡全部是陰爻，那是錯的，全部為陽爻才對，故動六爻乾上乾下為「乾」卦。為何在動六爻會是「亢龍有悔」呢？從象數來看，六爻是「天」之意思，這個「天」是指「定位」用，不可以用，若有用到其基準會不見了，在動一爻時則為「潛龍勿用。」這二爻是指定位用，一個如「經」，一個如「緯」是基準，是不可以使用。

（相關「乾」卦的影片介紹，請到 https://youtu.be/0vab-sXpbIQ 觀看，或是查詢關鍵字「王文華老師紫微斗數學理」。）

第二節 坤卦卦爻推演探索

「坤」卦的卦爻推演是比「乾」卦複雜很多，不能以「乾」卦推演方式直接完成變爻，陰卦多變，無論是如何變，總是會有一個原則，其原則是以「天地定位」，卦爻變化要平衡，這個道理是很簡單，說起來容易，做起來複雜，古代孔老夫子看待事物都保持「中庸」之道，這個「中庸」即是平衡，中醫醫理也是以平衡調理身體。

在第一節中介紹「乾」卦的變化，先要自

圖1-3-8　洛數配方位

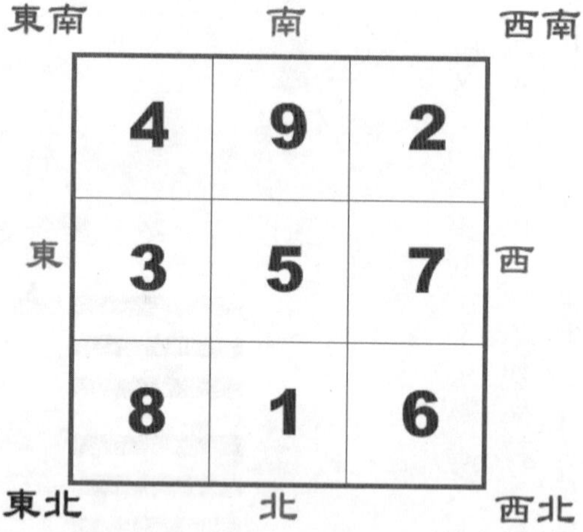

東南	南	西南
4	9	2

東				西
	3	5	7	

8	1	6
東北	北	西北

己轉變，才能動起來。「坤」卦也是如此，也是要自己先變，才能動起來，但是這個自變就有一些技巧性，因為「坤」卦本身要兼顧天地呼應平衡，不能只顧自變化，也顧及整個平衡，考慮比較多，有如母親持家觀念一樣，總是想的是如何滿足大家的需求。

從「坤」卦分為上下二卦，在自變時由「坤」卦轉變成「乾」卦，在這裡要很小心，只有上卦才能變成「乾」卦，上卦、下卦在變爻時，是依據洛書數，配合「先天八卦」依序變化，如圖1-3-8所示，將洛書數配合方位，這裡的方向不是以磁北方向為方向，不要搞錯了，正好相反。

當「坤」卦下卦三個爻變化完成時，要進入第四爻變化時，此時下卦會變成「坤卦」，

圖1-3-9 洛書配卦及方位

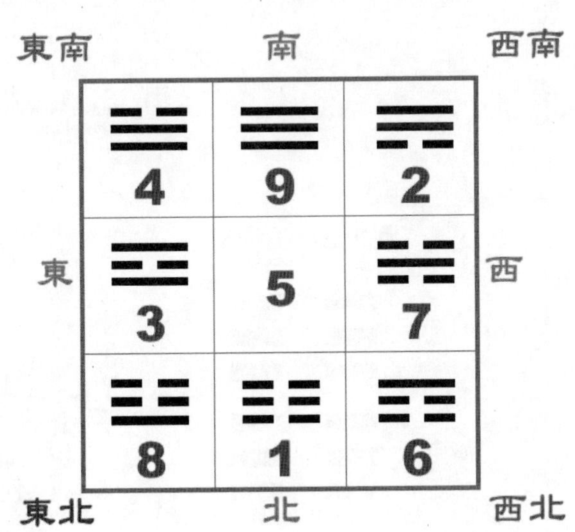

已完成了變化，會變成「坤」卦，基本上是「乾卦」在上，「坤卦」在下，在整個推演時會有先後次序，而上卦、下卦變化會依洛書數順序進行。在「坤」卦變化時，其內部包含了有「天地定位」，如圖1-3-9所示，「乾」卦為天，「坤」卦為地，分別在數位一、九位置上，最後都要回歸其位置，所以「坤」卦之上下卦之變化，是與「乾」卦變化是不一樣的，考慮因素多，要很小心。在「坤」卦本卦之中就說明「君子有攸往，先迷後得主」，整個走完一遍就知道其中之理。

「坤」卦本卦

坤：坤為地，坤上，坤下

圖 1-3-10 坤卦

坤：「元，亨，利牝馬之貞。君子有攸往，先迷後得主，利西南得朋，東北喪朋。安貞，吉。」

彖曰：「至哉坤元，萬物資生，乃順承天。坤厚載物，德合無疆。含弘光大，品物咸亨。牝馬地類，行地無疆，柔順利貞。君子攸行，先迷失道，後順得常。西南得朋，乃與類行；東北喪朋，乃終有慶。安貞之吉，應地無疆。」

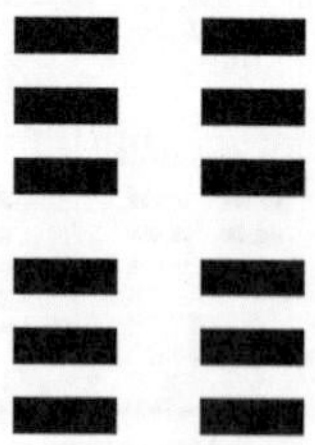

象曰：「地勢坤，君子以厚德載物。」

《文言》曰：「坤至柔，而動也剛，至靜而德方，後得主而有常，含萬物而化光。坤其道順乎？承天而時行。」

「坤」卦如圖1-3-10所示，其變化是一個很複雜的卦，在推論時很容易弄錯，通常弄錯機會很大，有這樣的經歷才能找出正確的推演程序，「坤」卦的分析以象數邏輯為主，不以人生體會來說明其變化，「君子有攸往，先迷後得主，利西南得朋，東北喪朋。」推演「坤」卦時不全然用「乾」卦概念推演，推演出不來，要經過不斷的推論反覆求證，最後才能得到正確方式，其重是有分上卦、下卦之分，在「坤」卦動一、二、三爻時，上卦是「乾卦」，動爻來到了四、五、六爻時，下卦才是「坤卦」，動爻推演方式要從西南方開始才是正確，若是從西北方開始不正確，西南方又是什麼呢？這個祕密在圖1-3-9裡面，後面會詳述。

在《文言》說明「坤」卦變化是要合乎天地變化，要如何合乎天地變化呢？前面介紹過了上卦與下卦的變化原則，另外一個就是說明了爻變的變化，將「先天八卦」配合「洛書數」如圖1-3-9所示，會在「坤」卦動爻中運用，接下來介紹「坤」卦動爻變化。

「坤」卦動一爻

初六：履霜，堅冰至。

象曰：履霜堅冰，陰始凝也。馴致其道，至堅冰也。

《文言》曰：「積善之家，必有餘慶；積不善之家，必有餘殃。臣弒其君，子弒其父，非一朝一夕之故，其所由來者漸矣，由辯之不早辯也。易曰：『履霜堅冰至。』蓋言順也。」

「坤」卦動一爻（下卦）在直覺上應以「震卦」為動一爻，因為在「履霜堅冰至」，「乾」卦其意為冰、為寒，所以在第一爻上為陽爻，直接以「坤」卦推演，下卦得「震卦」則是錯的，圖1-3-12所示，「震卦」在洛書數位置是八，方向為「東北」，在「坤」卦本卦中說明「東北喪朋」是指若是推到「震卦」是錯的，而「利西南得朋」要推論到位置「西南」方向才是對的，「洛書數」為二的位置，應是「巽卦」才對；故「坤」卦動一爻為乾上巽下「姤」卦如圖1-3-11「坤」卦動一爻所示。

圖1-3-11　坤卦動一爻

《文言》曰：「積善之家，必有餘慶；積不善之家，必有餘殃。」從象數方面解釋，「積」是過程或推論，「善」是指變化，也有正確之意，意指在推演過程中，正確的推演，就能發揮預期的效果，如虎添翼，若推演錯誤反受其害，所以在推論「坤」卦時要非常小心。也可以從人生偈語解說，平時多行善、廣積福田必有善報，行惡必有惡報，古人傳達意思包含多方面涵意，讀者可以自己細細品味。

以上述之說明，在本卦「利西南得朋，東北喪朋」裡「朋」字不知是否在古代鐫刻印刷時，或是再版時，有可能是刻錯，以筆者之所見，應為「明」，應為「利西南得明，東北喪明」，「明」可指正確之意，會比較恰當，提供讀者自行判斷。

圖1-3-12　配洛數二

☱ 4	☰ 9	☴ 2
☲ 3	5	☵ 7
☳ 8	☷ 1	☶ 6

「坤」卦動二爻

六二：直，方，大，不習無无利。

象曰：六二之動，直以方也。不習無无利，地道光也。

《文言》曰：「直其正也，方其義也。君子敬以直內，義以方外，敬義立，而德不孤。直方大，不習無无利，則不疑其所行也。」

「坤」卦動二爻推論為「坎」卦，若推論是「坎」卦，則是錯的，「不習無无利」沒有「習」才是正確，「習」又是什麼？在六十四卦之「坎」卦曰：「習坎有孚，維心亨，行有尚」，象曰：「習坎，重險也，水流而不盈，行險而不失其信……。」「習」為「坎」，故在動二爻卦是沒有「習」也就下卦不是「坎」卦才是正確，不是「坎」卦又是什麼？「直方大」是指四正位置，「坎」在「洛書數」第七個的位置，以順序而言也不是七，只有「洛書數」第三的位置是「離」卦如圖1-3-14所示，才是正確的；象曰：「不習無无利，地道光也。」而「地道光」是指下卦是「離」卦之意。故「坤」卦動二爻應是乾上離下「同人」卦，如圖1-3-13圖所示，動二爻之卦象。

圖 1-3-13　坤卦動二爻

一般容易錯的地方是以為動一爻完成，動二爻時，一爻原來以「坤」卦變化，一爻為陽卦（「履霜，堅冰至」），到了二爻，只有二爻為陽卦成為「坎卦」，或是以順時間往下推一個卦為「坎卦」，推論錯的機會很高，所以「先迷失道，後順得常」沒有深層意義內容，以字面上推卦過程很容易錯；相反的，若是這樣就是很單純的變化，沒有顧及天地平衡的運作，就會失去變化的意義。

「坤」卦動三爻：

六三：含章可貞。或從王事，無成有終。

象曰：含章可貞；以時發也。或從王事，知光大也。

圖1-3-14　配洛數三

4	9	2
3	5	7
8	1	6

圖1-3-15　坤卦動三爻

《文言》曰：「陰雖有美，含之；以從王事，弗敢成也。地道也，妻道也，臣道也。地道無成，而代有終也。」

從前面一、二爻之變化，是要依據「洛書數」配「先天八卦」平衡之理，所以「坤」卦動三爻推論為下為「兌卦」，乾上兌下「履」卦，如圖1-3-15「坤」卦動三爻圖。

「含章可貞，或從王事」含章之意為「兌卦」為澤為口，「可從王事」是指在「乾」卦旁邊卦，也就「洛書數」第四的位置，天體運行的道理（邏輯），也就平衡軌跡運行，如圖1-3-16洛書數，由三轉變到四之變化，詳細「兌卦」解說請參考附錄一《說卦傳》卦的解說。

《文言》「地道也」的解釋是指下卦變化還是依運行規則，不可以逾越，「坤」卦動三爻是下卦完成最後變化，但是上卦不可以轉變。

圖1-3-16　配洛數四

4	9	2
3	5	7
8	1	6

「坤」卦動四爻：

六四：括囊，无咎，无譽。

象曰：括囊无咎，慎不害也。

《文言》曰：「天地變化，草木蕃；天地閉，賢人隱。易曰：『括囊；無咎，無譽。』蓋言謹也。」

「坤」卦動四爻是由下卦變化完成，接下來要上卦的變化，而這裡變化有二個主要重點，其一是指上卦、下卦之變化，例如下卦完成變化，原來下卦動三爻為「兌卦」在轉為「坤」卦，下卦完成了變化，恢復原來的卦象，再等待上卦完成變化。《文言》：「天地變化，草木蕃；天地閉，賢人隱。」天地變化是在上卦、下卦之變，下卦為地要變成「坤」卦，上卦開始才能變化。

「坤」卦動四爻是何卦之變化，是要配圖1-3-18所

圖1-3-18　配洛數六

4	9	2
3	5	7
8	1	6

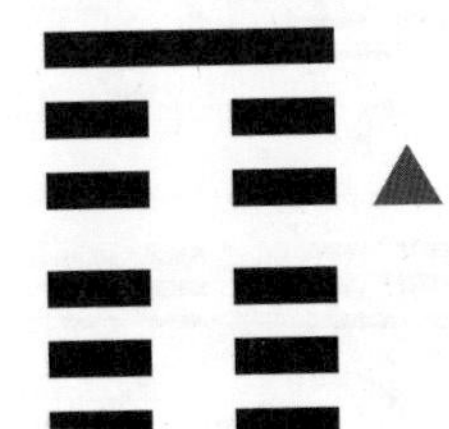

圖1-3-17　坤卦動四爻

示，配「洛書數」第六之「艮卦」，由四轉到六，中間五為空跳過，象曰：「括囊无咎，慎不害也。」囊是袋子，括是把口綁起來，「艮卦」也代示在一個區域或是範圍內之意，這卦象看來像一個口袋，故「坤」卦動四爻艮上坤下為「剝」卦，如圖1-3-17「坤」卦動四爻圖所示。

「坤」卦動五爻

六五：黃裳，元吉。

象曰：黃裳元吉，文在中也。

《文言》曰：「君子黃中通理，正位居體，美在其中，而暢於四支，發於事業，美之至也。」

圖1-3-19　坤卦動五爻

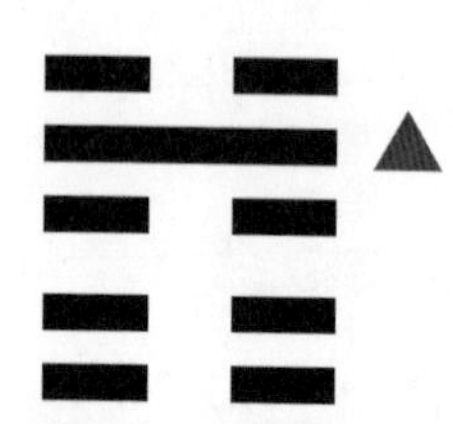

圖1-3-20　配洛數七

4	9	2
3	5	7
8	1	6

「坤」卦動五爻之變化，用直覺判斷是五爻為陽爻，其爻為陰爻，從動一爻開始到動五爻，只有這個動爻可以用直觀方式，與推論方式的結論是相同的，動五爻如圖1-3-19所示。以洛書數配八卦，在「坤」卦動五爻配「洛書數」為七為「坎卦」如圖1-3-20所示。象曰：「黃裳元吉，文在中也。」「黃」為中間之意，第五爻時上卦中間爻，人中之龍，「裳」是衣或褲裙，古代皇帝為天子，以黃色為代表皇家的氣勢，以卦來看，五爻為陽爻，其餘為陰爻，《文言》：「正位居體，美在其中。」陽爻又是在九五位，「坤」卦動五爻坎上坤下為「比」卦，如圖1-3-19。

「坤」卦動六爻

上六：戰龍於野，其血玄黃。

象曰：戰龍於野，其道窮也。

用六：利永貞。

象曰：用六永貞，以大終也。

圖1-3-21　坤卦動六爻

《文言》曰：「陰疑於陽，必戰。為其嫌於無陽也，故稱龍焉。猶未離其類也，故稱血焉。夫玄黃者，天地之雜也，天玄而地黃。」

「坤」卦動六爻是最後一個動爻變化，這個動爻之上卦是何卦呢？上六：「戰龍於野，其血玄黃。」以爻變化而言是最後的爻變，其在最後完成的卦，也意味著下個階段準備開始了，為了轉下一個變動的來臨，是需要做變化，開始產生了混亂，「其血為玄黃」，「玄黃」是指的「震卦」，《說卦傳》：「震為雷，為龍，為玄黃……」所以「坤」卦動六爻之上卦為「震卦」如圖1-3-21所示，容易推論錯誤是會推到動四爻，艮上坤下為「剝」卦，這裡是要注意的。一般而言在最後變化時，正處交接處，會是震盪較大，通常是要轉換下一組循環，另一個轉變開始。

以「洛書數」配八卦之推論，動六爻則配「洛書數」第八個位置，先天卦為「震卦」如圖1-3-22圖所示，「坤」卦動六爻，震上坤下為「豫」卦。

圖1-3-22　配洛數八

☱ 4	☰ 9	☴ 2
☲ 3	5	☵ 7
☳ 8	☷ 1	☶ 6

（相關「坤」卦的影片介紹，請到https://youtu.be/srxCVWLAXuw觀看，或是查詢關鍵字「王文華老師紫微斗數學理」。）

第三節　應用探討

剛接觸《易經》時，一翻內容就有〈河圖〉、〈洛書〉、〈伏羲八卦〉（先天八卦〉、〈文王八卦〉（後天八卦〉、〈伏羲六十四卦方位〉等圖，在未看《易經》本文時，必須要先看《繫辭上下傳》、《說卦傳》、《雜卦傳》、《文言》等內容後，再看《易經》本文，會比較容易進入狀況。

一開始看「乾、坤」二卦，看到「坤」卦動二爻時，六二：「直方大，不習無无利。」這時一般解釋是，推到動二爻時，就是要好好學習，學習是好的、正確的，此時我產生很大的問題，為什麼是動二爻時才是學習的卦嗎？於是開始找《易經》核心邏輯是什麼，當發現在六十四卦裡「坎」卦，象日：「習坎，重險也」中「習」即是「坎」，回頭才發現「不習無无利」真實的含意是，如上述之下卦「坤卦」動二爻說明，解一個謎，又發現一個謎，不是「坎」卦又是什麼呢？當時孔老夫子怕我們不懂，象曰：「不習無无利，地道光也。」說明「地」為下卦「光」，「光」是指為「離卦」，又一個問題出現，「離卦」又是怎麼推演出來呢？初期線索只有圖與文字，也找了很多《易經》古本，最後找到了《宋版六經圖——大易象數鈎深圖》其中一部是《易經》相關圖表，說明部份加上看到圖的分析，會更加了解，全部收藏在附錄二內，可以圖表中發現《易經》文字所說的，幫助理解，或許會激起不同的想法。

附錄一是筆者對《說卦傳》臆解，以現代生活應用做為解釋，對《易經》會更進一步的了解，後面章節裡以八卦衍生「紫微斗數」各星曜過程，除了各星曜之主要特徵外，也隱藏了各卦的特性，對各卦有深層的瞭解在解說上更貼切，個人領悟不同，只能拋磚引玉，也期許學習後對於生活、工作、事業是有幫助，人生更豁達，有時也能扭轉乾坤，時勢造英雄。

「乾、坤」二卦是《易經》六十四裡很重要的卦，「乾、坤」二卦也代表著天與地，說明天地運行變化之理，從天體運行道理，運用到我們工作上、生活上，要如何來運用呢？首先我們對〈河圖〉、〈洛書〉、「八卦」整合運用，〈河圖〉可以當作外界環境，〈洛書〉內部變化的順序，「八卦」把事、物或是人分成八種情形，有外部、內部、有順序，哪裡

有缺少或過多，就可以分出輕重緩急，以現有資源找出解決方案。

〈河圖〉是外在變化，不會是單一影響之因素，是有多層次的影響，但是〈洛書〉必須要與〈河圖〉相對應之變化，當〈河圖〉在某時段裡變化時，則〈洛書〉必須跟著變化，以保持內部平衡，當外界變化，內部隨之調整，內部調整則是〈洛書〉的數就跟著變化，也就是事情順序也不同，事物處理是有順序，順序錯誤可能會導致結果失敗，「八卦」是將相關之事物分為八大類，再將八大類賦予順序。

例如以農業而言，基本上農產品是要靠天吃飯，天氣是很重要因素，天氣變化影響農產品收成，這裡不談預測問題，就以天氣變化做分析的重點，前面所說的是以「八卦」來分類天氣，「八卦」為「乾、兌、離、震、巽、坎、艮、坤」，可以把「八卦」先定義天氣之現象，「乾卦」為晴天、或是寒冷的天氣，「兌卦」為澤、池塘、蓄水池等，「離卦」為火、天氣熱等，「震卦」為雷、天氣快速變化，「巽卦」為風，「坎卦」為水，「艮卦」為霧，「坤卦」為雲，每個卦裡又可以再區分三種狀態「強、中、弱」過強或太弱都可以視為災害，每一種變化都要有應變措施，準備愈完善（應變措施），遇到損壞就降到最低。

以「先天八卦」為例，如圖1-3-23所示，「洛書數」一、九是為定位，一為「坤卦」，九為「乾卦」代表在這一段時間內為雲與晴天為主要變化，其變化之順序為「巽卦」、「離卦」、

「兌卦」、「艮卦」、「坎卦」、「震卦」，當開始播種，開始成長幼苗時，是否怕風，過一段時間，是否怕天氣太熱，若遇積水是否有問題，當起霧時間長時，是否會影響農作物，水過多時是否會影響收成，或是在採收時遇到氣候變化很大時，是否會影響品質，或是市場價格變動很大等。

《易經》的核心思想就「變」，而「變」不是亂變，是有規則的變，上述之例子若轉變到「洛書數」八時，接下來要轉到九，就是要轉變下個一階段之變化，接著以「後天八卦」為例，如圖1-3-24所示，「洛書數」之九與一為定位，九為「離卦」，一為「坎卦」，天氣定義「離卦」為火，「坎卦」為水，若是正常狀況之天氣該熱就熱，該有水有水，就是風調雨之年，若是極端之年（假設所有不好狀況都發生），天氣變成極端，太熱則會變成乾旱，水太多則為水災，卦的變化順序「坤卦」為這個階段播種順利，「震卦」表氣候變化極端，農作物不易成長，「巽卦」代表有風災，「乾卦」天氣氣溫易比同時期更低

圖1-3-23　先天八卦配洛數圖

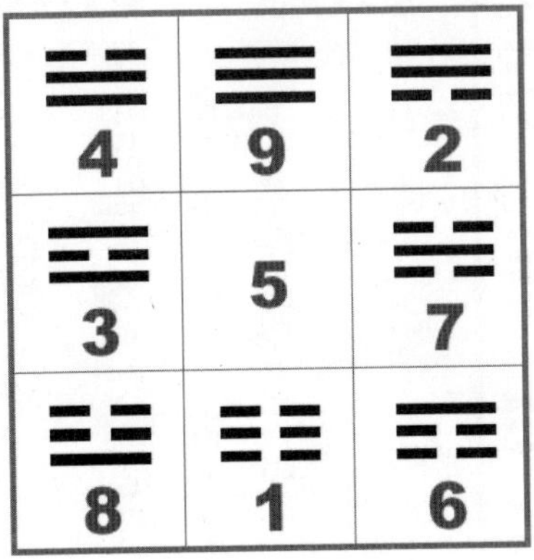

4	9	2
3	5	7
8	1	6

或是寒害等，「兌卦」表示蓄水量不足，缺水狀態，「艮卦」代表氣候悶濕，也快轉變下個階段，這個階段即將結束。

前面所討論以簡化方式討論，主要是表達如何運用《易經》邏輯思帷框架，八卦是要明確分類及事物歸屬，若對八卦不是很了解，請參閱附錄一《說卦傳》臆解解說，古人將萬物萬事區分成八大類，同樣的可以簡單各類衍生萬物萬事，但需要一些時間學習，吸收古人智慧，轉化成自己的智慧，是學習最好的方法。

當遇到事情時，無論人際問題、工作、感情、事物等事情，利用其思帷框架，有條理分析事物（分析可以用資源有多少），找出問題（缺少的資源），這是陰陽觀念運用，或是補不足之處（資源的運用，以有限資源發揮最大效益），最重要是使用時機是否恰當，同樣的一句話，在不同的場合，所發生的效果不一樣，後面章節「紫微斗數」所要討論與時間變化的問題。

圖1-3-24　後天八卦配洛數

☴ 4	☲ 9	☷ 2
☳ 3	5	☱ 7
☶ 8	☵ 1	☰ 6

第四章

六十甲子納音法則

第一節

六十甲子之五行推論

《繫辭上傳》曰：「大衍之數五十，其用四十有九。」一般應用在卜卦上，先製作五十籤，代表天地循環的數，再五十支籤中抽一支籤，先定位本體的基準點，所謂定陰陽，剩下四十九籤分成兩堆，經過十八次的過程才成卦，這是大衍之數運用在卜卦方面的作法。

「大衍之數五十，其用四十有九」，是天地變化循環的法則，知道法則後，要如何運用才是問題的開始，我們探討「六十甲子納音法則」推論到五行（五行即是金、木、水、火、土）的變化，而五行在祿命學中是一個很重要轉換工具，也是轉換的共同單位，代表邏輯的運用。

生剋制化之邏輯是一種「等量」的觀念，透過五行的運作，結合〈河圖〉、〈洛書〉、「八卦」、「六十四卦」、「天干」、「地支」、「六十甲子」等，時間單位等互換，使得能量與質量得以轉移，觀念的運用在本章節最後提出探討。

首先我們瞭解天干與地支組合而成六十組的干支組合，是如何組合而成，會在定義上的說明，是用哪些方法、理論及過程完成，說明之中引用古文，主要讓讀者瞭解古人對此看法，做一參照比對，或許能激發你的想法，創造新的概念。

一、河圖之數與五行關係定義

摘錄《五行大義》（蕭吉撰）中對河圖及五行應用數之定義，主要是依據天地變化的過程，而運用在數的觀念上之關係。

《五行大義》曰：「天以一生水於北方，君子之位，陽氣微動於黃泉之下，始動無二天數與陽合而為一。水雖陰物，陽在於內，從陽之始，故水數一也。極陽生陰，陰始於午，始亦無二，陰陽二氣各有其始，正應言一而云二者以陽尊，故尊既括始陰卑贊和配，故能生而陽數，偶陰在火中雖陽物義從陰，配合陰始，故從始立義，故火數二也。老子云：天得一以清，地得一以寧，是知皆有一義唱和同始。是以云木配陽動，而左長於東方，長則滋繁，滋繁則數增，故木數三也。陰佐陽，消陰道右轉而居於西，在陽之後理無等義，故金數四也。陰陽之數始乎一周，然後陽達於中，總括四行，苞則彌多，故土數五也。此例竝生，數皆云據，始未明成數，數既未成亦未能為用。穎容春秋釋例云：五行生數未能變化，各成其事。水凝而未能流行、火有形而未生炎光、木精破而體剛、金強斫、土鹵而斥。於是天以五臨民君化之傳曰：配以五成所以用五者，天之中數也。於是水得於五其數六用能潤下火，得於五其數七用能炎上木，得於五其數八用能曲直金，得於五其數九用能從革土，得於五其數十用能稼穡。」

《五行大義》曰：「天以一始生水於北方，地以其六而成之，使其流潤也。地以二生火於南方，天以七而成之，使其光曜也。天以三生木於東方，地以其八而成之，使得舒長盛大也。地以四生金於西方，天以九而成之，使其剛利有文章也。天以五合氣於中央生土，地以十而成之。」

綜合上述之重點如下：

「一、六」共宗水，大衍之數為1或6之數為屬「水」。
「二、七」同道火，大衍之數為2或7之數為屬「火」。
「三、八」為朋木，大衍之數為3或8之數為屬「木」。
「四、九」為友金，大衍之數為4或9之數為屬「金」。

「五、十」同途土，大衍之數為5或10之數為屬「土」。

二、十天干之陰陽屬性定義

1.十天干為：甲、乙、丙、丁、戊、己、庚、辛、壬、癸。
2.屬陽之天干為：甲、丙、戊、庚、壬。
3.屬陰之天干為：乙、丁、己、辛、癸。

三、十二地支之陰陽屬性定義

1.十二地支為：子、丑、寅、卯、辰、巳、午、未、申、酉、戌、亥。
2.屬陽之地支為：子、寅、辰、午、申、戌屬陽。
3.屬陰之地支為：丑、卯、巳、未、酉、亥屬陰。

四、天干地支組合成六十甲子循環

十天干（十個時間的組合）分為陰與陽二組（見十天干之陰陽屬性定義），十二地支（十二個空間的組合）分為陰與陽二組（見十二地支之陰陽屬性定義），天干與地支組合只有六十組，其規則為陽配陽、陰配陰，沒有陽配陰或陰配陽，是依據天體運轉道理來設計六十甲子的循環，以一個時間及空間所對應出的，一個正轉另一個是逆轉，以天干（時間）與地支（空間）組合達到動態的最適平衡，所組合出六十組的變化，稱為「六十甲子」。

天干與地支組合成「六十甲子」，做為時間與空間變化記錄，「六十甲子」分為「陽」部份區分為三十個天干地支組合，「陰」部份亦區分為三十個天干地支組合，一個「陰」干支與一個「陽」干支合為一組，共有三十組，每一小組有一組陰干支及一組陽干支，陰陽才能平衡，以一小組為分析單位，才能計算出五行屬性，分組如下：

「甲子、乙丑」，「丙寅、丁卯」，「戊辰、己巳」，「庚午、辛未」，

「壬申、癸酉」，「甲戌、乙亥」，「丙子、丁丑」，「戊寅、己卯」，

「庚辰、辛巳」，「壬午、癸未」，「甲申、乙酉」，「丙戌、丁亥」，

「戊子、己丑」，「庚寅、辛卯」，「壬辰、癸巳」，「甲午、乙未」，

「丙申、丁酉」，「戊戌、己亥」，「庚子、辛丑」，「壬寅、癸卯」，

「甲辰、乙巳」，「丙午、丁未」，「戊申、己酉」，「庚戌、辛亥」，

「壬子、癸丑」，「甲寅、乙卯」，「丙辰、丁巳」，「戊午、己未」，

「庚申、辛酉」，「壬戌、癸亥」。

五、「六十甲子」納音規則定義

天干與地支搭配成「六十甲子」，這六十組均是獨立的組合，每組都有其五行屬性（五行即為以木、火、土、金、水），關於五行生剋定義，在本章第二節五行生剋定義中說明，本段是要探討說明「六十甲子」天干、地支屬性是如何推論得到五行。

摘錄《五行大義》（蕭吉撰）對於天干及地支數的定義如下：

「支干數者凡有二種：一通數、二別數；今先辯通數，後論別數。通數者十干十二支也，干有十者應天地之大數也。」《易經．繫辭》曰：「天數五、地數五，天地之數不過於十，故以干極於十。」；「十主日，十日為一旬也，之十二者禮稽命徵言，布政十二，尊卑有序。」

《援神契》言：「三三參行四四相扶，天有四時之氣，以三月成一時，故言三三參行四四相扶。天地人謂之三才，是為三者物，生之常數，因而各生三本三而末九，所以十二元命苞言數成於三，故合於三。三月陽極於九，故一時九十日也，支象於月，十二月為一歲也。此辨通數、別數者，支數則子數九、丑八、寅七、卯六、辰五、巳四、午九、未八、申七、酉六、戌五、亥四。」

《太玄經》云：「子午九者，陽起於子訖於午，陰起於午訖於子，故子午對衝。而陰陽二氣之所起也，寅為陽始，申為陰始，從所起而左數至所始而定數。」；「故自子數至申數九，自午數至寅亦九，所以子午九也。丑未為對衝，自丑數至申數八，自未數至寅亦八，所以丑未八也。寅申為對衝，自寅數至申數七，自申數至寅亦七，所以寅申七也。卯酉為對衝，自卯數至申數六，自酉數至寅亦六，所以卯酉六也。辰戌為對衝，自辰數至申數五，自戌數至寅亦五，所以辰戌五也。巳亥為對衝，自巳數至申數四，自亥數至寅亦四，所以巳亥四也。」

又云：「陽數極於九，子午為天地之經，故取陽之極數，自丑未巳下各減一，從八至四理自可知干數者。」「甲九、乙八、丙七、丁六、戊五、己九、庚八、辛七、壬六、癸五。」《太玄經》云：「甲起甲子，從子故九己為甲配，故與甲俱九。乙起乙丑，起丑故八乙配於庚，與庚俱八。丙起丙寅，從寅故七辛配於丙，與丙俱七。丁起丁卯，從卯故六丁配於壬，與壬俱六。戊起戊辰，從辰故五癸配於戊，與戊俱五。支有十二以對衝同數；故自九至四，干唯有十以配合同數；故自九至五。」

又云：「支從地故數畢於陰以四偶也干，從天故數畢於陽以五奇也。五則止於五氣，

四則極於四時，上不過九者，陽之極數也。五行及支干之數，相則倍之，王則十而倍之，休則如本囚死半之，以此四而孳數乃無極，此并從氣增減，氣盛則多，氣衰則少也。」

《尚書．洪範》曰：「五行：一曰水，二曰火，三曰木，四曰金，五曰土。水曰潤下，火曰炎上，木曰曲直，金曰從革，土爰稼穡。潤下作鹹，炎上作苦，曲直作酸，從革作辛，稼穡作甘。」

綜合上述對天干及地支說明，整理天干數值表（表1-4-1天干數值表），地支數值表（如表1-4-2地支數值表）：

表1-4-1　天干數值表

天干	甲	乙	丙	丁	戊
	己	庚	辛	壬	癸
數值	9	8	7	6	5

表1-4-2　地支數值表

地支	子	丑	寅	卯	辰	巳
	午	未	申	酉	戌	亥
數值	9	8	7	6	5	4

干支納音五行推演說明

天干與地支組合成六十個循環，運用方式則是陰陽為一組，即為甲子及乙丑為一組，共區分成三十組。例如：「甲子、乙丑」為一組，「丙寅、丁卯」為一組……，依此類推，共有三十組。

根據《繫辭》曰：「大衍之數五十，其用四十有九」，大衍之數為五十，取一則是定基準點，可以用的數只有四十九，用四十九減天干、地支數之總和，得餘數，取餘數之尾數，此餘數對應到〈河圖〉數，再以〈河圖〉數找出五行屬性，此五行數非真正的應用上的五行，再經過程五行相生的道理，才能產生納音五行數。例如：以河圖數找出五行屬性為「金」，此五行之「金」非真正可以使用的納音五行，要再變化一次，「金」生「水」，「水」才是納音五行（五行生剋請參考第四節之五行生剋定義），即為該組之真正的五行。

依據前面中「河圖之數與五行關係定義」如下說明：

大衍之數為「1」或「6」之數為屬「水」；

大衍之數為「2」或「7」之數為屬「火」；

大衍之數為「3」或「8」之數為屬「木」；

大衍之數為「4」或「9」之數為屬「金」；
大衍之數為「5」或「10」之數為屬「土」。
「六十甲子」先找出大衍數，看其是五行屬性是屬於哪一個五行，以這個五行再進行一次變化，以「相生」做為正式運用推論之五行，「六十甲子」五行推論如下：

甲子、乙丑

其數甲為9、子為9、乙為8、丑為8，所有的數加起來為34。所得34之數字，不能馬上使用，需有一個手續轉換才可使用。

大衍之數50是不能用，只能用49，則49－34＝15，以個位數為5（取尾數，十位數不取），5代入河圖5為「土」，「土」則生「金」，此五行納音為「金」。

甲子、乙丑、海中金者。子屬水。又名湖。又為水旺之地。兼金死於子。墓於丑。水旺而金死墓。故曰「海中金」也。

丙寅、丁卯

其數丙為7、寅為7、丁為6、卯為6，合計數為26。則49－26＝23，取尾數3為

「木」，所以「木」生「火」，此五行納音為「火」。

丙寅、丁卯、爐中火者。寅為三陽。卯為四陽。火既得地。又得寅卯之木以生之。此時天地開爐。萬物始生。故曰「爐中火」也。

戊辰、己巳

其數戊為5、辰為5、己為9、巳為4，合計數為23。則49－23＝26，取尾數6為「水」，所以「水」生「木」，此五行納音為「木」。

戊辰、己巳、大林木者。辰為原野。巳為六陽。木至六陽。則枝榮葉茂。以茂盛之木。而在原野之間。故曰「大林木」也。

庚午、辛未

其數庚為8、午為9、辛為7、未為8，合計數為32。則49－32＝17，取尾數7為「火」，所以「火」生「土」，此五行納音為「土」。

庚午、辛未、路傍土者。未中之木。而生午位之旺火。火旺則土於斯而受刑。土之始生。未能育物。猶路旁土若也。故曰「路旁土」也。

壬申、癸酉

其數壬為6、申為7、癸為5、酉為6，合計數為24。則49－24＝25，取尾數5為「土」，所以「土」生「金」，此五行納音為「金」。

壬申、癸酉、劍鋒金者。申酉金之正位。兼臨官申。帝旺酉。金既生旺。則成剛矣。剛則無踰於劍鋒。故曰「劍鋒金」也。

甲戌、乙亥

其數甲為9、戌為5、乙為8、亥為4，合計數為26。則49－26＝23，取尾數3為「木」，所以「木」生「火」，此五行納音為「火」。

甲戌、乙亥、山頭火者。戌亥為天門。火照天門。其光至高。故曰「山頭火」也。

丙子、丁丑

其數丙為7、子為9、丁為6、丑為8，合計數為30。則49－30＝19，取尾數9為「金」，所以「金」生「水」，此五行納音為「水」。

丙子、丁丑、潤下水者。水旺於子。衰於丑。旺而反衰。則不能為江河。故曰「潤下水」也。

戊寅、己卯

其數戊為5、寅為7、己為9、卯為6，合計數為27。則49－27＝22，取尾數5為「土」，所以「土」生「金」，此五行納音為「金」。

戊寅、己卯、城頭土者。天干戊己屬土。寅為艮山。土積而為山。故曰「城頭土」也。

庚辰、辛巳

其數庚為8、辰為5、辛為7、巳為4，合計數為24。則49－24＝15，取尾數5為「土」，所以「土」生「金」，此五行納音為「金」。

庚辰、辛巳、白蠟金者。金養於辰。生於巳。形質初成。未能堅利。故曰「白蠟金」也。

壬午、癸未

其數壬為6、午為9、癸為5、未為8，合計數為28。則49－28＝21，取尾數1為「水」，所以「水」生「木」，此五行納音為「木」。

壬午、癸未、楊柳木者。死於午。墓於未。木既死墓。雖得天干壬癸之水以生之。終是柔弱。故曰「楊柳木」也。

甲申、乙酉

其數甲為9、申為7、乙為8、酉為6，合計數為30。則49－30＝19，取尾數9為「金」，所以「金」生「水」，此五行納音為「水」。

甲申、乙酉、井泉水者。金臨官申。帝旺酉。金既生旺。則水由以生。然方生之際。力量未洪。故曰「井泉水」也。

丙戌、丁亥

其數丙為7、戌為5、丁為6、亥為4，合計數為22。則49－22＝27，取尾數7為「火」，所以「火」生「土」，此五行納音為「土」。

丙戌、丁亥、屋上土者。丙丁屬火。戌亥為天門。火既炎上。則土非在下而生。故曰「屋上土」也。

戊子、己丑

其數戊為5、子為9、己為9、丑為8，合計數為31。則49－31＝18，取尾數8為「木」，所以「木」生「火」，此五行納音為「火」。

戊子、己丑、霹靂火者。丑屬土。子屬水。水居正位。而納音乃火。水中之火。非龍神則無。故曰「霹靂火」也。

庚寅、辛卯

其數庚為8、寅為7、辛為7、卯為6，合計數為28。則49－28＝11，取尾數1為「水」，所以「水」生「木」，此五行納音為「木」。

庚寅、辛卯、松柏木者。木臨官寅。帝旺卯。木既生旺。則非柔弱之比。故曰「松柏木」也。

壬辰、癸巳

其數壬為6、辰為5、癸為5、巳為4，合計數為24。則49－20＝29，取尾數9為「金」，所以「金」生「水」，此五行納音為「水」。

壬辰、癸巳、長流水者。辰為水庫。巳為金長生之地。金生則水性巳存。以庫水而逢生金。則泉源終不竭。故曰「長流水」也。

甲午、乙未

其數甲為9、午為9、乙為8、未為8，合計數為34。則49－34＝15，取尾數5為「土」，所以「土」生「金」，此五行納音為「金」。

甲午、乙未、沙中金者。午為火旺之地。火旺則金敗。未為火衰之地。火衰則金冠帶。敗而方冠帶。未能听伐。故曰「沙中金」也。

丙申、丁酉

其數丙為7、申為7、丁為6、酉為6，合計數為26。則49－26＝23，取尾數3為「木」，所以「木」生「火」，此五行納音為「火」。

丙申、丁酉、山下火者。申為地戶。酉為日入之門。日至此時而藏光。故曰「山下火」也。

戊戌、己亥

其數戊為5、戌為5、己為9、亥為4，合計數為23。則49－23＝26，取尾數6為「水」，所以「水」生「木」，此五行納音為「木」。

戊戌、已亥、平地木者。戌為原野。亥為木生之地。夫木生於原野。則非一根一株之比。故曰「平地木」也。

庚子、辛丑

其數庚為8、子為9、辛為7、丑為8，合計數為33。則49－32＝17，取尾數6為「火」，所以「火」生「土」，此五行納音為「土」。

庚子、辛丑、壁上土者。丑雖土家正位。而子則水旺之地。土見水多則為泥也。故曰「壁上土」也。

壬寅、癸卯

其數壬為6、寅為7、癸為5、卯為6，合計數為24。則49－24＝25，取尾數5為「土」，所以「土」生「金」，此五行納音為「金」。

壬寅、癸卯、金箔金也。寅卯為木旺之地。木旺則金羸。又金絕於寅，胎於卯。金既無力。故曰「金箔金」也。

甲辰、乙巳

其數甲為9、辰為5、乙為8、巳為4，合計數為26。則49－26＝23，取尾數3為「木」，所以「木」生「火」，此五行納音為「火」。

甲辰、乙巳、覆燈火者。辰為食時。巳為禺中。日之將中。豔陽之勢。光於天下。故曰「覆燈火」也。

丙午、丁未

其數丙為7、午為9、丁為6、未為8，合計數為30。則49－30＝19，取尾數9為「金」，所以「金」生「水」，此五行納音為「水」。

丙午、丁未、天河水者。丙丁屬火。午為火旺之地。而納音乃水。水自火出。非銀漢不能有也。故曰「天河水」也。

戊申、己酉

其數戊為5、申為7、己為9、酉為6，合計數為27。則49－27＝22，取尾數2為「火」，所以「火」生「土」，此五行納音為「土」。

戊申、已酉、大驛土者。申為坤。坤為地。酉為兌。兌為澤。戊已之土。加於地澤之上。非其他浮薄之土也。故曰「大驛土」也。

庚戌、辛亥

其數庚為8、戌為5、辛為7、亥為7，合計數為24。則49－24＝25，取尾數5為「土」，所以「土」生「金」，此五行納音為「金」。

庚戌、辛亥、釵釧金者。金至戌而衰。至亥而病。金既衰病。則誠柔矣。故曰「釵釧金」也。

壬子、癸丑

其數壬為6、子為9、癸為5、丑為8，合計數為28。則49－28＝21，取尾數1為「水」，所以「水」生「木」，此五行納音為「木」。

壬子、癸丑、桑柘木也。子屬水。丑屬金。水方生木。金則伐之。猶桑柘方生。人便以餧蠶。故曰「桑柘木」也。

甲寅、乙卯

其數甲為9、寅為7、乙為8、卯為6，合計數為30。則49－30＝19，取尾數9為「金」，所以「金」生「水」，此五行納音為「水」。

甲寅、乙卯、大溪水者。寅為東北維。卯為正東。水流正東。則其性順。而川澗池沼。俱合而歸。故曰「大溪水」也。

丙辰、丁巳

其數丙為7、辰為5、丁為6、巳為4，合計數為22。則49－22＝27，取尾數7為「火」，所以「火」生「土」，此五行納音為「土」。

丙辰、丁巳、沙中土者。土庫辰絕巳。而天干丙土之火。至辰冠帶。巳臨官。土既庫絕。旺火復與生之。故曰「沙中土」也。

戊午、己未

其數戊為5、午為9、己為9、未為8，合計數為31。則49－31＝18，取尾數8為「木」，所以「木」生「火」，此五行納音為「火」。

戊午、己未、天上火者、午為火旺之地。未中之木。又復生之。火性炎上。又逢生地。故曰「天上火」也。

庚申、辛酉

其數庚為8、申為7、辛為7、酉為6，合計數為28。則49－28＝11，取尾數1為「水」，所以「水」生「木」，此五行納音為「木」。

庚申、辛酉、石榴木者。申為七月。酉為八月。此時木則絕矣。惟石榴之木反結實。故曰「石榴木」也。

壬戌、癸亥

其數壬為6、戌為5、癸為5、亥為4，合計數為24。則49－20＝29，取尾數9為「金」，所以「金」生「水」，此五行納音為「水」。

壬戌、癸亥、大海水者。水冠帶戌。臨官亥。水臨臨官冠帶。則力厚矣。兼亥為江。非他水之比。故曰「大海水」也。

六十甲子納音五行

甲子乙丑海中金、丙寅丁卯爐中火、戊辰己巳大森木、庚午辛未路旁土、壬申癸酉劍鋒金

甲戌乙亥山頭火、丙子丁丑澗下水、戊寅己卯城頭土、庚辰辛巳白蠟金、壬午癸未楊柳木

甲申乙酉泉中水、丙戌丁亥屋上土、戊子己丑霹靂火、庚寅辛卯松柏木、壬辰癸巳長流水

甲午乙未沙中金、丙申丁酉山下火、戊戌己亥平地木、庚子辛丑壁上土、壬寅癸卯金箔金

甲辰乙巳覆燈火、丙午丁未天河水、戊申己酉大驛土、庚戌辛亥釵釧金、壬子癸丑桑柘木

甲寅乙卯大溪水、丙辰丁巳沙中土、戊午己未天上火、庚申辛酉石榴木、壬戌癸亥大海水

天干與地支組合成六十納音，五行（木、火、土、金、水）平均分配在六十組裡，經由上述之推論，計算出一組五行出來，經由計算出一組五行出來，得到一個結果，再由這個數值得到原始之五行，再以原始之五行相生得到最後之五行，為運用之五行，這裡有

「生」數、「成」數討論，前面之《五行大義》曰：「天以一始生水於北方，地以其六而成之……。」在應用上則是「生」數是無法使用，必須由「成」數來引動才有作用，有如在蓋房子，在建置時花了很多時間、金錢、物力、人力去完成，在未完成階段時可稱為「生」數，最後就啟用，就是「成」數，「成」數即是可以使用，發揮其功效。

在人生階段也可以用其解釋，小時候要努力認真學習，充實自己，在充實階段可以稱為「生」數，在職場工作，提將所學拿出來應用，創造更大的價值，稱為「成」數，當充實愈多，未來所輸出的效益愈大，觀念的運用都是一樣的，運用在不同的場合，會有不同的效益。

（讀者可以到YouTube或優酷查詢「王文華老師紫微斗數學理——六十納音之五行推論」，觀看影片介紹。）

第二節

五行生剋

木、火、土、金、水稱之為「五行」，五行在《易經》或祿命術中站非常重要的角色，在邏輯上的強弱判定標準，在〈河圖〉、「八卦」、「六十四卦」、「天干」、「地支」……等，及祿命術之「山」、「醫」、「命」、「卜」、「相」都可以轉換成各五行屬性，本書主要介紹「紫微斗數」也是不例外，由此可見五行是共通的關係因素，互為轉換。以現代經濟而言，共同可以交換的物品，幾乎所有東西都可以轉換錢做為價值判斷，農產品而言，一公斤的米可以換多少蘋果，都轉成錢，就可以清楚比較，五行觀念也是如此。

六十納甲及五行都是一種循環式的邏輯，而非直線式或是單一性，循環式邏輯是週而復始，而非直線。在五行邏輯判斷上分為二大部份，相生及相剋，基本定義是以五行在等量條件下做比較。

相生概念

是指木、火、土、金、水「五行」相生，如金生水、水生木、木生火、火生土、土生金。（外圍箭號為相生）如圖1-4-3五行生剋圖所示，是一種生生不息循環觀念。再細分下去相生又有二種，我生或生我，我生即是我幫助之意，生我即是幫助我之意。

圖1-4-3　五行生剋圖

相剋概念

指木、火、土、金、水「五行」相剋，如金剋木、木剋土、土剋水、水剋火、火剋金。（內部箭號為相剋）如圖1-4-3五行生剋圖所示，是一種壓抑、控制之意。再細分下去相剋又有二種，我剋或剋我，我剋即是我要限制之意，剋我即是我被限制之意。

在「五行」運中，其規則是「體」與「用」的互動觀念，以何為「體」為主要的本體或是主要目標，只能有一個明確的主題，即是基準點之意，而「用」則可比喻成環境之意，或是與主體會產生關係，「體」與「用」的關係，只有一「體」一「用」或一「體」多「用」，配合五行運作觀念，主體與環境之變化關係做較明確定義。

「體」與「用」的變化可以分五種方式討論（以「體」與「用」能量相等討論）：

一、「用」來生「體」表示增加本體能量；

二、「體」來生「用」表示本體必需消耗能量，減少本體的能量；

三、「用」來剋「體」表示限制本體能量產生衝突的能量，使其本體不易完全發揮出來；

四、「體」來剋「用」表示本體要發揮很大的能量限制或衝突環境的能量；

五、「體」與「用」是同一種屬性，維持原有的能量。

「體」與「用」、「相生」與「相剋」之運用，主要探討本身的基準點與環境變化強弱的判定標準，易學概念是把萬事萬物可以歸類為這五行屬性，再進行比較。例如，以「五行」之火為本體為例，木生火，火來生土，水剋火，火來剋金，以等量關係時會成立，但在不等量時會產生「自刑」，而對本體造成重大的損傷，以相生時會產生「華而不實」現象，木來生火等量時候是好的，木的量是很少的，則實無幫助，實物上火很大，若沒有等量木材升火，火是不會旺的；相剋時會產生「自不量力」現象，火能剋金，在實體上火的溫度不夠高，是無法融金的，而這個火是沒有用的。

五行生剋在現代西方科學很少用這種方式討論，除了在祿命學中應用外，在中醫方面運用很多，《繫辭上傳》曰：「大衍之數五十，其用四十有九。」先要定位個人是屬於一類體質，有如「大衍之數五十」先抽出一支籤，來定基準點，先確認個人體質情形一樣。「其用四十有九」有如中醫把人體五臟配合五行定義，例如肝、胆屬木，心、小腸屬火，脾、胃屬土，肺、大腸屬金，腎、膀胱屬水。

中醫五行木生火而言，木為肝，火為心，在西醫角度來，二個不相關的器官，怎麼會有關係，這是中西方在醫學上基礎不同，中醫主要是以五行平衡為主，例如五行火太強，是要降木之能量，還是要洩火，或是水來剋火，有很多方法，評估個人體質決定用何種方法，達到平衡之目的，人只要平衡就沒有疾病。西方醫學就以心臟方面直接找問題，例如有三高問題（高血壓、高血脂、高血糖），是否過於肥胖等，或是用一些計算指數，是否有問題等，處理方式與中醫處理是不一樣的。

除了五行在中醫上運用，是否還有其他用法，當然個人要有觀察力再分析裡面的變

化，或許你有很多別的想法，不妨可以運用這幾章所說的觀念，套在生活上，會有不同的領悟。之前筆者在學習五行生剋之理，用很直覺觀念去解讀，例如看到火，水可以剋火，有水可以滅火，又產一個問題，多少的火，需要多少的水才能剋住，水能生木，要有多少的水才能讓木生長起來，古人沒有說很清楚，這個要換成數值化也是一個很困難的工程。

有時為了研究五行變化及應用，一直在思索，生活中是否有可以有互通得到的地方，思索不出來時，不妨出去走走，或許會得到不同的靈感。有一次來到台北瑞芳金瓜石地區走一走，走到一個地區看到山區全部沒有大樹，都是一些矮小的芒草，最高大約與一個人高度差不多，記憶裡好像只有一棵在路邊，這裡景象與我從其他地方上來不一樣，在其他地方都有很多高大樹木，進來這裡完全不一樣，天氣變的陰天，下午不久就起很濃的霧，很濕，又不像毛毛雨。

上述情形是否有一些聯想呢？山上沒有大樹，又有很重的水氣，其實中間有與五行產生關聯了，為何沒有大樹，因為這區域地下含有大量金屬，以五行來看，金剋木，所以金氣很重，限制了樹木生長，所以沒有大樹生長出來，但是這樣不能斷定這裡有金屬礦，還要一個條件成立才符合，這個條件是要有水氣，因為金生水，要有金屬礦，必要有水氣，這樣才能生生不息，一般所謂的「氣」，此區域才有富豐的金屬礦產，而金瓜石是產黃金的地方。

在一九九五年筆者到加州聖荷西（San José），拜會一位高分子專家張博士，帶我到舊金山灣區（San Francisco Bay Area）看看，也是發現上述情形，筆者問張博士，這裡是否產金礦？回答這裡是舊金山，早期是有很多人在挖，現在已經沒落了，問筆者為何知道，告知其原理。

第二篇

紫微原理探索

第一章

時間探討

第一節

曆法介紹

曆法是將時間有效規劃，符合人們生活之應用，時間在每個區域都有不同的定義與用法，以符合當地的生活習慣而制訂，中國民間現行曆法採用「干支陰陽三合曆」或「甲子陰陽三合曆」或稱「黃曆」，官方大多以太陽曆為主，以地球繞太陽一周及月亮繞行地球一年的時間有十二次，配合地球實際氣候變化（二十四節氣），又將天干、地支的循環方式，分別以年、月、日、時都有干支組合，形成混合形的曆法。回教國家則以月球繞行做為曆法，一般稱為「陰曆」又稱為「回曆」，以「月球」繞行地球十二次為「一年」，太陰月「大月」為三十天，「小月」為二十九天，月球平均每年繞十二次約三百五十四天又八小時四十八分，會有閏月的產生。歐美國家大多使用「太陽曆」又稱為「羅馬曆」，地球繞行太陽一週為三六五．二四二二天，一年平分為十二個月，置閏方式以二月份做為置閏

的月份，閏年多加一天。

常用的時間及名稱

一、恆星時

以「春分點」兩次過中天（子午線）所經歷的時間為一個「恆星日」（或稱地球自轉一週所需的時間），再將一日細分成二十四小時，一小時六十分，一分鐘六十秒，稱為「恆星時」。

二、真太陽時

真實太陽時以「子時」為基準，本次「子時」到下次「子時」時間為一「日」，再將一日切割成二十四小時，一小時有六十分鐘，一分鐘有六十秒，稱為「真太陽時」。實際「真太陽時」也並不平均，「真太陽時」一日與平均一日之時間差，最大可達半分鐘左右，其積差最大時可達十六分鐘以上。一般在中國的祿命術大多是採用真太陽時為時間計算標準。

三、平太陽時

由於地球軌道為橢圓形，依克卜勒定理其自轉速度並非固定值，欲避免地球繞行太陽，造成時間的長短變動，近代天文學家乃創始一種「平太陽時」。主要是以地球繞行太陽周年的時間而取其平均值，「平太陽」時間作為時間的標準，固定為一年周而復始。

四、天文時

古人沒有現代的衛星量測儀器，係以日圭做定時工具，定義每日圭影子最短做為正午，做為當日的起點，但這樣上午與下午不同一日，對人民生活極為不便，故於一九二五年起各國天文曆書已都改民用時為準。

五、民用時

為便於起居活動，日間定成同一天，換日點改在一般人休息的夜半為起點，這種命時法就是在正午間加上十二小時。其正確的定義應該是「平太陽時等於平太陽的時角加十二小時」。因為時角是從過中天向西算的，故以夜半起須加十二小時。

六、地方時

不同經度的地方，過中天的時間不同，例如：台北（約於東經一二一度）與倫敦（約於東經〇度）的子午圈不同，因此兩地的正午時分，必不相同，這就是所謂「地方時」。在台灣所謂的中原標準時間就是以（北京）為準。例如在台北聽到中原標準時間十二點整，實際太陽時已過了十二點。

七、世界時

以英國格林威治天文臺作為全球經度的基點，格林威治天文臺的平太陽時作為推算的標準。從一九二五年起，格林威治子正算起的平太陽時定名為「格林威治時」，其略號為（G．M．T）；若依古法午正算起則名為「格林威治天文時」，其略號為（G．M．A．T）。又稱「世界時」者，其略號為（U．T）。

八、時區時

既然公認「格林威治子午線」為世界時的標準，乃依經線分全地球為二十四個時區，每區寬十五度（三六〇度／二十四小時）即等於一小時。以格林威治所在為中區，東西距

首經線各七度半。自此向東為東一區至東十二區，向西為西一區至西十二區，東十二區與西十二區實際相同，在中區的正對面。這樣倘若向東越一區撥早時鐘一小時，向西越一區撥遲時鐘一小時，則各時鐘的差數都為整數，而與本區地方又所差不及半小時。

九、標準時

天文時區時的原則非常明瞭合理，但因世界上有國界的區分，有地理上或政治上的方便，各國區分不能盡如原則，只能略作調整以因地制宜。例如台灣則屬於「中原時區」，亦即時區的東八區，較世界時區早八小時。

十、夏令時

主要是以節省燈火，減少能源的浪費，提出時間調整，於夏令期間將時鐘撥早一小時，稱為「夏令時」，或稱「日光節約時」，或稱「經濟時」，現在大多數國家不採用。

第二節 祿命時間探討

「紫微斗數」為何需要出生之「年、月、日、時」，做為祿命基礎？簡單說，前面都是談到「天」與「地」之關係，所謂「天」也是指的「時間」，「地」指的是「空間」，論命時必須有「天」、「地」、「人」，「人」即指是個人，而人必須在「天」與「地」的「時間」與「空間」之中，才有辦法推論其吉凶。

出生時辰是標記你在宇宙之位置，即是生命的基準點，時間是不斷往前走，「時間」與「空間」不斷的變化；出生之時辰是生命基準點，在不同的「時間」與「空間」就會產生不同行為，為何會產生不同行為，就是要調整「天」與「地」之間不斷調整平衡，環境變化人會以不同行為應變。

「紫微斗數」祿命術時間採用「干支陰陽三合曆」一般稱為「農曆」，在排命盤時用

「年」、「月」、「日、「時」之參數，以「年」、「月」、「日、「時」分別說明。

「年」、「月」、「日、「時」

「年」，是以地球繞太陽一圈時間，可以知道太陽與銀河系中心之相對位置，如圖2-1-1所示。當地球繞太陽一週時，實際上太陽已經走了六億公里如圖2-1-2所示，太陽並不是一個靜止恆星。在上篇中討論在祿命學的哲學思想是循環的觀念，循環並不是回到原點，完成了一個循環，會再進入下一個階段循環，進入到另一個環境，主體因素會變。例如一組數學公式，正弦sine（sin）函數求出直角三角形三條邊之間的比例，假設sine等於三十度所計算出一個數值，當sine等於四十五度時，會與前面的答案不一樣，在祿命術中只能在某一階段都是不一樣。

「月」，是計算月球與太陽的相對位置。「月」的計算有二種方式，一是以月球繞行做為計算為「太陰月」如圖2-1-3所示，月球繞行地球無法剛好十二個月完成，「太陰月」會有閏月問題；另一種是地球與太陽相對位置之變化稱為「節氣月」如圖2-1-4所示，變成十二節十二氣，是屬平均時間，在節氣時間內調整完成如表2-1-5所示節氣對應月令及地支月。

圖2-1-1　太陽在銀河系位置示意

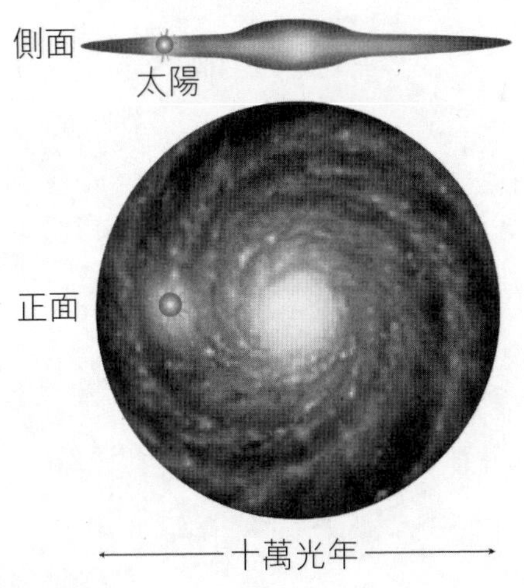

圖2-1-2　太陽移動位置示意圖

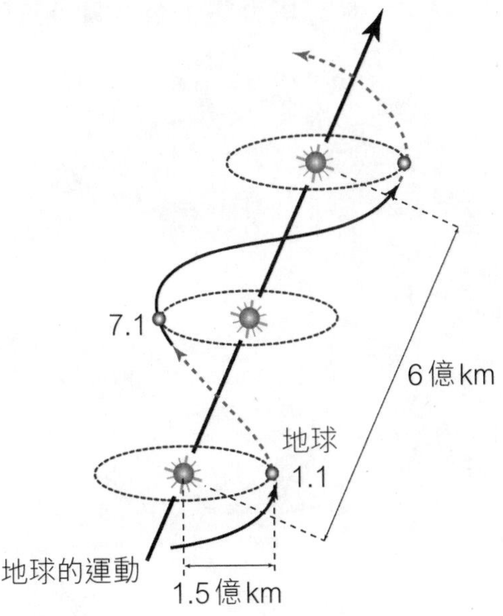

圖2-1-3　月球繞地球位置示意圖

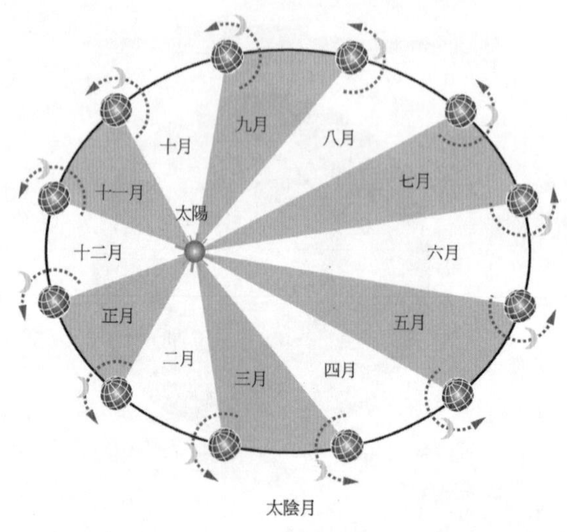

圖2-1-4　地球與太陽相對位置示意圖

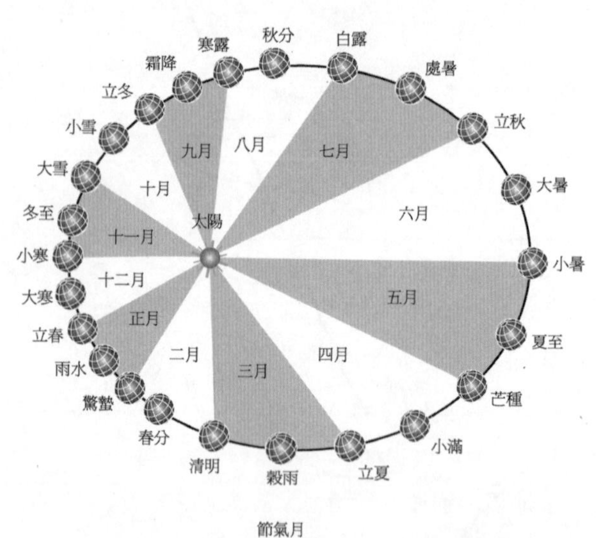

表2-1-5 北半球節氣表

節氣名稱				月令	地支月
春	孟	節	立春	一月	寅月
		氣	雨水		
	仲	節	驚蟄	二月	卯月
		氣	春分		
	季	節	清明	三月	辰月
		氣	穀雨		
夏	孟	節	立夏	四月	巳月
		氣	小滿		
	仲	節	芒種	五月	午月
		氣	夏至		
	季	節	小暑	六月	未月
		氣	大暑		

秋	孟	節	立秋	七月	申月
		氣	處暑		
	仲	節	白露	八月	酉月
		氣	秋分		
	季	節	寒露	九月	戌月
		氣	霜降		
冬	孟	節	立冬	十月	亥月
		氣	小雪		
	仲	節	大雪	十一月	子月
		氣	冬至		
	季	節	小寒	十二月	丑月
		氣	大寒		

「日」，是計算出地球與太陽相對位置，「日」的計算是以地球自轉一週為一日，以午夜到隔日午夜為一日的表度，「日」可以「干支」來做為紀事，或是用月日來紀事。圖2-1-6所示，地球繞太陽有近日點與遠日點（近日點與遠日點未按比例，旨在說明遠近），因地球

自轉會有快慢，而形成每日不是很平均二十四小時，圖2-1-6顯示春分、夏至、秋分、冬至四個時間參考其相對位置。

「時」，是計算出生時的位置，也代表出生時間的空間位置，以十二地支表示，定義上子時則是地球的位置與太陽是為一直線，如圖2-1-7所示，午時是直接對到太陽，所以出生時確認出生的地點。

以上將「年」、「月」、「日」、「時」說明，在「紫微斗數」起命宮只有用到二個參數「月」、「時」二個，知道「月」會知道「年」的天干，知道「時」會知道「日」的天干，由這二個參數知到命宮位置，後面有說明請參閱，詳細排法請參考《紫微星鑰》一書（「安命宮及身宮訣」第

圖2-1-6　地球自轉與太陽相對位置示意圖

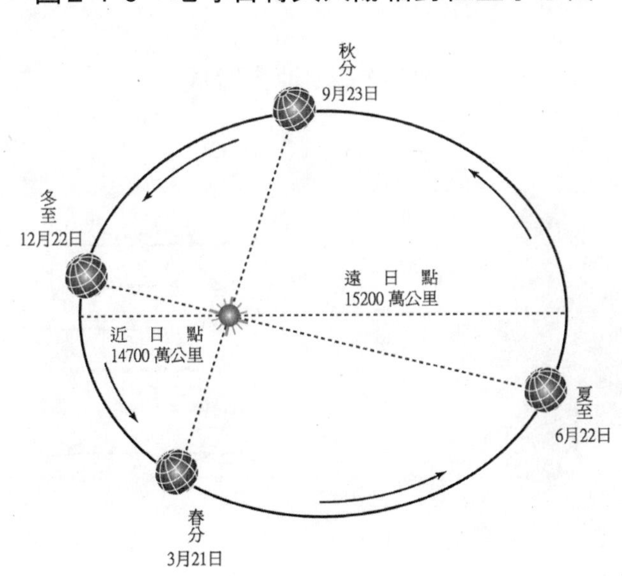

一一八頁）。

時間問題探論

一、假如在美國出生之時，是否要轉換到中國的時間呢？

時辰是以「地支」代表，假如在某一個時間，靜態平衡的剖面圖，如圖2-1-7圖所示，地支時辰亦表示空間位置，例如在中國中午十二點出生，即是「午」時出生，正好太陽日正當中，則出生時為「午」時；若以時間剖面圖來，在美國晚上十二點出生「子」時，若將美國「子」時，是看不到太陽的，轉換到中國的「午」時計算，則可以看到太陽，月球的位置也不一樣，這不是差異太大了，是違反真太陽時規則。故紫微斗數

圖2-1-7　地支時辰

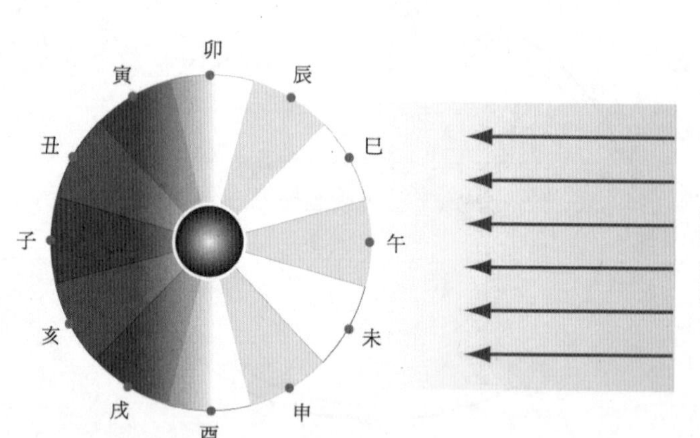

之出生時間，就以當地時間為主（真太陽時）。

如圖2-1-8所示，以A點位置出生，及B點位置出生，各星球與A、B點距是有差異的，出生地點是記錄了出生時各星球對個體基本因素成立，換言之，把人比礦產時，某個地區都其特別的礦產，就是在地球形成時就確定，人也是如此，當人形成生命時就已經確定個人的特質，因萬年曆是記錄未來星球組合的變化，既然知道未來環境變化，基本的特質到未來環境的行為模式就可以模擬出來，做為預測之參考。

二、紫微斗數時辰是有分早子時或

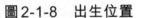

圖2-1-8　出生位置

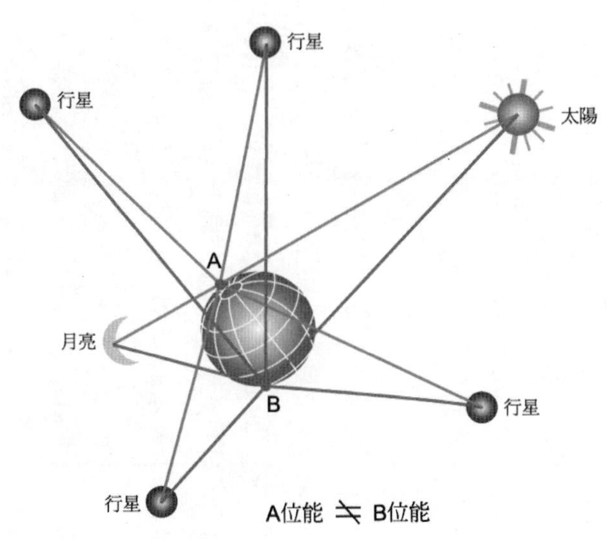

晚子時之分？

紫微斗數是以出生之年、月、日、時及性別做為排盤依據，目前是時間以二十四小時（平均時）為計算，而紫微斗數時間區分為十二時辰，在時間計算以二小時為一時辰，子時時間為二十四小時制，23：00～01：00跨過二天。

有些派別主張23：00～00：00歸為早子時（稱為子初），起盤方式以當天子時起命盤，例如國曆在二〇一七年五月五日23：15分出生，以早子時計算，當日農曆為二〇一七（丁酉年）年四月十日子時出生，為火六局，命宮在巳宮，紫微星在巳宮，若是以一般子時排法（稱為子正），23：15為隔日之子時，其農曆為二〇一七（丁酉年）年四月十一日子時出生，為火六局，命宮在巳宮，紫微星在寅宮，差異很大，主星排的位完全不同，四化之變化也不一，有時候會天差地遠。

時間是連續性，時間上不是歸在上個時辰，就是歸在下一個時辰為合理，時間走到亥時，再下一個小時又回到今日子時，再過一小時，又到隔日的子時，邏輯上是不通的，再者紫微斗數命盤也不是連續性，變化性很大。故筆者認為，以23：00以後為隔日子時，即是隔日的時間，以上述時間為六月十日子時排盤，而不是以六月九日子時。

筆者想到一個趣事，親戚小孩，剛好是同年也同一個月生，一個是農曆八月十日出

生，另一個是農曆閏八月五日出生，二個人見面，就開玩笑說，我是八月初五生，比較早五天出生，覺得是正確嗎？

三、紫微斗數閏月排法問題

紫微斗數在閏月排盤的方法，各門各派都有其重點，以筆者所知道對閏月有四種的排法，提出討論。

第一種方法：則是以閏月的月份，做為起盤的月份，例如閏六月，不論是哪一日出生，皆以閏六月之月份起盤，數學用語就是無條件捨去法。

第二種方法：則是以閏月的月份，不論其出生日期為何日，一律以下個月計算，例如閏六月十六日出生，則以七月十六日做為起盤的時間，數學用語就是無條件進位法。

第三種方法：則是以閏月的月份區分為兩部份，以出生日為分割月份，出生日在十五日（含）以前，以閏月的月份計算，在十六日（含）以後以下個月計算。例如：閏六月十四日出生者，則以六月十四日做為起盤規則；若是閏六月十六日出生者，以下個月計算，則以七月十六日為起盤規則，數學用語就是五捨六入法。

第四種方法：則是以閏月的月份，查看出生日是落在節氣月的那一天，就以那一天之

時辰，做為月份切割點，若是節氣之前則是該閏月月份，若過了節氣時間，以下個月計算。例如出生日期為國曆二〇一七年八月七日早上06：00分出生（農曆二〇一七年，丁酉年閏六月十六日寅時出生），查萬年曆立秋八月七日15：41分（農曆六月十六日申時）交節氣，該出生時間常未過節氣，以紫微斗數排盤時間就會以農曆二〇一七（丁酉）年六月十六日寅時排盤。若是農曆二〇一七（丁酉）年閏六月十六日酉時生，則紫微斗數起盤農曆二〇一七（丁酉）年七月十六日酉時，二者是相差一個月，命盤當然不一樣。

以第四種方法是比較精準，若以第三種方法看起來會有一點誤差，比較起來，第三種方式在農曆閏月十五、十六為轉換點，有時候會有正負二、三天左右，若沒有萬年曆查詢時，以第三種方式為方便。

紫微斗數在起盤遇到閏月問題，是紫微斗數最大問題，是以太陰月做為月份基礎，不依節氣來換月，沒有南半球或是北半球的問題，每一種祿命術都其優點、缺點，當在運用時，要知道哪些是會遇到的問題，儘量避免。

四、紫微斗數為何用出生「月」、「時」定命宮

前面討論了「年」、「月」、「日、「時」的問題，這四組是說明一個人出生時在地球位

置，這個位置是說明對應到太陽系的相關位置，知道這個位置，也就知道各星球與出生地相對位置，這些因素會影響個人想法、行為模式，可預測在未來時空環境中行為模式或決策。「時間」與「空間」的位置參數不需要全部的資料來定位，所以「紫微斗數」起命宮時，是採用了「月」及「時」，為何要這個二個參數即可，其原因「月」就會知道哪一個天干年，可以從「五虎遁」、「甲己之年起丙寅，乙庚之年起戊寅，丙辛之年起庚寅，丁壬之年起壬寅，戊癸之年起甲寅」，知道「月」份就會知道「年」的天干；「時」可以知道「日」是哪一個天干，可從「五鼠遁」：「甲己還加甲，乙庚丙作初。丙辛從戊起，丁壬庚子居。戊癸何方發。壬子是真途。」「紫微斗數」是將很複雜的問題簡化運用，得到想要的參數。

起紫微斗數之命宮與身宮訣：「寅正順數月逢，生月起子兩頭，逆至生時為命宮順到生時即安身。」為何從寅宮開始呢？因為「天」、「地」起點為在寅宮，而「人」基準點的假設也是在寅宮起始，故「天」、「地」、「人」變化都由寅宮開始，命宮是主要定義出生時的環境位置。

另外是起紫微星，在後面章節會提到，簡單說明，紫微星系、天府星系是另一種起法，不與命宮相同，紫微星系是決定行星相關位置，這個位置確定，也代表天體與命宮的

基本關係，當未來環境變化，每個人都不同行為模式，例如天氣冷或熱，都有不同的反應。

古人也把人的一生之變化都脫離不了，妻、財、子、祿、壽及窮、通、禍、福等，人生的特徵及會遇到事情的反應，都有很好的歸納，再進一步配合十二月、十二時辰的變化區間，定義十二種一生之常遇到的問題，以「人」、「事」、「物」、「健康」分別配合十二地支運行，「人」部份：命宮、福德、父母、兄弟、夫妻、子女、僕役（朋友），「事」部份：遷移、官祿（事業）。「物」部份：財帛、田宅。「健康」部份：疾厄。再將「人」、「事」、「物」、「健康」分別安插在十二宮之順序，以命宮開逆排「兄弟、夫妻、子女、財帛、疾厄、遷移、僕役、官祿、田宅、福德、父母」，在設計角度來看其各宮位的關係依存度很高，可以說是完美設計。

對於十二宮職的定義，請參考《紫微四化》（時報文化出版）一書第三章第七十二頁內容說明。

第二章

星曜探索

第一節 起紫微天府各星曜

「紫微斗數」主要星曜是從哪裡來，是真的天上星曜所轉變來的嗎？以「紫微斗數」所定義的紫微星系及天府星系而言，主要以八卦所衍生應用的，南斗星及北斗星都有所應用，在某些程度是有相關的，而主要仍以八卦轉成符合現況的應用。早期學校教授科系如電機系，因為時代進步又分大電力、微電力，一直細分下去，不斷有新的產業出來，醫學科別也是愈分愈細，「紫微斗數」的發展也是如此，本章節裡主要是找出「紫微斗數」最源頭的開始，其理論架構是什麼？基礎理論是什麼？當我們知道原理架構，對於「紫微斗數」發展是有極大的好處，尤其在預測精準度一定會大幅提升。

《繫辭上傳》：「易與天地準，故能彌綸天地之道。仰以觀於天文，俯以察於地理，是故知幽明之故。」八卦是《易經》基本元素，八卦指「乾、兌、離、震、巽、坎、艮、坤」，是把萬物萬象歸類為八大類，每一個卦都有明確的區分，說明地球及人世間之萬物萬事歸類，若對八卦區分或是內容不是很了解，可參考附錄一筆者對《說卦傳》的臆解，不止是對卦的了解，對「紫微斗數」主星曜運也有幫助。

八卦是把萬事萬物歸類出來，若要以八卦推演地球之萬事萬物變化，困難度很高，除非對八卦運用已經是爐火純青的地步，否則一般人只能達到某個程度。因為生活所遇到的事物太多了，為要應付萬事萬象的變化，只好發展出更細膩方法或工具，解釋這一切。基本上還是運用八卦「乾、兌、離、震、巽、坎、艮、坤」的基礎理論，發展出「紫微斗數」星曜的應用。主要以星曜做為祿命依據，再依八卦納紫微星曜，再細分八卦變化之理，分別演繹紫微星曜之搭配運用。

八卦是「乾、兌、離、震、巽、坎、艮、坤」八組，是要以「先天八卦」或是「後天八卦」為主？大部

圖2-2-1　後天八卦配洛書數

巽 4	離 9	坤 2
震 3	5	兌 7
艮 8	坎 1	乾 6

份以「後天八卦」為主，應用會相互搭配使用，其原因我們所在的地球是以「後天八卦」為主，請參考前面「空間假設定義」說明，有了「後天八卦」也要與「洛書數」配合，「洛書數」以九宮圖顯示（九宮為九個空格，斜、橫、縱三格相加各為十五），再將八卦放入「洛書數」如圖2-2-1所示，「後天八卦」與「洛書數」配合運用，分析地球變化的過程。

接下介紹八卦是如何演繹出「紫微斗數」主星曜，首先以八卦為推演基礎，以八卦定義「紫微斗數」主要星曜，但「乾卦」與「坤卦」有二顆星曜代表，其定義如下：

乾卦配 → 太陽、武曲。
坤卦配 → 太陰、貪狼。
艮卦配 → 廉貞。
兌卦配 → 巨門。
震卦配 → 天同。
巽卦配 → 天梁。
坎卦配 → 天機。
離卦配 → 破軍。

讀者會問，為何「乾卦」一定要配太陽星、武曲星，不可以配其他的名稱嗎？當然可以，這只是定義名稱，在運用過程方便使用，古人對名稱不會亂取名稱，儘量符合實際相近意思。例如數學其中有一個基本定義，一加一等於二（1＋1＝2），若不成立，數學基本運算是無法推算。

八卦所定義之星曜，怎麼沒有看到紫微星與天府星？紫微星與天府星是帶頭的星曜，中宮（5）以帶頭之星系紫微星系與天府星系暫時放入中宮。紫微星系「洛書數」有3、8及1、6共有六顆星曜，天府星系「洛書數」有2、7及4、9共有六顆星曜，結果如圖2-2-2所示，分為二組，紫微星系由紫微星帶頭有天機、太陽、武曲、天同、廉貞；天府星系由天府星帶頭有太陰、貪狼、巨門、天梁、破軍。

紫微星系與天府星系之順序，是如何決定？是根據河圖與洛書決定其順序，洛書：「戴九履一，左三右七，二四為肩，六八為足，中間為五。」朱子曰：

圖2-2-2　八卦與星曜搭配圖

天梁 巽 4	破軍 離 9	太陰、貪狼 坤 2
天同 震 3	天府 紫微	巨門 兌 7
廉貞 艮 8	天機 坎 1	太陽、武曲 乾 6

「洛書之位，一對九、二對八、三對七、四對六，亦與河圖不異。」

又曰：「洛書縱橫數之皆十五，互為七八九六。」是依據河圖之數排列，河圖：「一、六」共宗屬水在北居下，「二、七」為朋屬火在南居上，「三、八」同道屬木在東居左，「四、九」為友屬金在西居右，「五、十」相守屬土居中。

紫微星系為開始，以「一、六」共宗水，河圖數在一為「天機星」、洛書數六有二組星曜「太陽星、武曲星」，接下來是以「三、八」同道木，三為「天同星」，八為「廉貞星」，成為紫微星系之組員。

天府星系開始由「二、七」為朋火開始，有二組星以「太陰星、貪狼星」，七為「巨門星」，接下為「四、九」為友金，四為「天梁星」，九為「破軍星」，成為天府星系之組員。

八卦九宮方式不足以應付地球所衍生之萬事萬物變化，由八個方位增加到十二個方位，配合地球一年有十二月，一日有十二個時辰之運行，配合天體運行與地球環境變化，故配合十二地支「子、丑、寅、卯、辰、巳、午、未、申、酉、戌、亥」，代表地之環境及空間，十天干「甲、乙、丙、丁、戊、己、庚、辛、壬、癸」，代表天體運行的時間，與地支相配成「六十花甲納音」，天干與地支皆有其五行屬性，天干與地地合化成另一組五行，其納音五行推論原理，請參考第一篇第四章「六十甲子納音法則」說明。

紫微星及天府星是基準星，將紫微星系與天府星系由八卦九宮之位置展開成十二地支位置，如何將這二大星系佈在十二地支，基本原則這二組星系可以分為「天」與「地」。《說卦傳．第五章》：「帝出乎震，齊乎巽，相見乎離，致役乎坤，說言乎兌，戰乎乾，勞乎坎，成言乎艮。」如圖2-2-3先天八卦圖所示。

紫微星系與天府星要佈十二支時，是要從哪裡開始？從「帝出乎震」開始，這裡的「震卦」是以先天卦為主，為何不以後天卦的「震卦」開始？先天八卦是最原始的基本，而後天八卦是後期所形成，需由先天之「震卦」開始，由後天卦成形，在十二地支之「震卦」位在哪裡？是在十二地支「寅」位，即是「震卦」位置，紫微相關之起始位置大多是在「寅」宮開始。

確定了起始位置，要決定紫微星系及天府星之順逆排法，有順逆才能剛柔相摩，達到平衡，

圖2-2-3　先天八卦圖

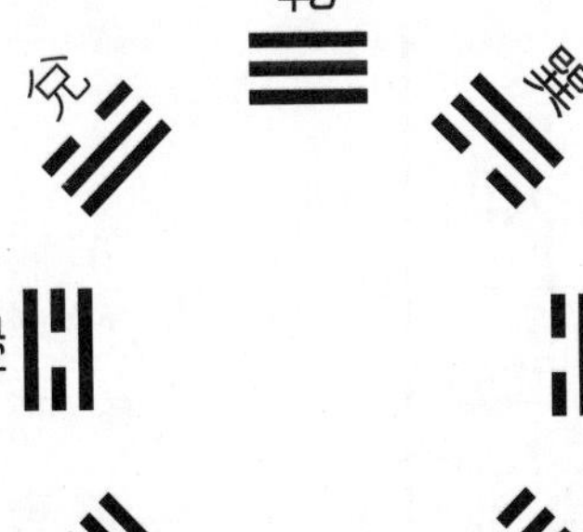

宋版六經圖《大易象數鈎深圖》之〈剛柔相摩圖〉：「乾陽居上，坤陰居下，乾自震而左行，坤自巽而右行，天左地右故曰剛柔相摩。」（請參考附錄二），紫微星系代表「天」，也代表「乾」，故為左行，現代用法即是逆行（逆時鐘方向）；天府星系代表「地」，也代表「坤」，故為右行，現代用法即是順行（順時鐘方向）。

決定了起始點及紫微星系及天府星之順逆排法，先介紹紫微星系各星曜排列，由紫微星帶頭有天機、太陽、武曲、天同、廉貞，《說卦傳》：「帝出乎震。」紫微星為帝王星，帝王星之起始點在十二地支之「寅」宮開始，在「寅」宮起紫微星開始逆行，第二顆星為天機星在「丑」宮，接著在「亥、戌、酉」宮分別將太陽、武曲、天同放入，廉貞星為何要方在「午」宮呢？其原因為紫微星系最後一顆為廉貞星，必須頭尾要兼顧，正好是三合地方，是最穩固

圖2-2-4　紫微星系排列

的，紫微星系排列如圖2-2-4所示。讀者有興趣可以看「拉格朗基點」（Lagrangian）物理動力狀態，平穩作用量原理，證明最穩固的角度，也是衛星繞地球最穩定飛行角度，直線是最不穩定，最穩定的在祿命學裡所謂「三合」，最不穩定稱為「衝」（沖）。

在「子」宮位為何要空出來，先確定了廉貞星位置後，是要對應天府星系最後一顆星曜，要符合頭對頭（紫微星對天府星），尾對尾（廉貞星對破軍星）平衡狀態。

天府星系由天府星帶頭有太陰、貪狼、巨門、天梁、破軍等，前面說明起紫微星系是由「寅」宮開始佈星曜，天府星系也不例外，天府星從「寅」宮順行將其他星曜排入，第二顆星太陰在「卯」宮，第三顆星貪狼在「辰」宮，第四顆星巨門在「巳」宮，第五顆星天梁在「未」宮，第六顆星破軍在「子」宮，基本上天府星系主要星曜排列完成，如圖2-2-5所示。

天府星系之天府星，是從寅宮開始與紫微

圖2-2-5　天府星系排列

震

星同宮，「天」的部份由紫微星系為主，「地」的部份以天府星系為主，為何要從「寅」宮開始，基本假設起始是「震」的位置，地支位置是在「寅」位，紫微星系、天府星系由「寅」開始安排。

天府星系從天府星開始順排至最後是破軍星為止，破軍星是天府星系最後一個，對應在紫微星系最後廉貞星，在「子」宮為破軍星，「午」宮為廉貞星，「寅」宮開始，在「子」、「午」二宮對應結束，天地之間是相互呼應，順逆平衡，巧妙安排。

為何在「午」宮多一顆天相星？其原因是天府星系順行佈星曜，尚缺一個角度為一百二十度（三合）的校正的相位星，在「午」宮與「寅」宮是三合位置，天府星系的第一個管制點，管制是否與紫微星系對應是否有誤差，正好「午」是紫微星系最後一顆星是廉貞星，所以在天相星有管制、協調之特徵，天相能制廉貞之惡，天相也是有裙帶關係。天相星也是對應到天府星之最後一顆破軍星，始終要有平衡之勢。

《紫微斗數全書》〈諸星問答論〉：「天相屬水，南斗司爵之星，為福善，化氣曰印，是為官祿文星，佐帝之位。若人命逢之，豐厚從實，至誠無妄，言語端實，事不虛為，見難則惻隱之心，見人有抱不平之氣。」復曰：「能佐日月之祥，兼化廉貞之惡。」前面有提到紫微星與廉貞星是三合關係，天府星加上天相星亦是在三合關係，主要確定在

「天」、「地」在佈局時的穩定性，降低其對應之誤差度。

為何在「申」宮有七殺星呢？這與天府星系在管制點的關係，前面提及天相星是第一個管制點，七殺星則是第二個管制點，正好是在天府星對面為一八〇度正衝（沖），衝有對抗之意，第二義含是執行工作考核點，過了一半要第一期驗收，有公權力執行，有「殺」之意，以天府星位置起算第七個位置，稱為「七殺」星。以月份而言，秋天開始，樹葉開始落葉，給人感覺是肅殺之氣，所以在天府星系中，在對宮加一顆星曜「七殺星」，《紫微斗數全書》〈諸星問答論〉：「南斗第六星也，屬火、金，乃斗中之上將，實成敗之孤辰，在斗司斗柄，主於風憲，其威作金之靈，其性若清涼之狀。」

圖2-2-6　星曜完整排列

巨門	廉貞 天相	天梁	七殺
貪狼	天府星系（↑） 紫微星系（→）		天同
太陰			武曲
紫微 天府	天機	破軍	太陽

另一個意義是在對宮也剛好過一半，好像在企業有上半年度及下半年度的查核點。

《說卦傳》：「帝出乎震，齊乎巽。」以曆法而言，每年正月為「寅」月，農曆正月以「寅」月開始，節氣正月以立春開始，即「寅」月為一年之始，七月為「申」月是立秋，天氣要轉涼。以一天而言，白天由「寅」時太陽升起，到下午「申」時為太陽下山，而月亮升起之時正好相反，「寅」、「申」二位是轉換之位，而「申」月為立秋。

紫微系星是逆行，而天府星系為順行，如圖2-2-6圖所示，紫微諸星排法可以整理出來。

安紫微諸星訣：

紫微逆去天機星，隔一太陽武曲辰，連接天同空二宮，廉貞居處方是真。

安天府諸星訣：

天府順行有太陰，貪狼而後巨門臨，隨來天相天梁繼，七殺空三是破軍。

紫微星系與天府星系都安排好了，接下是要安排這二星系的對應關係，前說過紫微星系是逆行排星曜，天府星系是順行排星曜，有了基準點在「寅」位為出發點，紫微星系逆行一個宮位，天府星系順行一個宮位，到了「申」宮會重逢，再繼續走，最後會在「寅」會合，符合剛柔相摩，天左地右，一順一逆達到平衡，如圖2-2-7所示。

圖2-2-7　紫微星與天府星對應圖

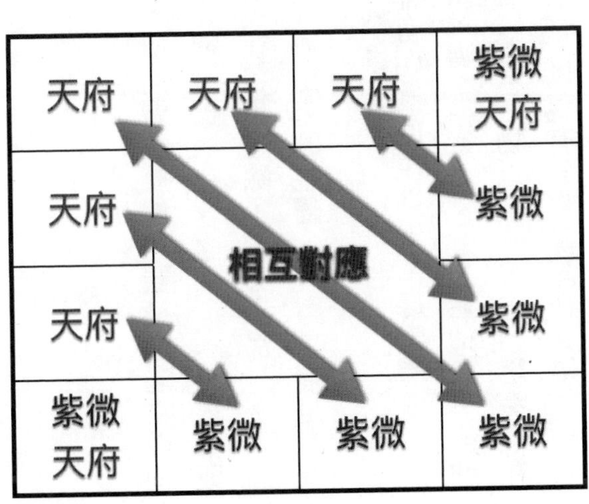

起天府訣：

天府南斗令，常對紫微君，丑卯相更迭，未酉互為根；往來午與戌，蹀躞子和辰，巳亥交馳騁，同位在寅申。

（讀者可以到YouTube或優酷查詢「王文華老師紫微斗數學理—起紫微天府星原理」，YouTube或網址「https://youtu.be/JR8r9NrYxcM」，觀看影片介紹。）

第二節

八卦與星曜應用

《繫辭》：「古者包犧氏之王天下也，仰則觀象於天，俯則觀法於地，觀鳥獸之文與地之宜，近取諸身，遠取諸物，於是始作八卦，以通神明之德，以類萬物之情。」有很重要的觀念是觀察能力及組織能力，對事情要豐富的想像力，在各星曜除了本身上都有明確的定義，但是對卦的延伸是不足的，本章節是介紹八卦所推演出來的星曜，卦與星曜是有互通的，應用上不易被局限。

學習「紫微斗數」主星曜排法及命宮如何安排，都有明確的規則，依據天體運行將天、地、人整合，再由天體運行推測未來。《易經．繫辭上傳》第一章：「天尊地卑，乾坤定矣；卑高以陳，貴賤位矣；動靜有常，剛柔斷矣；方以類聚，物以群分，吉凶生矣；在天成象，在地成形，變化見矣！」當你知道天地運行之理，以現有的資源配合環境變化，達到預期目的，可謂遊戲人間。個人紫微命盤確定後，人生的劇本就寫好，每個人拿劇本演出，要如何完美的表演，端看客倌們要如何演出精彩的人生，而學習態度是要積極的，如何懂得的善加利用個人優缺點，會達到最理想狀態。

前面已經說過八卦已分成八大類，以現代環境中是不夠用，再細分成十二區域，將天地之間的變化納入紫微命盤，其變化是有跡可尋，就可以預測未來發生之事情，運用這個道理知天地變化分析趨勢，推敲人生禍福，人的一生運行軌跡，可從其延伸的變化得到說明，以八卦相關說明及定義，演繹紫微星曜之意義，以下是對於八卦納紫微星曜以人性部份做為詮釋，可以從各角度說明或推論。

八卦納紫微星曜說明

紫微星曜特徵引用《說卦傳》之八卦特質加以說明，主要針對「人」的個性敘述為主，可依不同情境「事」與「物」交互變化，其特性也會改變，例如祿存星有「聚」的觀念，在財帛裡則以聚財論之，在疾厄宮裡從負面來看則是有腫瘤現象，是好或不好，要參考其宮內星曜判斷同一個星曜在不同的地方。

「乾卦」納紫微星曜為「太陽星」及「武曲星」，配合八卦納甲，卦納天干之「甲、壬」二個干支，故將「乾卦」以二個星曜分別應用，《說卦傳》對於「乾」卦之描述：「乾為天，為圜，為君，為父，為玉，為金，為寒，為冰，為大赤，為馬，為老馬，為瘠馬，為駁馬，為木果。」象辭：「天行健，君子以自強不息」，是一種持續、永恆及陽剛之意，說明天體的運轉是一種持之以恆，不會因任何的時間及空間的問題而停止。以「太陽星」之表現較為明顯；「武曲星」較偏向於「為玉、為金」，與錢財有關之事項，在格性上比較剛毅果斷與「太陽星」是有一些差異，主要特性除了有「太陽星」之持續力外，另外有一特性就是轉換、變換之意。以發電機為例，一台發電機連續發電時間很長，要轉換另一部發電機替代發電，接續發電的服務，這一種的轉換是必要的，否則會影響全盤功能；另外一個特性是以田產、財富為主。

「坤卦」的「納甲」為「乙」與「癸」其星曜為「太陰星」及「貪狼星」，《說卦傳》對於「坤」卦之描述：「坤為地，為母，為布，為釜，為吝嗇，為均，為子母牛，為大輿，為文，為眾，為柄，其於地也，為黑。」是孕育萬物，有溫柔、內斂及承載之意，衍生其義，「太陰星」有很大的承載或承受的能力，太陰星代表母親，少女成為母親時就會不一樣，女性在少女時，是很軟弱的，需要別人的呵護，成為母親時，其個性變成非常的堅強，任勞任怨等基本的概念。「坤」卦以「太陰星」代表。「為布，為吝嗇，為文，為眾等」衍生其義，貪狼星在人際互動方面較佳，注重穿著品味，慾望多，喜好學習，多才藝，此特徵以「貪狼星」代表。

「艮卦」納紫微星曜為「廉貞星」，《說卦傳》對於「艮」卦之描述：「艮為山，為徑路，為小石，為門闕，為果蓏，為閽寺，為指，為狗，為鼠，為黔喙之屬，其木也為多堅節。」在卦意中有「止、靜、不動」之象，所以紫微星系排列中，由紫微星為首開始佈星，最後一顆星為廉貞星做為結束，廉貞星衍生「艮」卦之義，有「止」之意；廉貞星有另一種意義的表徵，即是很不穩定的現象，與本質會有很大的變化，端看廉貞星與其他星的組合而定，在運用上應特別的注意。以意象則是代表整合、專業的、安全的、固執的，不易改變，在某個區域或範圍內則以「廉貞星」代表。

「兌卦」納紫微星曜為「巨門星」，《說卦傳》對於「兌」卦之描述：「兌為澤、為少女、為巫、為口舌、為毀折、為附決。其於地也，剛鹵。為妾、為羊。」可從「兌」卦的衍生其義著手瞭解，「兌」卦是一個善於用口才表達，表達得體則會事半功倍，喜慶的、群眾的、慶祝的；反之則適得其反，易造成誤會，其意有口舌是非，損壞、毀譽參半之意，可以用「巧言令色」來說明巨門星毀譽參半的特性，以「巨門星」代表。

「震卦」納紫微星曜為「天同星」，《說卦傳》對於「震」卦之描述：「震為雷，為龍，為玄黃，為敷，為大塗，為長子，為決躁，為蒼筤竹，為萑葦，其於馬也，為善鳴，為馵足，為作足，為的顙；其於稼也，為反生其究，為健，為蕃鮮。」「震卦」是八卦的起源，結合天地之間的能量而變，萬物才能在大地生長，能使大地動起來，這是需要很大的能量，能量蓄積到某個臨界點，爆發時將所有的能量全部釋放出來，變成後續無力的現象，有「不鳴則已、一鳴驚人」現象。應用意涵上表示有蘊藏很大的能量、有爆發力、快速之意、包容性很大，另一個涵意是指有福報，以「天同星」代表。

「巽卦」納紫微星曜為「天梁星」，《說卦傳》對於「巽」卦之描述：「巽為木，為風，為長女，為繩直，為工，為白，為高，為進退，為不果，為臭；其於人也，為寡髮，為廣額，為多白眼，為近市三倍其究，為躁卦。」給人有一種距離感，像一種細水長流、仙風道骨般，又很愜心。衍生「巽」卦的意義，「天梁星」特性代表做事有原則、成熟穩重，在思想上會長思熟慮。在運用上多體會古文的意涵，人生的歷練愈多，愈能瞭解其中的道理，代表清高，有品味的，回顧、記憶、記錄，有歷練之意，以「天梁星」表示。

「坎卦」納紫微星曜為「天機星」，《說卦傳》對於「坎」卦之描述：「坎為水，為溝瀆，為隱伏，為矯輮，為弓輪，其於人也加憂；為心病，為耳痛，為血卦，為赤，其於馬也為美脊；為亟心，為下首，為薄蹄，為曳，其於輿也；為多眚，為通，為月，為盜，為其於木也為堅多心。」內心的流動外表看不出來，有隱藏內心世界、有煩惱的，有智慧的，想法多變之意，以「天機星」表示。可以從紫微斗數設計原理討論，「天機星」在地支「丑」位，也可以比喻成地軸旋轉的中心點，不停的運轉，但軸心看似沒有運轉，其實已在運轉之中，代表「變動」，變動之中又看不出其變動，故天機星為「動」之星，亦蘊藏天地之間變化的哲理，「天機星」代表有智慧、內涵而內斂，不輕易的展現於外，正面的講法「運籌帷幄」，負面說法則是「城府較深」。

「離卦」納紫微星曜為「破軍星」，《說卦傳》對於「離」卦之描述：「離為火，為電，為中女，為甲冑，為戈兵；其於人也大腹，為乾卦，為鱉，為蟹，為蠃，為蚌，為龜，其於木也為科上槁。」「離卦」為多變，變化極大的特質，外表美麗、亮麗，外部則有強而有力的防護物質，外有盾牌般的堅硬，保護內部的安全，所以內部較為脆弱或是柔弱的，不易穩定的（情緒變化大），容易有衝突的，外強內弱之意，指內在的層面想法，應用上則是求變化、求新、流行的、快速的，也有破耗現象，以「破軍星」表示。

以上是以八卦對應紫微星曜相關說明，紫微星、天府星、天相星、七殺星沒有說明，請參閱拙著《紫微星鑰》及《紫微四化》相關說明；或請參考古籍《紫微斗數全書》（竹林書局印行）卷一有：〈太微賦〉、〈形性賦〉、〈星垣論〉、〈斗數準繩〉、〈諸星問答論〉、〈斗數骨髓賦〉、〈女命骨髓賦〉……等等；或是現代學有專精大師之註解大作，更深入了解古今差異，現代生活環境生較古代複雜，星曜需更深層了解其中意義，才能運用在現在生活中。

（讀者可以到 YouTube 或優酷查詢「王文華老師紫微斗數學理—八卦與紫微星曜」，或網址「https://youtu.be/ardXMGG1ndQ」，觀看影片介紹。）

八卦納紫微星曜探討

《紫微斗數全書》書中，有些筆者認為有疑點之處提出看法，〈太微賦〉：「其星分佈一十二垣，數定乎三十六位，入廟為奇，失度為虛，大抵以身命為福德之本，加以根源為窮通之資。星有同躔，數有分定，須明其生剋之要，必詳乎得垣失度之分。」

在「數定乎三十六位」，為何要定乎三十六位，有很多解釋是因為分佈一十二垣，分有天、地、人三盤，故為三十六位。筆者認為是應是「數定乎六十之位」，才能乎應「須明其生剋之要，必詳乎得垣失度之分」，而六十之位是指「六十花甲納音」，簡稱：「六十納音」是以「天干」、「地支」組合成六十組，配合紫微在十二宮位，與星曜之五行產生相生相剋，就可以說明星曜在該宮之強弱現象。

一般運用上只取五行，很少取甲子、乙丑「海中金」及分陰五行或陽五行，取其納音五行，六十甲子納音如下：甲子、乙丑「金」、丙寅、丁卯「火」、戊辰、己巳「木」、庚午、辛未「土」、壬申、癸酉「金」、甲戌、乙亥「火」、丙子、丁丑「水」、戊寅、己卯「土」、庚辰、辛巳「金」、壬午、癸未「木」、甲申、乙酉「水」、丙戌、丁亥「土」、戊子、己丑「火」、庚寅、辛卯「木」、壬辰、癸巳「水」、甲午、乙未「金」、丙申、丁酉

「火」、戊戌、己亥「木」、庚子、辛丑「土」、壬寅、癸卯「金」、甲辰、乙巳「火」、丙午、丁未「水」、戊申、己酉「土」、庚戌、辛亥「金」、壬子、癸丑「木」、甲寅、乙卯「水」、丙辰、丁巳「土」、戊午、己未「火」、庚申、辛酉「木」、壬戌、癸亥「水」。

十二宮之五行表都有一定規律，以年來說可以用五虎遁算出該寅月的天干，大約是區分五組，可以查《紫微星鑰》、《紫微四化》二本書的附錄「六十甲子納音五行表」及「紫微星配置圖」的速查表，以不同的天干、地支所產生之五行，與星曜五行產生相生相剋關係，方便使用。

第三節

宮氣

各宮都有宮天干及宮地支，合化成五行屬性，可稱為「宮氣」，而「宮氣」對星曜產生「得垣失度之分」，星曜之五行屬性請參考〈星垣論〉或〈論諸星分屬南北斗化吉凶并分屬五行〉之各星曜之五行，宮氣與星曜是如何運作呢？

以星曜為「體」以宮氣為「用」，宮氣對星曜產生五行生剋，若宮氣五行生星曜五行，稱為「得垣」或「廟」，若宮氣五行剋星曜五行，稱為「失度」或「陷」。大部份星曜是可以按此原則做為判斷依據，也有例外之星曜，學習要能分辨。

宮氣之判斷，以巨門星為例，可從〈論諸星分屬南北斗化吉凶并分屬五行〉查出巨門星五行為「水」，在辰宮時，宮干為庚，宮干支為「庚辰」納音五行為「金」（可由六十納音查出五行屬性），此時宮氣來生星曜五行。

五行生剋「金」生「水」，則是強化了巨門星之優點表現；若宮干支為「丙辰」納音五行為「土」，宮氣為以「土」剋巨門星「水」，此時巨門星之缺點會表現很強烈，詳細解說請參考拙著《紫微四化》第二章內容說明。

〈太微賦〉中提到「七殺廉貞同位路上埋屍」，〈斗數骨髓賦〉中也提到「廉貞七殺反為積富之人」。古文註解：「廉貞屬火，七殺屬金是火能制金為權，如貞居未殺居午，身命遇之奇格也，反為積富或陷地化忌，下格賤命。」「廉貞七殺流蕩天涯」，古文註解：「巳亥二宮安命值此二星，更加殺化忌逢，空劫流蕩天涯不得守家軍，商在外艱辛。」在不同之賦文時，有不同之見解，我們要如何判別呢？

要如何判斷是「積富之人」或是「路上埋屍」，可以從宮氣論點切入討論，即可以了解古人沒有說的祕密，從〈論諸星分屬南北斗化吉凶并分屬五行〉查出「廉貞屬火化北斗化殺囚在官祿為宮祿主」、「七殺屬火金南斗將星遇帝為權」，廉貞星與七殺星雙星組，依紫微星系排列，在卯宮起紫微星時，廉貞星及七殺星會在未宮會合；或是在酉宮起紫微星時，廉貞星及七殺星會在丑宮會合。

以廉貞星及七殺星在未宮而言，廉貞星屬火、七殺星屬火，若以乙年或庚年出生者，未宮之宮干為癸干，「癸未」納音五行為「木」，宮氣為「木」，宮氣生星曜廉貞、七殺之五行「火」，其優點產生，故為「積富之人」；反之若為丁、壬年出生者，未宮之天干必為丁天干，其宮干支為「丁未」納音五行為「水」，宮氣為「水」，宮氣剋星曜廉貞、七殺之五行「火」，五行是宮氣剋星曜，星曜發揮其缺點，故為「路上埋屍」。

〈諸星問答論〉中「武貪不發少年人（郎）」，解釋是要過中年後才能發跡，為何武曲及貪狼星同宮時，要中年才發跡呢？這個解釋可以從八卦納星曜這個觀點切入解釋，本文開頭就定義了八卦納星曜之原則，「乾」卦納太陽星及武曲星，「坤」卦納太陰星及貪狼星，而「乾」、「坤」二卦是父母卦，武曲星代表「乾」卦，而貪狼星代表「坤」卦，所以武曲星與貪狼星也代表父母卦，而父母卦會在中年以後才會發跡，故「武貪不發少年人（郎）」。

《紫微斗數全書》〈形性賦〉各星曜與個人之特徵說明，有單星曜形態也有雙星同宮之形態，提供星曜與「人」的長相或形態要搭配，搭配程度愈高則應驗度愈高。例如：武貪雙星時之形性特徵如賦文「貪狼同武曲，形小聲高而量大」，談到貪狼星與武曲星同宮時，其特徵為個子矮小，聲音頻率高，音量大，身材為虎背雄腰，有達到這些現象，才可以稱為「武貪格」。

賦文中單星曜如「武曲及至剛至毅之操，心性果決」是武曲星曜在個性上的特徵，「貪狼為善惡之星，入廟必應長聳，落陷必定頑囂」是貪狼星曜之特徵，賦文中對雙星曜之解說有另一種說法，而不用單星曜解說。

以武曲星與貪狼星同宮時，「形小聲高而量大」，就時雙星組合之特徵與單星曜不同；若身材長的比較高大，則「武貪格」性子小的差異大，此時比較偏像貪狼星，人生起伏變化沒有像真正的「武貪格」的暴起暴落。

天同星在〈形性賦〉中「天同肥滿，目秀清奇」，〈諸星問答論〉中「為人廉潔貌稟清奇，有機樞，無亢激，不怕七殺相侵，不怕諸殺同　」，說明天同星之特徵，其長相豐腴，看起來是有福氣之相，以星曜而論，要符合天同星則要有福態才是，若天同星為廋者之體態，與天同星基本的福態相反，則顯示天同缺點，必為勞碌命。

《紫微斗數全書》〈太微賦〉開頭所言：「斗數至玄至微，理旨難明，雖設問於各篇之中，猶有言而未盡，至如星之分野，各有所屬，禍福深淺，壽夭賢愚，貧淫正直，各有所司，不可一概論議。」「紫微斗數」是一門深奧的學問，雖然有許多賦文都無法說的透徹，同一張命盤不可以一概而論，正如文中說明星曜個性、體態等，都不一樣，即是同一張命盤其結果會不一樣，這是紫微斗數奧妙之處。

各宮位內之星曜組合吉星及凶星，判斷其吉凶，《易經．繫辭上》第二章：「吉凶者，失得之象也。悔吝者，憂虞之象也。變化者，進退之象也。剛柔者，晝夜之象也。」論斷吉凶，是依據當時之情境認定「得」或「失」才是吉呢？

事情決定了，是否因事情決定太匆促後悔而產生煩惱呢？一件事產生變化或是要執行時，決定進或退呢？其結果會是不一樣的；事情執行或做法是要強硬或柔順呢？人生不斷落入這四個循環之中，若能凡事都能考慮這四個項目，對我們人生也是相當的助益。

（讀者可以到 YouTube 或優酷查詢「王文華老師紫微斗數教學—宮氣介紹」，或網址「https://youtu.be/N8An-UhIt3Y」，觀看影片介紹。）

第四節 五行局探索

《易經．繫辭上傳》第一章：「天尊地卑，乾坤定矣；卑高以陳，貴賤位矣；在天成象，在地成形，變化見矣！是故：剛柔相摩，八卦相盪。鼓之以雷霆，潤之以風雨，日月運行，一寒一暑。」《說卦傳》第三章：「天地定位，山澤通氣，雷風相薄，水火不相射，八卦相錯，數往者順，知來者逆；是故，易逆數也。」說明相盪之理運用，在紫微斗數排盤建構原理中，星曜排列及組合是精心安排與設計，符合天地運行之理。

開始要排紫微斗數命盤時，地支十二宮都排好，接下來要安排天干位置，天干位置也是從「寅」宮開始，前面已經提起「寅」宮是紫微星系、天府星系起始點，安天干也不例外的也是從「寅」宮開始，運用五處虎遁（五行冠蓋訣）來安排，「五行冠蓋訣」：「甲己之年起丙寅，乙庚之年起戊寅，丙辛之年起庚寅，丁壬之年起壬寅，戊癸之年起甲寅。」

詳細排法請參考《紫微星鑰》第四章內容。

十天干佈好之後，就是定命宮位置，〈安命宮及身宮訣〉：「寅正順數月逢，生月起子兩頭，逆至生時為命宮，順到生時即安身。」定命宮則也是依天地規則，必須一順一逆，保持平衡。

接下來是要定位紫微星，起紫微星是「紫微斗數」最難的部份，首先找出命宮所在位置的宮五行，即為宮干、宮支合化五行屬性，五行屬性決定起大運時間及「紫微星」的變化週期。以寅宮為基準點，偶數為逆行，倚數為順行，起紫微星系及天府星系則要以「紫微星」為基準，有了基準才可以把紫微星系及天府星系排好。

水二局

命宮完成才能定局數，定局數與起「紫微星」有很大的關係，前面章節說明紫微星系都是從「寅」宮開始，這裡也不例外，安紫微諸星訣：「紫微逆去天機星，隔一太陽武曲辰，連接天同空二宮，廉貞居處方是真。」定「紫微星」的起始，要先確認命宮之干支五行，假設命宮干支五行為「水」，以「寅」宮起算一，第二位則是在「丑」位，而「丑」

位是「亥、子」為水位，故以水起局，水也是為萬物生命之源，故為「水二局」，大運起運歲為二歲開始。

「水二局」初一紫微星在丑宮，初二在寅宮，起「水二局」之訣在圖2-4-1水二局起紫微星所示。〈水二局起紫微星〉：「坎水宮中二歲行，初一起丑初二寅，順行一步安一日，陰陽雖異行則同。」

圖2-4-1　水二局起紫微星

初九 初八 巳	十一 初十 午	十三 十二 未	十五 十四 申
三十 初七、初六 辰	坎水宮中二歲行 初一起丑初二寅 順行一步安一日 陰陽雖異行則同		十七 十六 酉
廿九、廿八 初五、初四 卯			十八 十九 戌
廿七、廿六 初三、**初二** 寅	廿五、廿四 **初一** 丑	廿三 廿二 子	廿一 二十 亥

水局納音：丙子、丁丑澗下水，丙午、丁未天河水，甲申、乙酉泉中水，甲寅、乙卯大溪水，壬辰、癸巳長流水，壬戌、癸亥大海水。

附註：亦自寅宮順整至命宮遇此納音，即為水二局。

木三局

依一逆一順之理，水二局為逆2順序，現要順行3，以十二地支位置「寅」宮開始為1算到3至「辰」宮，「辰」宮是木局最後再轉換到下個位置，「寅、卯」是屬木（辰雖屬土，在此帶有木氣），故為「木三局」，大運起運時間為3歲，則逆2在丑宮，為初二，相互震盪，起

圖2-4-2　木三局起紫微星

十四、十二 初四 巳	十七、十五 初七 午	二十、十八 初十 未	廿三、廿一 十三 申
十一、初九 **初一** 辰	生過木宮三歲遊 初一騎龍初二牛 逆退三宮安二日		廿六、廿四 十六 酉
初八 初六 卯	順回四步一辰求 順二回宮牛頭地 逆進二步二辰傳		廿九、廿七 十九 戌
初五 初三 寅	廿八 **初二** 丑	廿五 子	三十 廿二 亥

木局納音：戌辰、己巳大林木，戊戌、己亥平地木，壬午、癸未楊柳木，壬子、癸丑桑拓木，庚寅、辛卯松柏木，庚申、辛酉石榴木。

附註：自寅宮順數，如前定局宮中所載日期，看命即在各局，尋本人生日安紫微。

紫微星如圖2-4-2所示，主要以三及二互盪為主。

其「木三局」起紫微星口訣：「生過木宮三歲遊，初一騎龍初二牛，逆退三宮安二曰，順回四步一辰求，順二回宮牛頭地，逆進二步二辰傳」。

金四局

前面是順3，接下來是要逆4，以「寅」宮開始計算，逆行第4

圖2-4-3　金四局起紫微星

廿五、十九 十六、初六 巳	廿九、廿三 二十、初十 午	廿七、廿四 十四 未	廿八 十八 申
廿一、十五 十二、**初二** 辰	紫微金宮四歲行 初二尋豬二歲龍 順進三步逆退一 先陰後陽是其宮 惟有初二辰上起 進三退四逆行蹤		廿二 酉
十七、十一 初八 卯			廿六 戌
十三、初七 初四 寅	初九 初三 丑	初五 子	三十 **初一** 亥

金局納音：甲子、乙丑海中金，甲午、乙未沙中金，壬寅、癸卯金箔金，壬申、癸酉劍鋒金，庚辰、辛巳白蠟金，庚戌、辛亥釵釧金。

附註：寅宮納音屬金，數至命宮遇此六金，即為金四局。

個位置為「亥」宮，初一起紫微星在「亥」宮，所在的「亥」宮無法起算五行，因為在水二局時「亥、子、丑」這一組已經被使用過了，不可以再使用，因是逆轉，故再逆一位，在「戌」宮，而「戌」宮是與「申、酉」為一組，其屬性為「金」，故此定義為「金四局」大運起歲時間為4歲開始，「金四局」紫微星排法如圖2-4-3所示。

其「金四局」起紫微星口訣：「紫微金宮四歲行，初二尋豬二歲龍，順進三步逆退一，先陰後陽是其宮，惟有初二辰上起，進三退四逆行蹤。」

土五局

金四局是逆行第4位置，逆行後接下順行第5個位置在「午」宮，而「午」位置是「巳、午」屬火位置，應以「未」宮為主，但5是一個很特別的置，5是有一個特殊用法，就是屬「土」在中間，原來土局為6數，要維持原始設定，不可以亂更改，故土局變成「土五局」為主，大運起運時間為五歲，「土五局」請參考如圖2-4-4所示。

其「土五局」起紫微星口訣：「戊土五歲居其中，初一午上二亥宮，逆行三宮安一日，惟有九日不能同，二宮一日順二次，退二三次又逆從，惟有六日無正位，逢四對宮去尋跡。」

火六局

前面「土五局」順行第5位，火局要逆行第6個位置在「酉」宮位，這個宮位「申、酉、戌」已被「金四局」使用過了，再移到「巳、午、未」為火地，才將五行之火配成「火局」為「火六局」。

圖2-4-4　土五局起紫微星

廿四、二十 初八 巳	廿九、廿五 十三、**初一** 午	三十、十八 初六 未	廿三 十一 申
廿七、十九 十五、初三 辰	戊土五歲居其中 初一午上二亥宮 逆行三宮安一日 惟有九日不能同 二宮一日順二次 退二三次又逆從 惟有六日無正位 逢四對宮去尋跡		廿八 十六 酉
廿二、十四 初十 卯			廿一 戌
十七、初九 初五 寅	十二 初四 丑	初七 子	廿六 **初二** 亥

土局納音：庚午、辛未路傍土，庚子、辛丑壁上土，戊寅、己卯城頭土，戊申、己酉大驛土，丙戌、丁亥屋上土，戊辰、己巳沙中土。

附註：其法如前，但局內口訣如學者不省，不必用他，只據五行局所載日期尋本人生日在何宮，則於該宮安紫微星便是。

在設計局數時，一開始以「水二局」起，以「火六局」結束，等合後天八卦的「水火不相射」之理。「火六局」各日期的位置請參考圖2-4-5所示。

其「火六局」起紫微星口訣：「離火宮中六歲知，初二騎馬初一雞，進二退二各一日，

圖2-4-5　火六局起紫微星

廿九、廿四 初十 巳	三十、十六 **初二** 午	廿二 初八 未	廿八 十四 申
廿三、十八 初四 辰	離火宮中六歲知 初二騎馬初一雞 進二退二各一日 逆回三步尋生期 另有初二各其位 先陽順行逆退之 退二安一退二一 順進五宮是其基		二十 **初一** 酉
廿七、十七 十二 卯			廿六 初七 戌
廿一、十一 初六 寅	廿五、十五 初五 丑	十九 初九 子	十三 初三 亥

火局納音：丙寅、丁卯爐中火，丙申、丁酉山下火，甲戌、乙亥山頭火，甲辰、乙巳覆燈火，戊子、己丑霹靂火，戊午、己未天上火。

附註：其定局之法如前註，見之極詳，明者審而察之，自然貫通其理也。

逆回三步尋生期，另有初二各其位，先陽順行逆退之，退二安一退二一，順進五宮是其基。」

因起「紫微星」是一個很麻煩的事情，要背口訣，訣曰：「六五四三二，酉午亥辰丑，局數除日數，商數宮前走，若見數無餘，便要起虎口，日數小於局，還直宮中守。」

我們現代所學計算方式，不是中國古代的算法，大多西方數學為主，將起紫微星之口訣轉換成現在數學方程式，比較容易明瞭，起紫微星之數學方程式參考如下：

$$\frac{\text{〈出生日期} + X\text{〉}}{\text{五行局數}} = \text{商}$$

商數為整數，X即為調整之數。

若X為奇數，則商數－X＝紫微的位置。

若X為偶數，則商數＋X＝紫微的位置。

方程式整除時，所得之商數必為整數（負數亦同），不可有小數產生，所得之商，再與X相加或減之總和即為紫微所在的位置，所得總和，以寅宮起算（寅宮為1）順數所得之總和數，若為負數（值）則加上12為紫微星的位置。可參考《紫微星鑰》一書（第四章第一二七頁說明）。

第三章

四化原理

「紫微斗數」以各星曜進入各宮職（命宮、兄弟宮……）即可論斷，紫微星在十二地支位置，再配合十二宮職的組合，最少有一四四種組合，學習上是一種甜蜜的負擔，這麼多的組合是否有效的學習，如何化繁為簡學習，最快方法是了解其原理及架構，前述的星曜與宮職組合，在第二篇第二章裡星曜探索中有一系列分析，萬變不離其中，抓住核心重點，了然於胸。

「紫微斗數」本身還有一個很特殊的功能——「四化」，「四化」又是什麼呢？代表了四種能量，以祿、權、科、忌來表示四種不同的能量，各有代表意義，詳細說明請參考拙著《紫微四化》。其運作方式是依附在星曜之變化，四化變化來自天干變化，星曜平時是有自己特質、特性，當賦予任務時會有特殊之功能，有時特性會翻轉。有一部電影情節裡述說美國總統專用飛機好幾架，只搭上這一架飛機，這一架飛機就空軍一號，搭上另一架，那一架就是空機一號，所擔的責任就是不一樣。

經常被問到，化祿一定都是好的，化忌一定是不好嗎？這不一定哪一個是好，哪一個是壞，只是現象，好壞吉凶存乎取決於當時要得到或要失去而決定。有一句成語「匹夫無罪，懷璧其罪」，撿到一個值錢的東西，反而惹來殺身之罪，以時間來看，撿到當時非常高興，過一段時間，發現有很多人在找這一樣東西，反而拿到的人會因此喪命，要從哪一個時間來看，前段時間是「吉」，但在後段時間代表「凶」。在《繫辭》：「吉凶者，失得之象也；悔吝者，憂虞之象也；變化者，進退之象也；剛柔者，晝夜之象也。」說明人生不斷重覆這四句話，得到才是吉，還是失去才是吉，做事情是否後悔了，決定是要前進還要後退，會有不同變化，執行是採取強硬還是柔和的做法。

四化星是將主要星賦予化祿、化權、化科、化忌四個部份，與四化、星曜做聯結是天干，天干與八卦有關係，八卦又可以衍生星曜，透過互換可得到四化星曜的安排，是如何形成的，本章節詳細說明。

在推論四化時，基本觀念是以宇宙天文觀切入討論，化祿基本上是尋找宇宙可用之能量，且標定可以使用的能量，這些就化祿基本的特徵，使用上可稱為機會。化權是將化祿找到的能量由化權實質轉化，轉化的過程是相盪的方式，萃取可以成為可以用之物質，化權特徵上會有執行、擴張的特徵。化科是要接受化權所轉換之能量，做篩選，有一觀念要清楚，化祿、化權泛指宇宙能量（天的能量），而化科、化忌泛指地的能量，由天轉到地，天體能量會大於地，必需由化科做篩選，地才能承接，承接方式與化權方式相同，必需要以相盪方式才能轉化完成。化忌概念就由上而下的能量，剩下多少，就接多少，在過程當中若損失很多，化忌就承接不多。

祿、權、科、忌可以用四季來比喻，化祿有如是春天，生命力充滿機會的成長，化權有如是夏天，是實質的成長，由幼苗開始長到成熟，化科有如秋天，開花結果，收成，將不好的果實要篩選，留下好的果實，化忌有如冬天，要收藏，若是秋天豐收，冬天就不愁，收成不好，就不好過。其實四化觀念與我們天體運行是一樣的。

以下開始介紹四化原理推論，讀者若對《易經》有所了解，會比較容易進入狀況，若不了解可以看第一篇章節內容，再看本章節會比較容易上手。四化先從化忌開始介紹，再其次介紹化祿、化權、化科，四化推衍以化科之過程較為麻煩，是有天與地轉換變化，與先後天卦運用有關。從另一方面來看，從《易經》的邏輯思帷，如何將「紫微斗數」預測系統建構出來，對人生所有事、物的預測，都包含其中，目前沒有一套預測科學是具有如此能力，若是能運用此邏輯應到其他領域，發展不可限量。

第一節

化忌原理

「紫微斗數」四化星組成是由化祿、化權、化科、化忌，四化變化是由十天干帶動四化星之變化，在「紫微斗數」四化原理，並沒有把四化星單獨成立一支體系討論，而是加原來星曜內，當使用時再做任務上的改變，有如在鄉為良民，在營為騍兵。四化推論過程會運用到《易經》的相關邏輯觀念，若有不明白地方可以回到前面再閱讀。

本章節先從化忌開始討論起，按道理應由化祿先來討論，怎麼會是由化忌先來討論呢？其四化原理是由先天八卦（如圖2-3-1）轉換到後天八卦（如圖2-3-2），先天八卦是代表天體、宇宙原始基本形態或能量，後天八卦代表地球現在地形、地貌的環境，代表承接宇宙天體的能量落在地球的結果，先從結果部份討論，故化忌原理是以後天八卦為主架構，至於後天八卦如何形成，請參考第一篇第一章「地球文明毀滅假說」。

圖2-3-1　先天八卦圖

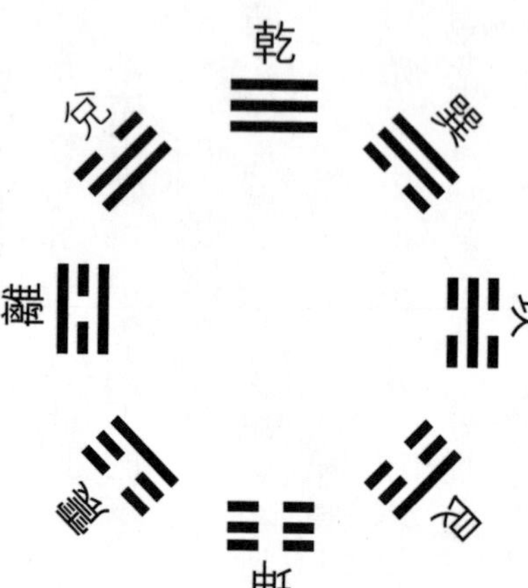

圖2-3-2　後天八卦圖

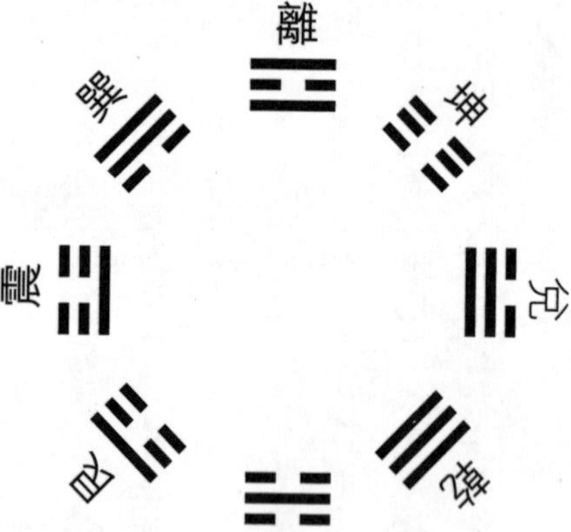

《易經・繫辭上傳》第一章：「天尊地卑，乾坤定矣。卑高以陳，貴賤位矣。動靜有常，剛柔斷矣。方以類聚，物以群分，吉凶生矣。在天成象，在地成形，變化見矣。」第四章：「易與天地準，故能彌綸天地之道。仰以觀於天文，俯以察於地理，是故知幽明之故。」故「在天成象，在地成形，變化見矣。」「仰以觀於天文，俯以察於地理，是故知幽明之故。」是說明天地之間的變化是呼應的、相通的，運行有綱常，物物皆歸位，動靜行有序，變化在其中。

「紫微斗數」基本理論架構是以「天」與「地」為運行推導環境變化，「天」的能量變化是會在「地」的環境形成，「人」受到環境影響，反應在思想上、行為上，故在祿命術中所談之「天」、「地」、「人」之理。

以先天八卦的各種能量或是某種頻率，轉到地球之地形、地貌，轉移是必需以地球所能接受範圍之內，不能接受為虛，接受者為實，「天」與、「地」是相互應的，呼應先天八卦為因，後天八卦為果的結論。

八卦是指「乾、兌、離、震、巽、坎、艮、坤」，基本上是把萬事萬物所有的「象」、「數」歸類為八大類，但我們生活在地球上，所衍生出來的人、事、物之變化，再配合地球時序紀事，以時間區分為十二個月為一年、十二時辰為一天，顯然八卦是無法滿足地球應用上的需求，使用上很不方便，又要轉換十二制的運算，若不轉換反而造成生活上的困擾，所以八卦主要分類，必需配合地球時空環境運行，而衍生應運用十二制的運用。

紫微星曜是如何佈十二宮，詳細內容請參考第二篇第二章「星曜探索」，從「紫微斗數」基本星曜定義開始，一以貫之，除很少數例外，其他都是相同的，八卦配紫微星曜及納天干重點說明如下。

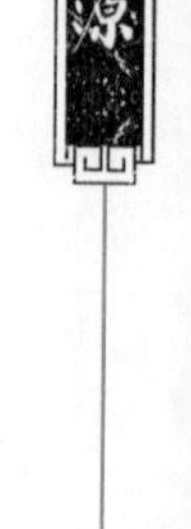

八卦納化忌星之星曜，其定義如下：

乾卦配↓太陽星、武曲星。

坤卦配↓太陰星、貪狼星。

艮卦配↓廉貞星。

兌卦配↓巨門星。

震卦配↓天同星。

巽卦配↓天梁星（文昌星代天梁星化忌）。

坎卦配↓天機星。

離卦配↓破軍星（文曲星代破軍星化忌）。

八卦納甲（天干），其定義如下：

乾卦配↓甲、壬。

坤卦配→乙、癸。
艮卦配→丙。
兌卦配→丁。
震卦配→庚。
巽卦配→辛。
坎卦配→戊。
離卦配→己。

後天八卦配納甲及紫微星曜：

先將九宮格把八卦（乾、兌、離、震、巽、坎、艮、坤）依後天八卦位置，各卦放好，其次再以各卦名稱將星曜帶入，最後再將天干帶入各卦，其整理完成圖，如圖2-3-3所示。

圖2-3-3　八卦與納甲、星曜搭配圖

天梁 巽（辛）	破軍 離（己）	太陰、貪狼 坤（乙、癸）
天同 震（庚）	天府 紫微	巨門 兌（丁）
廉貞 艮（丙）	天機 坎（戊）	太陽、武曲 乾（甲、壬）

原來八卦所顯示之九宮格，除中間沒有用，只有八個運用，前面已經說過了，八個方位是不足使用的，必需要配合轉置到十二制使用，展開成十二地支，由圖2-3-4所示，再將星曜及天干帶入，會發現在「子」、「午」二宮是空的，其代表地軸運轉，因為化忌是地球所承接最後地方，各天干化忌與星曜搭配即是化忌星如圖2-3-5所示。

化忌星其中有二顆主星由文曲星、文昌星代主星，因此二星曜是以時辰為排列依據，前面在第一章「時間探討」中介紹，時辰是代表實際空間位置，故在化忌星原理以「子」、「午」定位，確認位置之正確性。

由圖2-3-4所示，其破軍星不能化忌，故由文曲代為破軍星化忌；天梁星不能化忌，故由文昌星代天梁星為化忌，經整理後，如圖2-3-5所示，為何不能化忌，在後面詳細討論。

由圖2-3-5所示，將八卦、納甲、四化星曜整理如下：

乾卦 納甲 配 星曜 → 太陽配甲干化忌、武曲配壬干化忌。

坤卦 納甲 配 星曜 → 太陰配乙干化忌、貪狼配癸干化忌。

艮卦 納甲 配 星曜 → 廉貞 配 丙干化忌。

兑卦 納甲 配 星曜 → 巨門 配 丁干化忌。

震卦納甲配星曜 → 天同配庚干化忌。

巽卦納甲配星曜 → 文昌代天梁配辛干化忌。

坎卦納甲配星曜 → 天機配戊干化忌。

離卦納甲配星曜 → 文曲代破軍配己干化忌。

圖2-3-4 星曜納化忌天干

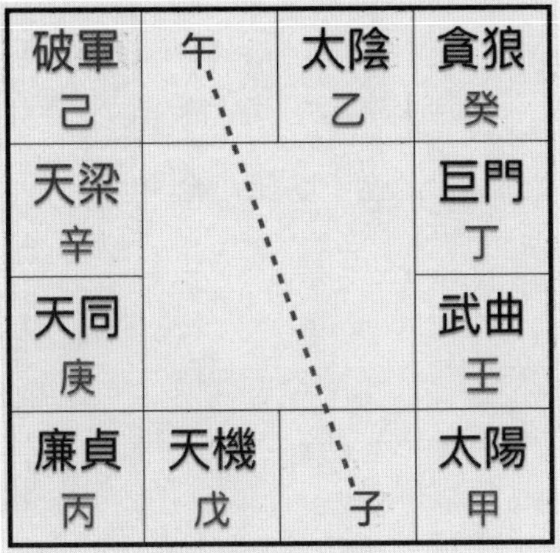

破軍 己	午	太陰 乙	貪狼 癸
天梁 辛			巨門 丁
天同 庚			武曲 壬
廉貞 丙	天機 戊	子	太陽 甲

圖2-3-5 星曜天干化忌

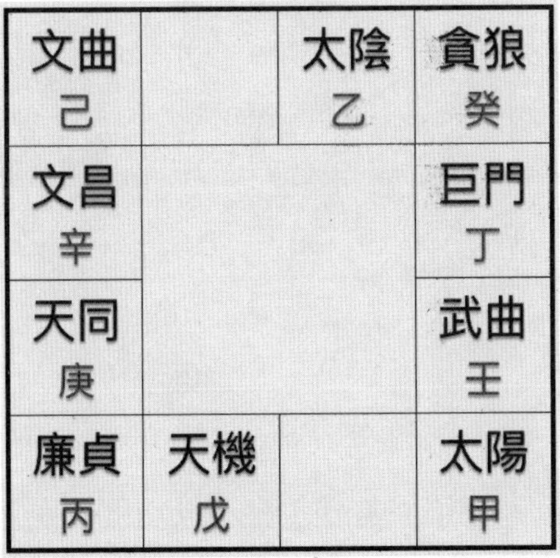

文曲 己		太陰 乙	貪狼 癸
文昌 辛			巨門 丁
天同 庚			武曲 壬
廉貞 丙	天機 戊		太陽 甲

由上整理得到各天干化忌星整理如下：

甲天干　太陽星化忌

乙天干　太陰星化忌

丙天干　廉貞星化忌

丁天干　巨門星化忌

戊天干　天機星化忌

己天干　文曲星化忌

庚天干　天同星化忌

辛天干　文昌星化忌

壬天干　武曲星化忌

癸天干　貪狼星化忌

問題探討

為何用文曲、文昌為化忌，而不是破軍、天梁呢？先天卦之「乾」、「坤」二卦為「天」、「地」定位為基準點，後天卦則為「離」卦為定位基準點，「離」卦是以破軍星代表，而「地」運行是由天府星系運行，後最是由破軍星結束，而地的運行是十二時辰為一日，為了能落實「天」的能量是否到「地」來，必須要由「地」的實際運行星曜配合才可以，破軍星本身具有「耗」特性，不適合化忌，故由文曲星代為化忌。

天梁星在卦理上代表「巽卦」，《說卦傳》；「帝出震，齊乎巽」，「巽」為中間點，也是一個檢驗點，而天梁星功能設計上化氣為「蔭」，有違反其「蔭」的特性，不宜化忌，另一個原因也要找一個相對應之星曜，對應文曲星，才會平衡，故由文昌代天梁星化忌。文曲、文昌在排盤設計就以時辰起文曲星、文昌星，起法是以辰、戌位開始，設計上要兼顧平衡。

為何廉貞星化忌會在寅宮？在紫微星系代表「天」的運行，天府星系代表「地」的運行，四化是由化祿、化權、化科、化忌代表起、承、轉、合，所以化忌也代表結果。紫微星是「天」運行開始的基準星，化忌是最後的結束，而紫微星系裡的廉貞星最後要對應天

府星系之破軍星，需要相互呼應，故紫微星不化忌，由廉貞星來化忌，以對應破軍星達到平衡。

廉貞星是在午宮（紫微排盤基本盤以紫微星在寅宮做為推論，請參考第二章第一節「起紫微天府各星曜」說明，八卦納甲與佈紫微星系圖，圖2-2-4紫微星系排列所示），為何會跑到寅宮，原來寅宮有紫微、天府星，這二顆星不能化忌，其一原因是基準星，其二是廉貞星最後對應到破軍，這也代表「天」的運行最後結束，紫微星是帶頭不能化忌，紫微星（頭）與廉貞星（尾）永遠為三合關係，所以知道廉貞星位，一樣可以找到紫微星位置，循環結束最後結果是化忌星，這個能量在寅宮，必須找一顆星來代表紫微星化忌，最後以廉貞星化忌結束做為結尾，完成循環。

（讀者可以到 YouTube 或優酷查詢「王文華老師紫微斗數學理—化忌原理探索」，或網址「https://youtu.be/TXMVmDs3s_o」，觀看影片介紹。）

第二節

化祿原理

化祿原理與化忌原理不一樣，化忌是簡單說是由上而下最後的結果論，以果來看，一定必有因，但是有因未必有果，因與果必須有一定對應方式，這個方式是由先天八卦變化而來，《易經》〈說卦傳〉第三章：「天地定位，山澤通氣，雷風相薄，水火不相射，八卦相錯，數往者順，知來者逆；是故，易逆數也。」這一段說明是先天八卦推論，不是後天八卦推論，天地定位是指乾坤二卦是上下關係，山澤通氣是指兌與艮卦相對，雷風相簿是震與巽卦對稱關係，水火不相射是離與坎卦是水平關係，要用先天八卦是做為預知未來推論的基本條件，所以先天八卦是預測未來變化推論基礎。

天地定位擴大解釋，以先天八卦做為「天」，後天八卦做為「地」，故「在天成象，在地成形，變化見矣。」「仰以觀於天文，俯以察於地理，是故知幽明之故。」要相互對應，

若這個觀念不是很清楚請看第一篇第二章「河圖洛書」介紹，先天八卦與後天八卦納入〈河圖〉、〈洛書〉中運用。

要知道未來變化，「數往者順，知來者逆」要知道未來的環境變化，要逆推回去，要如何逆推回去呢？以先天八卦為開始，如圖2-3-6所示，先天八卦以九宮圖表示八卦之位置，「乾卦」及「坤卦」是定位用，不可以變動，首先轉動四偶位之卦巽、兌、震、艮，同時逆

圖2-3-6　先天八卦九宮圖

兌	乾	巽
離		坎
震	坤	艮

圖2-3-7　先天八卦四偶位左旋

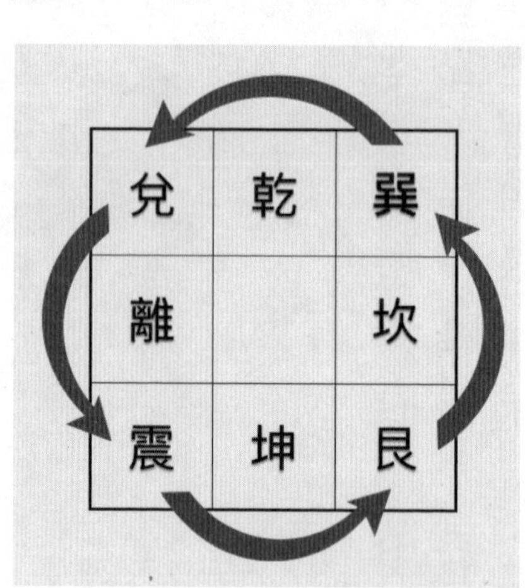

轉九十度（左旋），巽卦進入原來的兌卦位置，兌卦進入原來的震卦位置，震卦進入原來的艮卦位置，艮卦進入原來的巽卦位置，完成圖如圖2-3-7所示。

再將坎、離二卦對調（如圖2-3-8坎離對調），坎卦進入原來的離卦位置，離卦進入原來的坎卦位置，最後完成新的八卦位置圖，如圖2-3-9所示。

先天八卦經左旋（如圖2-3-9所示）完成後，接下來是把八卦之九宮轉置到十二地支宮

圖2-3-8　坎離對調

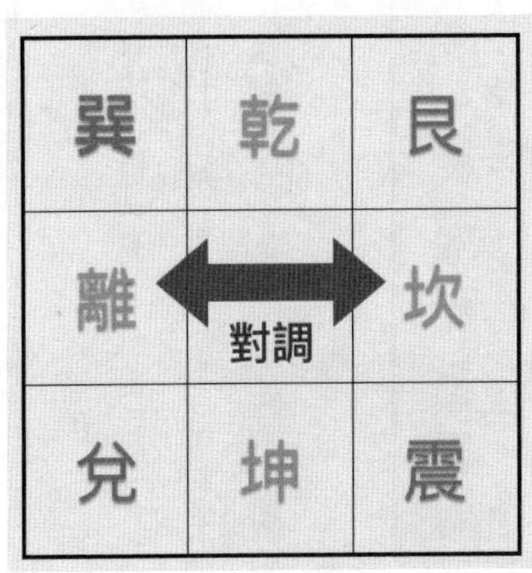

圖2-3-9　左旋完成圖

巽	乾	艮
坎		離
兌	坤	震

位，以配合地球的運行，八卦位置配在十二地支宮位，再將八卦納甲放入，如圖2-3-10所示，這裡在地支「寅」、「申」位是空的，「寅」到「申」代表是白天，也表示是上半年，而「申」到「寅」代表是晚上，也表示是下半年，保持乾坤定位，「乾卦」在上，「坤卦」在下，但是其他各卦已經有互換了，是要準備下個「化權」相盪做準備。

由圖2-3-9八卦轉化十二地支圖如圖2-3-10所示，配合八卦納甲。要如何轉換成星曜呢？在第

圖2-3-10　九宮圖衍十二地支圖

巽 辛	乾 甲	乾 壬	申
坎 戊			艮 丙
兌 丁			離 己
寅	坤 乙	坤 癸	震 庚

圖2-3-11　化祿星曜配天干圖

巨門 辛	廉貞 甲	天梁 壬	七殺
貪狼 戊			天同 丙
太陰 丁			武曲 己
紫微 天府	天機 乙	破軍 癸	太陽 庚

二章第一節「起紫微天府各星曜」之圖2-2-6星曜完整排列套入，星曜配合天干整合完成如圖2-3-11所示，在「午」宮本有天相星，在第二章說明天相星是不安排四化星變化，在此沒有把天相星列入。由星曜化祿與天干關係，整理出其結論如下：

甲天干廉貞化祿
乙天干天機化祿
丙天干天同化祿
丁天干太陰化祿
戊天干貪狼化祿
己天干武曲化祿
庚天干太陽化祿
辛天干巨門化祿
壬天干天梁化祿
癸天干破軍化祿

（讀者可以到YouTube或優酷查詢「王文華老師紫微斗數學理—化祿原理探索」，或網址「https://youtu.be/S01FMGliiG0」，觀看影片介紹。）

第三節

化權原理

化權原理與化祿原理推論不同，由化祿主要是找到可用之能量，再將這些可以使用之能量，再交由化權將可用能量轉換實際的能量，而能量轉換需要激盪方式才能萃取出來，《易經・繫辭上傳》第一章：「剛柔相摩，八卦相盪。鼓之以雷霆，潤之以風雨，日月運行，一寒一暑，乾道成男，坤道成女。乾知大始，坤作成物。」相盪的開始是從剛柔相摩開始，從乾卦開始，必需自己開始動起來，如何動起來請看第一篇第三章第一節「乾卦卦爻推演探索」，「乾」卦自己要動起來，先由剛轉到柔開始動，各卦才能相盪，由乾坤二卦完成接下來是「震卦」，最後由「坤卦」收尾。

化權是從乾卦開始動起來，必須由自己先啟動，「乾卦」納甲、壬二個天干，由化祿原理得知甲天干為廉貞化祿，要先盪到壬天干，為何由甲天干先盪壬天干？代表由「乾卦」自變開始，才能「天行健君子以自強不息」，換言之廉貞星原來是在甲天干位置，自己盪

到壬天干位置，所以廉貞星在壬天干位置，原來壬天干天梁化祿，就會被擠出去，天梁星要盪到「坤卦」乙天干位置，如圖2-3-12所示。

原來乙天干天機化祿要被盪出去，要盪到哪裡去？《繫辭》〈第一章〉：「鼓之以雷霆，潤之以風雨，日月運行，一寒一暑，乾道成男，坤道成女。」「鼓之以雷霆」由「乾、坤」二卦父母卦下來要接續到「震卦」，「震卦」是運行之起源，所以原來在乙天干之天機星要盪到「震」卦，「震」卦之丙天干又同星化祿要被盪出去。

天同星化祿被交換到「巽卦」丁天干的位置，天同星在新位置由化祿轉變成化權，太陰星化祿由「巽」卦盪到「坎」卦，太陰星則轉換成戊天干化權，原來貪狼星化祿要相盪到「離卦」，變成己天干化權為貪狼星，原來己天干武曲星化祿在「離卦」，因為貪狼星盪入，武曲星要盪出化祿，進入化權，則

圖2-3-12　化權相盪圖

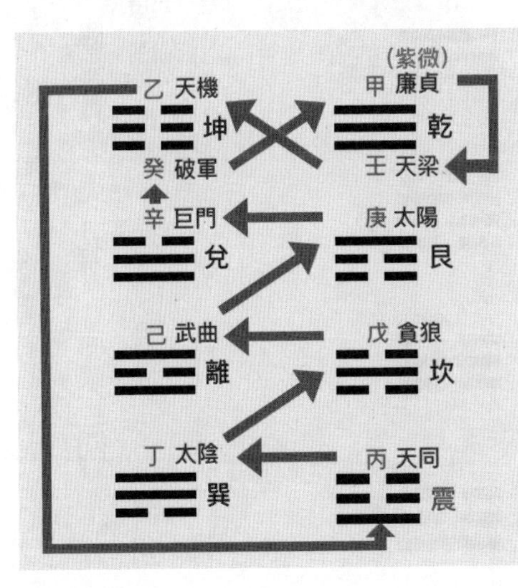

要遷入「艮卦」天干為庚，所以武曲星遷入由化祿轉入化權，庚天干化權為武曲星，太陽星由「艮卦」遷出進入「兌卦」，所以辛天干化權為太陽星代表，「兌卦」原來巨門星化祿要遷出辛天干，這裡不可以直接遷入「乾卦」，必需要由「坤卦」完成，最後才可以再回到「乾卦」，所以巨門星必需要遷入「坤卦」之癸天干，故巨門星為癸天干化權，在「坤卦」化祿之破軍星要遷出進入「乾卦」甲天干位置，甲天干化權為破軍星。

一開始由「乾卦」開始，先自己動起來，再經由「坤卦」轉出，經過各卦之相遷最後要先回到「坤卦」收尾，最後完成再回到「乾卦」，這一個循環階段才完成，這個觀念在第一篇第三章第一節內容，由動一爻開始，一直到動六爻結束，完成一個階段任務。化權相遷完成圖如圖2-3-13所示。

圖2-3-13　化權完成圖

卦	上	下
乾	甲 破軍	壬 紫微
坤	乙 天梁	癸 巨門
艮	庚 武曲	
兌	辛 太陽	
坎	戊 太陰	
離	己 貪狼	
震	丙 天機	
巽	丁 天同	

化權相遷完成，重新整理一下相遷結

果，如圖2-3-13化權完成圖所示，各天干化權結論如下：

甲天干破軍星化權
乙天干天梁星化權
丙天干天機星化權
丁天干天同星化權
戊天干太陰星化權
己天干貪狼星化權
庚天干武曲星化權
辛天干太陽星化權
壬天干紫微星化權
癸天干巨門星化權

為何時是紫微化權而不是廉貞化權，理論設計上是由「天」的能量（化權）轉化「地」的承接（化科），其原因是紫微星與天府星相對，在「天」、「地」的能量對接開始，在化

祿時本應紫微星化祿，其因是基準星，由廉貞星暫代紫微星化祿，化權時廉貞星本是化權要還給紫微星，第二個原因紫微星與廉貞星為三合關係，有頭有尾的關係。

在四化理論設計上廉貞星在化祿開始，結束於化忌，說明「天」的運行能量轉化到「地」的能量時，從開始到結束是完整，沒有落差的；紫微星在化權開始，在化科結束，故化權、化科時由紫微星代表，而化祿與化忌由廉貞星代表。

廉貞星在運用定義上是官祿宮宮主，其意是對工作、事業是非常忠誠的，對「人」而言是有愚忠之概念，設計上廉貞星是對紫微星是愚忠的，紫微是帝王星，只有表現權力與名望，權力以四化的化權代表，名望則以四化之化科代表，所以化祿與化忌紫微星是不可以有，換言之，若帝王是一個貪財之人是很怪的，所以由廉貞星代勞；不好的事情也不能由帝王出面處理，要找一個信任的人來處理，只有廉貞星可以代勞，廉貞星基上是有一些特權，在星曜安排上，廉貞星在「午」宮時，有一顆天相星在旁邊，可以限制廉貞之惡。

（讀者可以到YouTube或優酷查詢「王文華老師紫微斗數學理—化權原理探索」，或網址「https://youtu.be/dKu0WW1Pqe4」，觀看影片介紹。）

第四節 化科原理

紫微斗數四化原理以化科原理最難，邏輯複雜，考慮到四化之祿、權、科、忌整體運作及銜接，配合天地體運行，是一個非常完整系統性邏輯，可說是「無懈可擊」，非常完美。

四化可以概分為「天」、「地」二部份討論，「天」的部份是以化祿及化權為主，化祿是將機會轉為化權，而化權是代表實際擁有，「地」的部份是以化科、化忌為主，「天」的能量必需轉換到「地」，要如何才能轉換到「地」，要用化權相遢到化科，在化科必需安插二組星曜銜接，這二組星曜要找月系星及時系星為主，以「左輔」、「右弼」是月系星，再搭配時系星「文昌」、「文曲」取代部份之星曜，為何要用月系星及時系星，原因是月與時是可以定位出所在時間及空間位置，所以化科在運用上有篩選之特徵，代表考試、評選之意。

化科原理中是利用化權星曜相遢找出化科星曜組合，其相遢部份為二組進行，都由乾

卦導入開始至結束，不同的地方是由甲天干出發及壬天干出發，最後都回來維持循環，達到生生不息。

化科原理主要以後天八卦為主如圖2-3-14所示，「離卦」、「坎卦」一組、「震卦」、「兌卦」一組，是後天八卦之四正卦，四正卦是代表穩定，故不用四偶卦位，相盪切入點有二個地方，一個是以「震卦」也與先天八卦之「帝出乎震」，有一些相似地方，這裡主要是以四正方式進入，另一個是以「離卦」進入點，這二個點有如一個「經」，一個「緯」確定時間與空間位置。所以一組是相盪進入點是「震卦」，另一個進入點是「離卦」，這二組運行須達到平衡。

化科由化權相盪下來，開始由「乾卦」甲天干化權為破軍星開始盪出，進入「坤卦」之癸天干，原來癸干化權之巨門星要盪出，此時「坤卦」有權盪到任何個卦象內，為配合地球環境，不可以亂切入，前面說過，要盪入後天卦之「震卦」進入，巨門星會在「震卦」之丙天干，「震卦」之丙天干化權天機星要被盪出，為何要盪入「巽卦」，「巽卦」是陰卦也是長女，必需有一組交換，若沒有交換會有缺陷變成不平衡，「震卦」是長男，是屬於平衡的，所以天機盪入「巽卦」為丁天干化科，原來「巽卦」天同星丁天干化權要盪出，為何要盪入「坎卦」，因為「坎卦」是四正卦，對應到「離卦」，是相互呼應的，天同星盪

入「坎卦」，戊天干太陰化權，要被盪出，盪入「艮卦」內，「艮卦」納天干為庚天干太陰星由化權轉成化科，「艮卦」之武曲星化權星要被盪出，盪入「乾卦」，故「乾卦」納甲天干化科為武曲星，第一組相盪圖如2-3-15所示。

後天八卦四正卦「坎卦」與「離卦」是對應的；「震卦」與「兌卦」是對應的，化科

圖2-3-14　後天八卦九宮圖

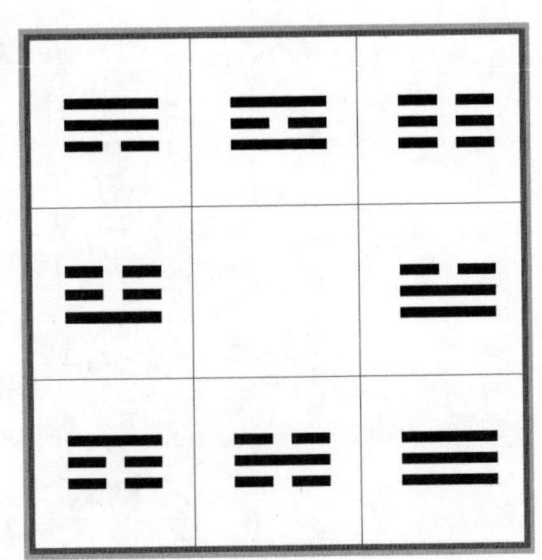

圖2-3-15　化科相盪圖一

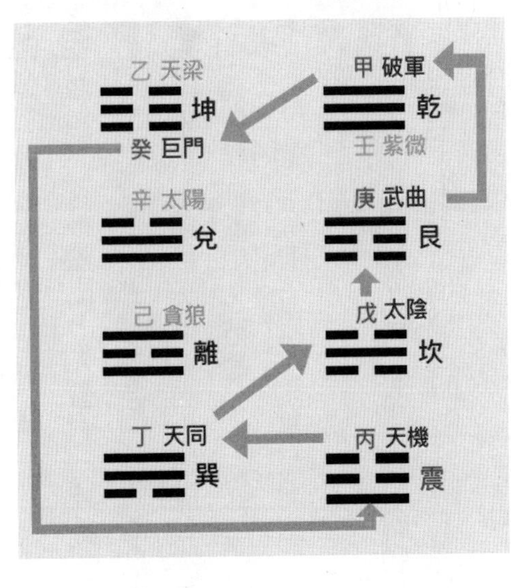

第二組相盪，是由「離卦」進入，這樣才能達到平衡。

由「乾卦」壬天干發動，原來之壬天干化權之紫微星，要被盪出，先盪到「坤卦」乙天干，故紫微星在乙天干由化權轉成化科，「坤卦」之乙天干天梁星被盪出，此處是由「坤卦」決定要盪入何處，不能亂了規矩，要從「離卦」進入，所以天梁星由化權進入「離卦」轉換成化科，故己天干天梁星化科，「離卦」之貪狼星被盪出，被盪入「兌卦」，因「兌卦」與「震卦」是呼應的，所以貪狼星盪入「兌卦」，而「兌卦」之太陽星被盪出，被盪入「乾卦」之壬天干為太陽星。第二組化科相盪圖如圖2-3-16所示。

化科為何沒有太陽、天同、巨門、貪狼這四科星曜，但在推論上是有出現這四顆星曜，化科是必須由天體能量轉換到地的能量，由化權能量下來，在化科這個階段將不適合化科的星曜，由其他星曜來代替，符合實際運行。

從圖2-3-15所示，化科相盪圖開始由「乾卦」甲天干之破軍相盪到癸天干時，為何沒有破軍化科（如圖2-3-17所示），而是太陰化科？破軍星設計其星性特徵是「耗星」，與化科基本定義不合，必需找一顆代替化科之星曜，而破軍星是天府星系最後一顆星曜，須回歸到天府星本身，但天府星是「地」的基準星，是應對紫微星，故不能變成四化星，只好找第二順位太陰星化科星，故代破軍星化科，太陰星在星曜特質上也符合天府星之相關特質類似。

太陽星與天同星是紫微星系內之星曜，以「乾」卦開始，「震」卦切入，「乾」卦由太陽星為代表，「震」卦為天同星為代表，由「天」的能量轉換到「地」的能量時，基本上太陽星基本特是化氣為「權貴」，不適合化特性，天同星則是化氣為「福」的特質，也不符合化科特性，必須由其他星曜來取代，太陽星與天同星不化科需由左輔星取代太陽星，

圖2-3-16　化科相盪圖二

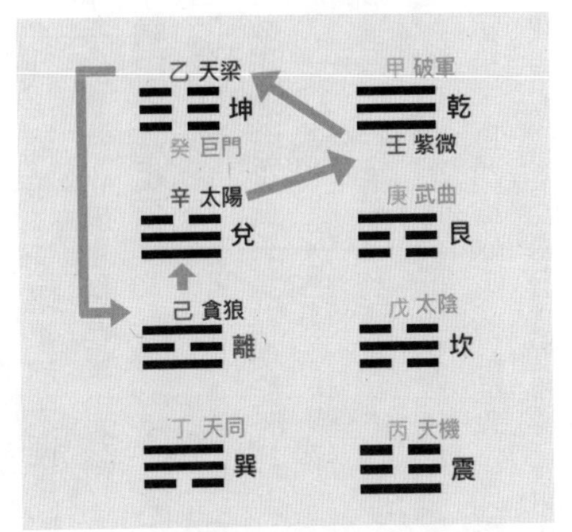

圖2-3-17　化科原始星曜圖

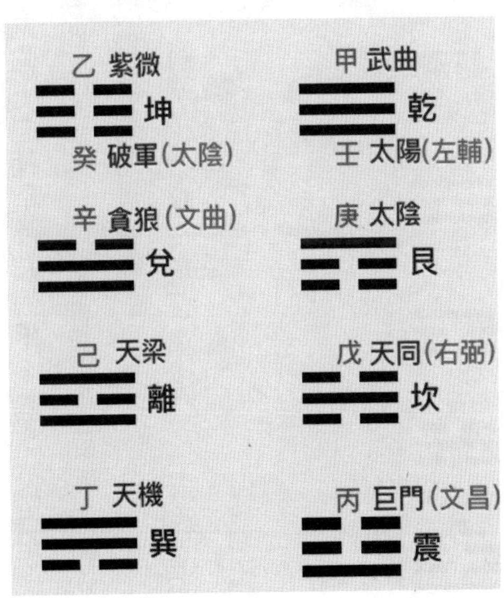

右弼星取代天同星，太陽星與天同星內含能量太強，左輔星及右弼星，基本特質是多的意，承接能量轉化成化科能量，有跨「天」與「地」的連接，而左輔星、右弼星為月系星曜，左輔由辰宮起正月，右弼由戌宮氣正月，符合地球的運行條件。

巨門星在功能設定化氣為「暗」，若是用在化科，化「暗」是有走後門、不光明正大之意，故不適合；貪狼星在功能設計上是化氣「桃花」、「慾望」，衍生含為找關係，巨門星與貪狼星是天府星系內之星曜，天府星系是代表「地」的運行，找時系星來取代巨門星與貪狼星二顆星，巨門星故由文昌星取代，貪狼星故由文曲星取代，經由上述整理後，如圖2-3-18圖所示，括號表示為原來化科之星曜。

化科基本概念是要把時間、空間位置精確的配置，以化權星做為基礎，當要進入化科時，部份星曜原有化權特質的星曜，必須由其他星曜取代之，而化權主要功能是要把天體能

圖2-3-18　化科圖整理

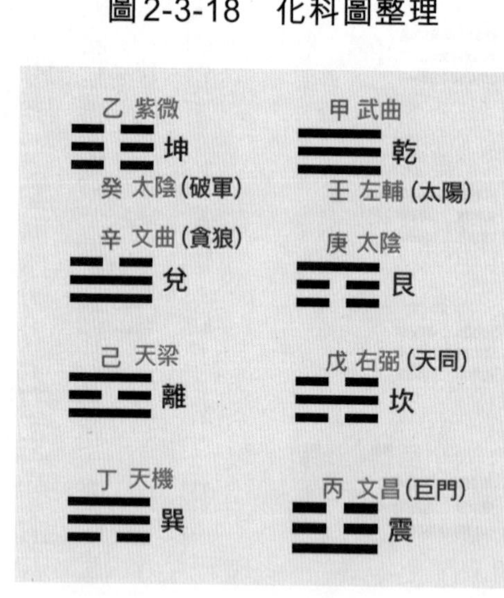

量實質轉換到地球環境，但化權星要進入化科時，將不適用的星曜，由月系星之左輔及右弼取代。時系星以文昌與文曲取代，故只能接受適當之能量篩選轉換成化科，所以化科有「去蕪存菁」、「篩選」、「學習」之意。

由圖2-3-18所示，化科整理完成，各天干化科如下：

甲天干 武曲星化科
乙天干 紫微星化科
丙天干 文昌星化科
丁天干 天機星化科
戊天干 右弼星化科
己天干 天梁星化科
庚天干 太陰星化科
辛天干 文曲星化科
壬天干 左輔星化科
癸天干 太陰星化科

各天干對於化祿、化權、化科、化忌之星曜，整理如下：

甲天干　廉貞化祿、破軍化權、武曲化科、太陽化忌
乙天干　天機化祿、天梁化權、紫微化科、太陰化忌
丙天干　天同化祿、天機化權、文昌化科、廉貞化忌
丁天干　太陰化祿、天同化權、天機化科、巨門化忌
戊天干　貪狼化祿、太陰化權、右弼化科、天機化忌
己天干　武曲化祿、貪狼化權、天梁化科、文曲化忌
庚天干　太陽化祿、武曲化權、太陰化科、天同化忌
辛天干　巨門化祿、太陽化權、文曲化科、文昌化忌
壬天干　天梁化祿、紫微化權、左輔化科、武曲化忌
癸天干　破軍化祿、巨門化權、太陰化科、貪狼化忌

（讀者可以到 YouTube 或優酷查詢「王文華老師紫微斗數學理—化科原理探索」，或網址「https://youtu.be/B76WUQq3w44」，觀看影片介紹。）

後語

四化星原理是依據《易經》邏輯推演出來，很容易搞混的是何時要用先天八卦，何時要用後天八卦，在《繫辭》、《說卦傳》、《文言》都有說明，但是沒有圖可以參考，本書將宋版六經圖《大易象數鈎深圖》收錄在附件，提供研究時的參考，或許有不同的想法或是看法。

四化星在庚天干有很多不同的說法，例如庚天干，太陽化祿、武曲化權、天同化科、天相化忌，或是太陽化祿、武曲化權、天府化科、天同化忌，還有其天干之四化是有不同的，各派別雖有不同的四化結果，都有其立論基礎，筆者就以《易經》的象數推論所得結果，或許有不同的四化呈現，是研究上的一個題材，找出不同思帷探究其原理，發現更多。

四化星在一般學習者，感到困惑，不知如何運用，例如要預測大環境變化，可以用四化星之化祿、化權、化科、化忌分析年度的環境變化，筆者以二〇一七年紫微斗數分析流

年提供讀者參考，讀者可以參考拙著《紫微星鑰》、《紫微四化》內容之星曜解說及有關四化之相關定義及說明。

以下是以紫微斗數以四化星推測流年環境變化分析預測，以二〇一七年及二〇一八年預測分析，分析內容如下，提供運用四化分析之參考。

（二〇一七年分析內容在YouTube或優酷查詢「王文華老師紫微斗數雜談——二〇一七年流年分析」，或網址「https://youtu.be/zr2X2Ld9oYk」觀看影片介紹，發佈時間二〇一六年十月二十六日。）

二〇一七年流年分析

二〇一七年是丁酉年，紫微斗數四化為丁天干，化祿為太陰星、化權是天同星、化科星是天機星、化忌星是巨門星。

化祿特性：逢凶化吉、喜氣、機會。

化祿星—太陰星特性：貞潔、潔癖、花酒、財富、田財。

二〇一七年太陰星是屬於負面居多，國際金融、衍生性金融易出問題，財務調度易出問題，房產投資不佳，民生物資變化大。

化權特性：升遷、說話有份量、有衝突、不易受教、擴大。

化權星—天同星特性：有福氣、懶惰、喜勞心、靈感的、軟弱。

二〇一七年天同星是屬於負面居多，以環境而言天災、火山爆發、地震多，突發事件多，勞心勞力事多吃力不討好，福利減少等。

化科特性：頭腦清醒、學習能力強、創作能力佳、保守。

化科星—天機星特性：智慧、清高、與宗教有緣、居家是非多、晚發、不易經商、第二匹天馬。

二〇一七年天機星是屬於正面能量，有研發、創新成果，長期計畫或規劃，宗教、玄學事務多，長途車輛或運輸新做法。

化忌特性：負面能量、有破壞性、反作用的。

化忌星—巨門星特性：猜忌、口舌是非、食祿、紛擾。

二〇一七年巨門星是屬於負面能量，醜聞、謊言、口舌對立，不實廣告，產業鏈重大改變，食品添加物，爆炸事件多，人為疏失。

總體經濟

國際金融、衍生商品投資要特別小心，對於農產品、民生用品，要注意市場快速變化；有資金調度需求，要提早準備。

全球易有地震或海嘯問題，雷擊頻率高，國際難民議題是引發各國不信任，福利政策減縮也是爭論問題。

國際政治充滿謊言，說一套做一套，表裡不一。

全球爆炸事件多。

國際上易有新的研發、創析成果發表，或是對創新、發明有長期政策規劃或做法。

國際間的宗教活動交流會比以往互動多。

國際上下合作模式，今年會有重大改變。

長途運輸機具或車輛是發展的亮點。但要注意連結之車輛易有重大意外事件發生，要防範。

產業方面

產業方面今年要注意資金調度問題，不宜操作槓桿比太高，易出問題，保有現金為宜。

產業要注意意外事件發生，造成營運困難，例如雷擊、工安意外、大型車輛防意外，工廠內傳動系統等易出問題等，多防爆炸，食品安全是今年重點。

企業與企業間今年在信任方面易出問題，易有同業攻訐、黑函，轉換合作等。

今年社會福利機構易出狀況，負面事件頻傳，主要是在人事或是照顧上出問題。

宗教交流機會多，對於宗教、玄學、五術（山醫命卜相），學習的人增加。

今年會在研發資源或合作比較多，企業可擬中長期研發計畫，提升產業競爭力。

個人方面

個人在資金運用上，應以量入為出，不宜操作上超過能力，今年環境是多變的一年。家庭生活易為小事情而引起口舌是非，或是易遇別人惡意中傷。或是在飲食上要注意飲食安全。

今年地震天災引起災害，要注意自身安全，易引起爆炸物品，要妥善保管為宜。

今年適合學習、研發、創新，找出自己有興趣事物去學習，規劃未來。

今年易有緋聞、醜聞、互揭缺點，唇槍舌戰、黑函等負面事件多。自己要有能力判斷，不要受其影響。

建議今年多家庭或人與人，多互動，多溝通，多關心，相互理解，降低不信任感，不要偏聽別人說，凡事要實事求是。

二〇一八年流年分析

（二〇一八年分析內容在 YouTube 查詢「王文華老師紫微斗數雜談——二〇一八年流年分析」，或網址「https://youtu.be/Jv3HqZQTobA」觀看影片介紹，發佈時間二〇一七年十月十八日。）

二〇一八年是戊戌年，紫微斗數以戊天干四化為推論基礎，化祿為貪狼星、化權是太陰星、化科是右弼星、化忌是天機星。

化祿特性：逢凶化吉、喜氣』、機會。（參考《紫微四化》一書第一九〇頁）

化祿星—貪狼星特性：慾望、物質、官非、應酬。（參考《紫微星鑰》一書第一九九頁）

二〇一八年貪狼星是屬於正面居多，主要是在人際互動ＥＱ高，有效的溝通，競爭激烈。

化權特性：升遷、說話有份量、有衝突、不易受教、擴大。（參考《紫微四化》一書一八九頁）

化權星—太陰星特性：貞潔、潔癖、花酒、財富、田財。（參考《紫微星鑰》一書一九四頁）

二〇一八年太陰星是屬於正面居多，國際金融、衍生性金融有新發展，財務調度靈活，房產投資，民生物資逐漸平穩。

化科特性：頭腦清醒、學習能力強、創作能力佳、保守。（參考《紫微四化》一書一八九頁）

化科星—右弼星特性：精神上的幫助、忙碌、加強的。（參考《紫微星鑰》一書二一九頁）

二〇一八年右弼星是屬於正面居多，適合學習，多角化經營，忙碌的，身兼數職，感情方面困擾多。

化忌特性：負面能量、有破壞性、反作用的。（參考《紫微四化》一書一八五頁）

化忌星—天機星特性：智慧、清高、與宗教有緣、居家是非多、晚發、不易經商、第

二四天馬。（參考《紫微星鑰》一書一七七頁）

二〇一八年天機星是屬於正面居多，有研發、創新成果，長期計畫或規劃，宗教、玄學方面事務多，對於未知的領域有新發現或是突破，看似棘手事情有解決方法。

總體經濟

國際事務方面尋求合縱連橫，技術合作或分工合作緊密結合。對於泡沫經濟產業或金融管控嚴格，實質產業易獲得資金運用多，經濟景氣好轉。

新商業模式、新技術應用更加成熟，運用層面擴大，開始取代傳統技術等，在下半年會明確。資金運用要求效率，對於過去營運不佳會被檢討或是取消。

農業方面會是比較穩定的一年，氣候對於農業上是有幫助，相對去年穩定很多。

產業方面

今年以民生方面產業是發展的重點，民生必需品食衣住行方面穩定發展。

產業以人際互動、人機介面發展方面利基多，例如公關公司、娛樂、觀光產業、第二專長學習課程、加工產業、整合、媒介方面佳，網路平台是重點。

企業資金調度壓力大，周轉、投資要謹慎，要防止意外事件發生而損失大筆金錢。例如抽銀根、調升利率等，重大事件衝擊而損失等。

過去以往無法突破之技術今年會是突破年，產業的瓶頸也有許多創新技術運用出現。

產業今年會有跨產業聯盟或合作機會多，或是品牌延伸價值，或是創造第二商機。

今年是企業升級訓練員工的最好的機會，改變過去傳統方式，結合新科技營運，企業主要把握機會改變，企業才能永續。

個人方面

二〇一八年以整個大環境而言，相對比去年穩定，財務方面仍是壓力很大，個人投資要精打細算，風險損益點要掌握好。

今年算是交際應酬年，人際互動愈多，對個人發展愈好，若是遠方的交際應酬效果不如預期好。也要注意感情上的困擾。

今年適合學習新科技、新觀念、第二專長等都是很好機會，創自己新價值，尤其是人際方面互動、溝通。

二〇一八年也是思考、創新年，靜下心來對自己好好規劃未來。若是研發者技術突破機會很高，身兼數職機會多如工作、家庭、感情等。

以上分析是以紫微斗數之四化星曜做為推論，筆者連續做了二十多年的分析，準確度相當高，做為行事或資源有效運用參考，筆者在分析主要是沒有以特定之產業做分析，以通則性分析，分析之前要先了解各產業特性，再把四化帶入分析，就可以知道年度要注意事項，未來環境對企業、產業影響之優勢（Strengths）、劣勢（Weaknesses）、機會（Opportunities）和威脅（Threats），成為企業年度策略，將資源有效的配置，提升競爭力。

除了企業可以運用四化特性分析大環境，也可以使用到企業人力資源分析，找出每個人潛能專長，將人放在對的位置上，再分析個人在職場年度產能預測分析，未來一年有高產值，放到第一線，若未來一年產值不佳，再做人力運用提升（教育訓練），從環境、企業到個人，良性循環，創造雙贏，也是學習這門學問的重點，也是老祖宗的智慧。

附錄

附錄一

《說卦傳》臆解

《說卦傳》內容主要是敘述《易經》主要八個卦的演變及其變化的道理，將每個卦爻基本道理闡述。學習《易經》六十四卦之前，要學習一些基本天文知識及當時孔子生活背景，都必須了解。

第一章

昔者，聖人之作易也，幽贊神明而生蓍，參天兩地而倚數，觀變於陰陽而立卦，發揮於剛柔而生爻。和順於道德而理於義，窮理盡性以至於命。

以前聖人所以能作易，讚賞天地之間的奧祕，其奧祕均在八卦之中，藉著蓍草卜吉凶。贊：音ㄓㄢˋ，同「讚」，讚美之意；蓍：音ㄕ（師）。

參天兩地而倚數

朱熹註：參、七南反，是指先天卦及後天卦變化的關係，由先天卦如何變成後天卦參為天。七為南如圖二後天卦。天圓地方是指後天為象，即是太空中之星球，先天指地球的方位方向，所以易經是一部以人為主體的人文哲學觀念，換言之，在哲學觀地球是不動的，而其他星球則繞著地球轉。現代天文科學，則以太陽為中心，其他行星繞著太陽轉。參天指陽，兩地是陰，乾卦3＋3＋3＝9，故陽為九，坤卦2＋2＋2＝6，故陰為六。

所有的數字均由1、2、3三個數字所變化而來。

1＋3＋5＝9

2＋4＝6

5為中，則不用，為隱。4為2的倍數，以2為主。

參天兩地而倚數。簡言之，即是數字與八卦的數相配。相互交換運用，數字變化開始。倚：有依靠之意。

洛書數中可以瞭解參天是指陽數，以3為運算起始值，陽卦的變化是以3做為計算的依據，詳細的說明請參閱第一篇第二章「洛書基本觀念」的說明；兩地是陰數，陰卦的變化是以2做為演算的基礎。

觀變於陰陽，而立卦；發揮於剛柔，而生爻；和順於道德，而理於義；窮理盡性，以至於命。

觀變於陰陽而立卦，陰陽由太極二儀開始，生四象，有四象衍八卦，以先天八卦，乾、坤、離、坎，四卦是不動的，稱為四正之卦，亦代表為陽之意，四正之卦變化上都有一定的程序。而兌、巽、震、艮為四隅之卦，亦代表陰之意，變化之卦，變化較為複雜，不像陽卦變化有規則。

太極生兩儀，兩儀即為陰陽，陰陽為一體之兩面，互為關係，互為因果，所以卦與卦之間相互變化，萬物成長開始，其變化合乎天、地之間的道理，其理可了解天命，做為做人處事之理。

第二章

昔者聖人之作易也，將以順性命之理。是以立天之道，曰陰與陽；立地之道，曰柔與剛；立人之道，曰仁與義。兼三才而兩之，故易六畫而成卦。分陰分陽，迭用柔剛，故易六位而成章。

古聖先賢所以作易，都是依據天地之間的變化道理，可以轉變人與人之間互動之理，

這個道理就天、地、人，三才，天是指陰與陽，地是指柔與剛，人是指仁與義。所以每個卦都有六爻。初爻、二爻是地，三爻、四爻為人，五爻、上爻為天，天、地、人而六爻成卦，（如第一章所言，觀變於陰陽發揮於剛柔而生爻，是指八卦）各卦分陰與陽，柔剛相互運用，故六爻而成卦，再衍為六十四卦，了解之間變化的道理。

第三章

天地定位，山澤通氣，雷風相薄，水火不相射，八卦相錯，數往者順，知來者逆；是故，易逆數也。

天地定位是指先天八卦的相對位置（如圖2-3-1所示），乾為天在上，坤為地在下，天與地先定位，則大地的運作開始，天、地相對，山澤相對，雷風相對，水火相對。《易經》是一部天地間變化的書，順者知過去，逆者知未來，《易經》也是一部知未來科學的書。「數往者順，知來者逆」，數往者順，指過去的事情是順者，時間一直往前走，以現在的時間點區分過去與未來，在過去則是順看未來則以逆向未來的時間。詳細之運用請參考第二篇第三章第二節「化祿原理」，說明先天八卦是如何預知未來，是在化祿原理上運用很完整。

第四章

雷以動之，風以散之，雨以潤之，日以晅之，艮以止之，兌以說之，乾以君之，坤以藏之。

這段話是指先八卦各卦特徵，與地球的氣候的結合說明，「震卦」為雷是代表一種行動，有很大的能量。「巽卦」為風是代表一種擴散、散發、有長途之意；「坎卦」為水、為雨代表水對萬物滋潤；「離卦」為日、為火，代表光明的直接的，烘乾之意；「艮卦」為山，艮代表靜止，像山一樣，停在那兒；「兌卦」為澤，代表喜悅、談話的現象；「乾卦」為天，代表一種至高無上的，一種永恆的狀態；「坎卦」為地，代表了包容、承載之意。

第五章

帝出乎震，齊乎巽，相見乎離，致役乎坤，說言乎兌，戰乎乾，勞乎坎，成言乎艮。萬物出乎震，震東方也。齊乎巽，巽東南也，齊也者，言萬物之潔齊也。離也者，明也，萬物皆相見，南方之卦也，聖人南面而聽天下，向明而治，蓋取諸此也。坤也者地也，萬物皆致養焉，故曰致役乎坤。兌正秋也，萬物之所說也，故曰說；言乎兌。戰乎乾，乾西北之卦也，言陰陽相薄也。坎者水也，正北方之卦也，勞卦也，萬物之所歸也，故曰勞乎坎。艮東北之卦也，萬物之所成，終而所成始也，故曰成言乎艮。

這裡是指八卦與節氣的配合，帝出乎震是指萬物都是由春雷一響而起，這種至高無尚的力量，有如一國之君發號司令。齊乎巽指萬物的運作均由此開始即是指動力的來源。相見乎離，指在離卦時，一切都在光明之下，都可明白看出。至役乎坤，指萬物都在大地上活動及運作。

這裡說震、巽、離、坤，這四卦是較有積極性的活動，出於本身的動力。而兌、乾、坎、艮四卦比較被動。

齊言乎兌，指在秋分季節，高興的豐收，充滿喜悅之意。戰乎乾，指冬天要來臨。要持續不斷，戰戰兢兢不可以鬆懈。勞乎坎，勞同牢，指冬天要收藏好東西，保存好物品。齊言乎艮，指所有的事物都完成，告一個段落，其艮為山為靜止停止的意，萬物出乎震，指萬物的活動開始，都由此開始，天地循環又從這裡開始。齊乎巽、巽為東南方也，齊也者，言萬物之潔齊也。指萬物由震開始進行活動，巽代表西南方。離也者明也，萬物皆相見南方之卦也，聖人南面而聽天下，嚮明而治，蓋取諸此也。離卦代表光明，在此時萬物都是明鏡見性，無所遁形，指南方的位置，而聖人要學習明辨是非，不可盲從，光明磊落的氣度，這樣才能治理天下，長治久安，效法此卦的象。坤者地也，萬物致養焉，故曰致役乎坤，坤存地，萬物所生存依賴的地方，萬物生長在地上。

戰乎乾，乾，西北之卦也，這裡是指後天八卦方位，此方位置過去以中國為中心分析，以下會以古代觀點分析，言陰陽相薄也。是指在後天卦乾為西北方，中國西北地方生活比較不易，那裡的人或生物，為了求生存，不斷的持續奔波勞苦，西北方的民族久而久之變得很慓悍。言陰陽木薄也指先天卦乾的位置向右下去就是屬陰的範圍，乾卦也是在陰陽交介之地。由陽轉變成陰的位置。

坎者水也，正北方之卦也，勞卦也，萬物之所歸也，故曰勞乎坎。坎是水，方向是指北方之卦，勞卦也，以水的特性而論，水是一直循環，不曾停過，一直在奔波，所以取其象奔波，勞累這是萬物生存的現象。

艮、東北之卦也，萬物之所成終而所成始也，故曰成言乎艮。艮為山，後天卦指東北方之卦象方位，成言乎艮，成言即是完成之意，經過一次循環最後所得到的結果，有了結果。好像一座山，停止活動，以節氣來看小寒、大寒、收藏儲存之意，在中國東北山區藏著豐富的天然資源。

後天八卦形成，在第一篇第一章第二節「空間假設定義」內有詳細分析，時間與空間同時形成，以地球之北極為中心分析後天八卦的位置。

第六章

此章主要敘述六個卦在自然界的變化情形。

神也者，妙萬物而為言者也。

神是指天地間的變化莫測，所以萬物變化是一件很有趣的道理，在此敘述自然界的變化道理。

動萬物者，莫疾乎雷。

萬物在休息要使萬物甦醒，這個能量是非常大的，只有打雷才能叫醒沉睡的大地，所以萬物動的開始就是雷，說明「震卦」的特徵。

橈萬物者，莫疾乎風；

萬物要動起來，開始活動，靠這個力量就是風，說明「巽卦」的特徵。撓：彎曲的意思。

燥萬物者，莫熯乎火；

萬物經過強烈的變化的力量就是火，說明「離卦」的特徵。燥：乾燥。熯：食物烹調的方法。

說萬物者，莫說乎澤；

由內向外散發的力量（包括喜悅、活動、交流、互動……）就是澤，說明「兌卦」的

特徵。

潤萬物者，莫潤乎水；

維持萬物生長、濕潤的力量就是水，說明「坎卦」的特徵。

終萬物始萬物者，莫盛乎艮。

萬物的運行都會有一個階段都是豐盛的，過了這一個階段，另一個階段又開始。以後天卦而言，艮是一個節氣的轉折點，過小雪、大雪，則是陽的開始，在轉換之前是一個停止養息的狀態，過了停止養息的狀態後，又是新的開始，說明「艮卦」的特徵。

故水火相逮，雷風不相悖，山澤通氣，然后能變化，既成萬物也。

從水、火、雷、風、山、澤的特性來看，水、火是分散獨立的各體，雷、風是相輔相成的組合體，而山、澤是混合的一體。自然界是由這三種方式而組成變化而成的。

第七章

乾，健也；坤，順也；震，動也；巽，入也；坎，陷也；離，麗也；艮，止也；兌，說也。

乾卦代表永恆、持久、不停止的現象。坤卦代表柔順、謙卑、承受的現象。雷卦代表啟動、大能量、動力的現象。巽卦代表變化、進入、移動的現象。坎卦代表低陷、低窪、聚集、危險的現象。離卦代表美麗、炫目、光明的現象。艮卦代表停止、靜止、內斂的現象。兌卦代表喜悅、口舌、交流的現象。

第八章

乾為馬，坤為牛，震為龍，巽為雞，坎為豕，離為雉，艮為狗，兌為羊。

用動物比喻其八卦各卦的表徵，其意引申所見的動物。乾卦為馬指馬是一種有持續永恆的動物，坤卦為牛指牛的性情溫和，不受外界的刺激而改變。雷卦為龍，在地球上無任何動物可以表現震卦的意義，震是一種很大的能量。只好用龍來比喻有很大的能量，屬有爆發力的動物。巽卦為雞，是指兩雙腳的動物，有活動輕盈的現象。坎卦為一豕（音ㄕˇ），指豬，其現象有畜積的意思，有多少吃多少，不會有剩。離卦為雉，指美麗、鮮豔的現象，雉是山雞顏色很多。艮卦為狗、艮為止，狗代表可以止人，現代的職業如警衛均屬艮卦的象。兌卦為羊、羊是一種群體的動物，也是屬合群的現象。

第九章

乾為首，坤為腹，震為足，巽為股，坎為耳，離為目，艮為手，兌為口。

《繫辭》曰：「近取諸身，遠取諸物。」這一段說明，將卦是如何運用在身體上，運用

身體各部份結合八卦各部份分析。

「乾」卦為何主頭部，第六章說明「乾為健」，人體在休息時，只有頭部仍在思考，不斷指揮身體各器官運作，頭部在身體的最上方，是一種尊貴，在身體的部位頭符合「乾」卦的象。

「坤」卦主身體的腹部，《繫辭》曰：「坤也者，地也，萬物皆致養焉。」五腑六臟集中在腹部，我們所吃任何食物，都要經過五腑六臟的消化，將其所有的養分再傳送到全身，所以坤為腹。

「震」為足，震是一種爆發力，可以很快聚集能量，代表可以在短時間達到某一種程度，以現代表車輛而言，加速〇～一〇〇要在秒內完成，是一種爆發力。

「巽」為股，是一種溫和的輕盈的，在第三章中雷風相薄，這兩個是相輔相成，如在跑步，則足是最容易用力，而大腿和臀部是保持平衡的關係。

「坎」其象為兩耳是軟，而耳中是硬如坎卦。

「離」其象為眼睛，眼睛是唯一可以看到影像的器官，也是最脆弱的地方。

「艮」為手，艮為山為止，多關節的部位，以走路而言，手的擺動是保持上身之平衡。

「兌」為口，其含義是指氣，如中醫所論之「中氣」，兌和艮是要一起論，在身體而言，手要用力則一定要憋氣，才能使上力氣。

《易經》所闡述的道理，不外乎陰陽，指的大自然的平衡。在這平衡之下，有三種的變化，是明確獨立的個體，相互沒有關聯性，其二、是相輔相成的，由兩個或兩個物質，才能有作用，其三、是其物質特性是一體兩面，缺一不可，缺一則另一個作用發揮不大。

孔老夫子，將其八卦的道理及其含義，用各種不同的比喻來說明「卦」的意義，所有卦的解釋不可以一個方式來解釋，根據「卦」的特性及分類方式來看。

第十章

乾天也，故稱父，坤地也，故稱母；震一索而得男，故謂之長男；巽一索而得女，故謂之長女，坎再索而男，故謂之中男；離再索而得女，故謂之中女；艮三索而得男，故謂之少男；兌三索而得女，故謂之少女。

此將八個卦比喻一個家庭，成立家庭先有父母才有子女，如第三章，天地定位，山澤通氣，雷風相薄，水火不相射。乾為天為父，坤為地為母，一個家庭開始，男大當婚，女大當嫁，家庭大致定位，父母生育子女，有如得六個卦（震、坎、艮、巽、離、兌），乾、坤二卦各初爻為巽、震二卦，動二爻為離坎，動三爻得兌、艮，依象來看震為長男其個性像乾，震卦，本身有爆發力的現象，可担負起一家的未來的生計。

巽為長女，則家庭觀念較深，為家作打算。坎為中男，離為中女，兩者較為獨立，艮為少男，兌為少女，兩者均被家庭照顧指未婚少男、少女。可以參考圖2-3-13所示，紫微星曜及天干部份暫不要看，以卦的部份參考。

第十一章

乾為天，為圜，為君，為父，為玉，為金，為寒，為冰，為大赤，為馬，為老馬，為瘠馬，為駁馬，為木果。

乾為天，為君、父是指在人的社會中君王或高官顯赫之政要人物，在家庭中指父親；為圜、玉、金指圓形或質地堅硬之物品，其物質特性是一種很穩的。為馬、老馬、瘠馬、駁馬，這裡舉出各類型的馬，不是指乾卦是符合各類型不同的馬，而是指各類型的馬，有一個共通特徵，就是持續力強，有持續往前，相對其他動物，馬的耐力比較足，例如太陽早上升起，中午的太陽非常熱，夕陽西下的太陽無限好，但是太陽都沒有改變，而感覺上是不一樣的。乾卦是一種持續永恆的意義。為寒、冰，是後天卦的位置在西北方向，在中國的西藏、新疆、蒙古等地區寒冷地帶，地球整體環境是指在阿拉斯加地區。大赤其顏色是金黃色，以植物而言則是樹上所結的圓形果實。

坤為地，為母，為布，為釜，為吝嗇，為均，為子母牛，為大輿，為文，為眾，為柄，其於地也，為黑。

坤為地，為母。指坤是大地孕育萬物不求回報，有如母親對待孩子般。為布，為釜，為吝嗇，為均，是指均勻平衡不多不少，恰到好處，布是經緯相織而成，若有缺經或緯就失去其平衡。為子母牛，為大輿是指母牛懷有小年的樣子，大輿是指大型運輸車輛，其意是承載很大物品的象。為文，為眾，為柄指教育萬物使其長大，為其所用，正如孔子所言「有教無類」。其於地也，為黑。在先天卦所指是北方，其顏色為黑色，後天卦指的是在西南方，地球整體環境是指在中南美洲地區。

震為雷，為龍，為玄黃，為敷，為大塗，為長子，為決躁，為蒼筤竹，為萑葦，其於馬也，為善鳴，為馵足，為作足，為的顙，其於稼也，為反生其究，為健，為蕃鮮。

震卦與乾卦有許多相類似地方，主要不同的地方是乾是一種永恆持續的狀態，而震是有一種爆發力的現象，短暫且有快速的變化。震為雷，為龍，以一年循環開始的時候在節氣為驚蟄時，在二十八星宿所指的位置是角宿，春雷響大地回春所有的生物都開始活動，

這是要一種很大的力量，地球上沒一個動物可比喻的只有龍是有這一種無比的力量。為玄黃，大多的解釋是玄為天之顏色黑色，地之顏色為黃色，又有解釋有病的樣子，以動物而言，有黑黃相間之顏色動物是老虎，因老虎、蜜蜂等的爆發力是很大，震卦的象就是瞬間爆發力很強。其於馬也，為善鳴，為馵足，這裡所指的馬不是乾卦所指的馬，馬在開始跑其衝力很大，包含奔馳中的馬。為大塗指寬廣的道路。為長子，震為長男參閱第十章，為作足，參閱第九章。為決躁，指快速的決策。為敷，為蒼筤竹，為萑葦，為蕃鮮，指植物的特性春天開始很快的生長，其生命力很強且茂盛。為的顙，額頭開始長白頭髮及開始禿頭的現象。其於稼也，指農作物結穗可以收割。為反生其究為健，反生是指向下生的植物，如花生、地瓜（蕃薯），其震卦與乾卦大部份是很類似的。地球整體環境是指在中現在阿富汗、中東地區。

巽為木，為風，為長女，為繩直，為工，為白，為高，為進退，為不果，為臭，其於人也，為寡髮，為廣顙，為多白眼，為近市三倍其究，為躁卦。

巽為木，為高，為不果，指一般較高大的樹木，其果實是只有三分之二圓的果實。為風，為臭指肉眼看不見的物質或味道。為工古字為紅，其意指抽象的、感覺是美麗、漂亮的人或物品。為繩直，為進退，繩直指做的準繩或標準，進退是有準則的依循。其於人也，為白，為長女，為寡髮，為廣額，為多白眼，以人而言，為長女，人較白，額頭寬廣，頭髮稀少，眼睛多白眼（眼球白色比較多）。其究為躁卦，是屬急躁，乾燥之卦象。為近市三倍，巽卦的特徵是長之意，要到達可以運用的時間必需要有三倍力量（請參考本書第一篇第二章洛書介紹，以三為倍數計算起點），以企業經營而言，平均產品是售價的三分之一，換言之進貨成本假設是三十元，售價要賣一百元，這樣才有利潤，因為還有人事成本、店租、水電、稅金等開銷，結算後才有一些利潤，不然會虧錢經營。地球整體環境是指在南非洲及靠東邊地區泥羅河流域。

坎為水，為溝瀆，為隱伏，為矯輮，為弓輪，其於人也加憂，為心病，為耳痛，為血卦，為赤，其於馬也為美脊，為亟心，為下首，為薄蹄，為曳，其於輿也，為多眚，為通，為月，為盜，為其於木也為堅多心。

坎為水，為溝瀆，為隱伏，為盜，坎卦為水其特性是低窪、隱藏不易被發現的，有如盜匪般平時躲藏起來。為矯輮，為弓輪，指輮軟有彈性，有如弓箭般或車輛的軸心。其於人也加憂，為心病，為耳痛，為下首，為血卦，就坎卦來看，坎卦中爻是陽爻其他都是陰爻，以人方面來看，是比較憂心屬於內心深處的問題，所引申為憂心、心病、耳病，下首是指膀胱部部位的器官，血病是以坎卦的象指實物流動的物質。為赤，其顏色為黑色。

其於馬也為美脊，以馬而言其背部是美麗的象徵。為亟心指專心。其於輿也，為曳，為薄蹄，以運輸方面而言，指車子或有軸心轉動之車輛，包括拖曳之車輛，為薄蹄指奔波勞碌之象，有如車子般奔波往來。為多眚（音：省）指多災。為通指由甲地至乙地的連絡、通暢之意。為月指月亮、有半圓之意。為其於木也為堅多心，在植物方面指木材堅硬且多心的樹木（年輪很多的樹木）。地球整體環境是指在太平洋地區。

離為火，為電，為中女，為甲冑，為戈兵，其於人也大腹，為乾卦，為鱉，為蟹，為蠃，為蚌，為龜，其於木也為科上槁。

離為火，為電，指能量有巨大的實質的轉變，如化學變化無法復原，以象來看由於物質產生變化，發出光、熱等變化。其於人也大腹，離卦之卦象來看中的爻是陰爻陰為柔，在人體上而言指腹部是可以收縮，以女性來看就是大腹便便。為中女指生育期的女性。為戈兵指練兵或是戰爭。為甲冑，為鱉，為蟹，為蠃，為蚌，為龜，離卦之卦象來看中的爻是陰爻陰為柔，前後為陽爻為堅硬，其意指外層保護內部柔軟的部份，有如盔甲、烏龜、蚌等均是外殼都堅硬，保護內部的安全，或是指腰很細的動物。其於木也為科上槁，為乾卦，指乾枯的樹木或樹枝，這裡所指的乾卦應不是指乾坤的乾卦，應指乾燥的卦象。地球整體環境是指在北非洲及歐洲地區。

艮為山，為徑路，為小石，為門闕，為果蓏，為閽寺，為指，為狗，為鼠，為黔喙之屬，其木也為多堅節。

艮為山，為徑路，為小石艮為山、為小路、小石子等。為指，為門闕，為閽寺，門闕是可以防止外人直接進入，在現代的門軸之門，閽（音ㄏㄨㄣ）寺如現代的警衛，為指同古字「止」有停止、方向之意，有阻礙之意。為果蓏（音ㄌㄨㄛˇ）指蔓藤類之果實，如絲瓜、苦瓜等。為狗，為鼠，為黔喙之屬，指有黑嘴唇之動物。其木也為多堅節，其木材大多堅硬多枝節。地球整體環境是指在珠穆朗瑪峰為喜馬拉雅山脈地區。

兌為澤，為少女，為巫，為口舌，為毀折，為附決，其於地也為剛鹵，為妾，為羊。

兌為澤，為巫，為口舌，為毀折，巫為慶祝、跳舞高興之意，子曰：「巧言令色」可代表其意，有如古代的說客一般說好說壞全憑一張口。為妾，為少女是指較喜歡聽好聽的言語，愛恨分明，少女指未婚之年齡。為附決，為羊，羊是群體或共同生活的動物，附決是附生在其他的動植物上，有共生的群帶關係，是比較合群的。其於地也為剛鹵，可比喻為「水能載舟、亦能覆舟」。地球整體環境是指在北美洲地區。

六經圖序

陳大夫爲撫之朞年樂民之安於其政思所以富之教之之叙既巳創闢試院以奉

聖天子三年取士之制又取六經圖命泮宮職講肄者編類爲書刊之於學以教諸生謂旹嘗掌教於是邦積十餘年[illegible]庠序友生相與愛敬之不衰俾參訂焉既逾月諸經論各以其圖就議於余且曰六藝之文浩博若欲別加編摩非積以歲月有不能是圖集諸家所長顧因其舊庶得以亟稱賢大夫善教之意余韙其說無所去取惟傳寫銓次有舛誤者是正之而已凡得易七十書五十有五詩四十有七周禮六十有五禮記四十有三春秋二十有九合爲圖三百有九蓋嘗論之自漢儒章句傳註之學行而士之道學益不明逮

本朝以經術取士大儒繼出講解一新而後天下之士皆知淵原之歸今是圖之作凡六籍之制度名數粲然可一二數使學者因是求其全書而讀之則造微詣遠茲實其指南也若因以得於瞻觀之間遂以爲聖人之經盡在於是則破碎分裂不尤甚於爲之華藻鞶帨者邪其不見斥於覃思幽眇者寡矣然則陳大夫之易圖爲書不無意也觀者宜深思之

乾道元年正月甲子左承議郎新除行將作監丞苗昌言序

州學經論吳翬飛黄松年崔崇之唐次雲李自修趙元輔編

學正徐世聞　學錄危幾安　龔廸吉

左文林郎撫州州學教授毛邦翰

左朝散郎通判撫州軍州主管學事兼管內勸農營田事劉濤

右朝散大夫知撫州軍州主管學事兼管內勸農營田事陳森

大易象數鈎深圖目錄

易有太極圖二　乾知太始

坤作成物　天尊地卑

叄天兩地圖　日月爲易

河圖數圖　洛書數圖

天地之數　乾坤之策

六子圖　六位圖

伏羲先天圖　方圓相生圖

仰觀天文圖　俯察地理圖

伏羲八卦圖　文王八卦圖

八卦取象圖　八卦象數圖
四卦合律圖　八卦納甲圖
剛柔相摩圖　八卦相盪圖
六爻三極　五位相合
帝出震圖　蓍卦之德
序上下經圖　三變大成圖
重易六爻圖　六十四卦天地數圖
六十四卦萬物數圖　卦爻律呂圖
運會曆數圖　乾坤大父母圖
復姤小父母圖　八卦生六十四卦圖

八卦變六十四卦圖　陽卦順生

陰卦逆生　復姤臨遯泰否六卦生六十四卦圖

六十四卦反對變圖　六十四卦卦氣圖

十三卦取象圖　三陳九卦之圖

參伍以變圖　十有八變圖

一陰一陽圖　先甲後甲圖

陰陽君民　陰陽奇耦

二儀得十變化　十日五行相生

大衍之數圖　揲蓍之法圖

河圖百六數　八卦司化圖

類聚羣分圖　通乎晝夜圖

陽中陰　陰中陽

序卦圖　雜卦圖

太玄準易卦名圖　太玄準易卦氣圖

皇極經世全數圖　邵氏皇極經世圖

溫公潛虛擬玄圖　古今易學傳授圖

大易象數鉤深圖目錄終

易有

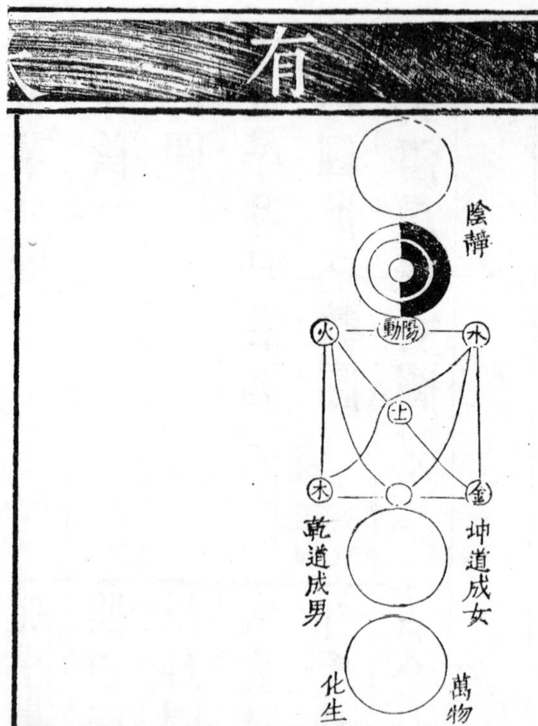

右太極圖周敦實茂叔傳二程先生茂叔曰无極而太極太極動而生陽動極而靜靜極復動一動一靜互爲其根分陰分陽兩儀立焉陽變陰合而生水火木金土五氣順布四時行焉五行一陰陽也陰陽一太極也太極本无極也五行之生也各一其性无極之真二五之精玅合而凝乾道成男坤道成女二氣交感化生萬物萬物生生而變化無窮焉

太極圖

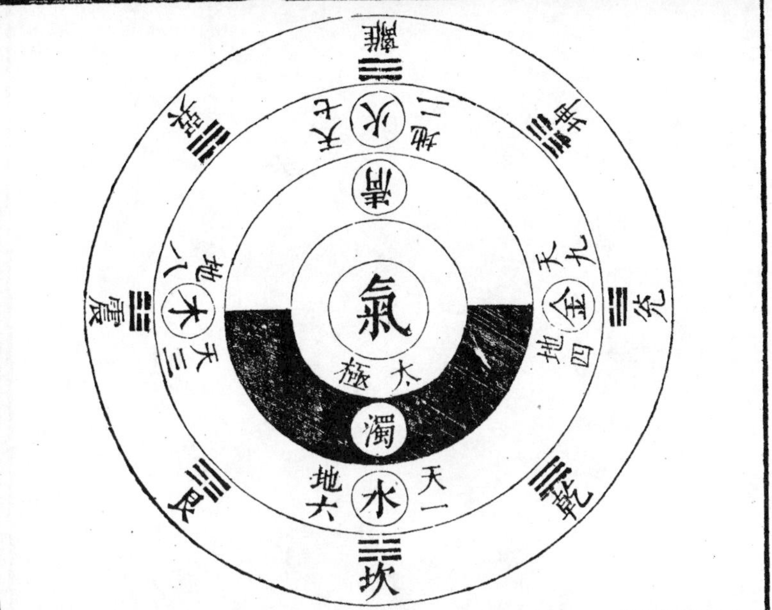

離
坤
兌
乾
坎
艮
震
巽
火　天七　地二
清
金　天九　地四
氣
太極
濁
水　天一　地六
木　天三　地八

舊有此圖

太極未有象數惟一氣耳一氣既分輕清者上爲天重濁者下爲地太極生兩儀也兩儀既分則金木水火四方之位列兩儀生四象也水數六居坎而生乾金數九居兌而生坤火數七居離而生巽木數八居震而生艮四象生八卦也

乾知太始

午 未 申 酉 戌 亥 子 丑 寅 卯 辰 巳

陽生於子

一陽生於子二陽在丑三陽在寅四陽在卯五陽在辰六陽在巳而乾位在西北居子之前故曰乾知太始言乾以父道始天地也

一陰生於午二陰在未三陰在申四陰在酉五陰在戌六陰在亥而坤位在西南蓋西南方申也物成於正秋酉也坤作於申戌於酉故曰作成物

天尊地卑

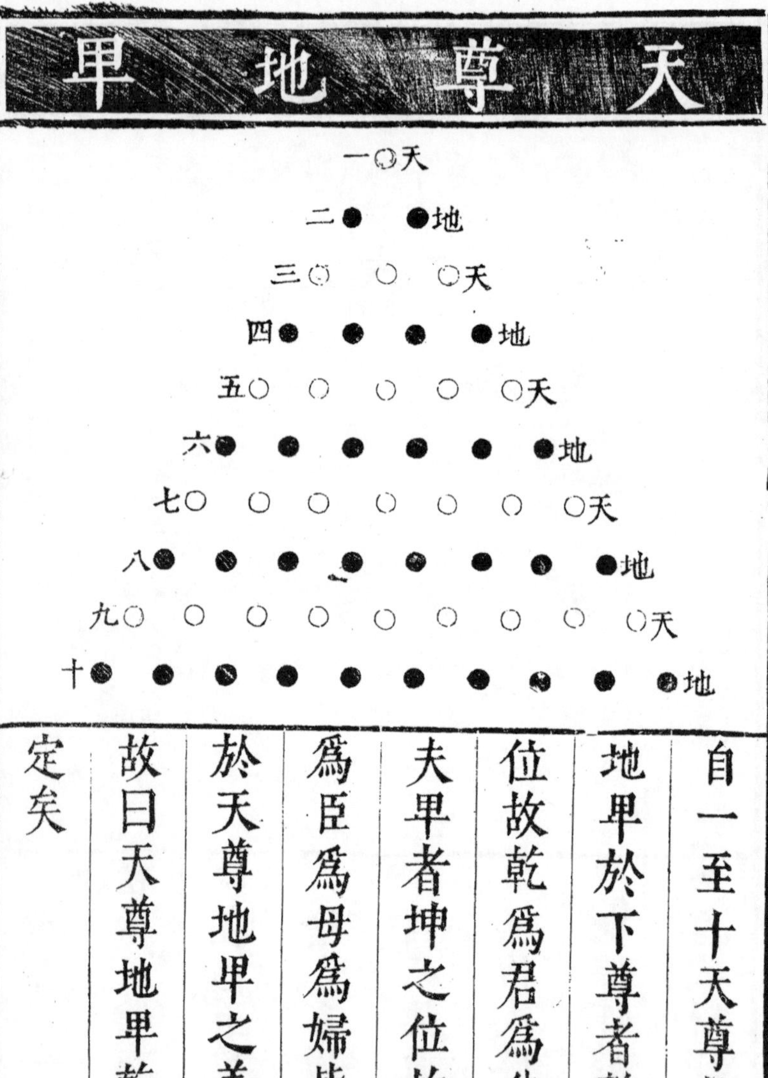

自一至十天尊於上地卑於下尊者乾之位故乾爲君爲父爲夫卑者坤之位故坤爲臣爲母爲婦皆出於天尊地卑之義也故曰天尊地卑乾坤定矣

參天兩地圖

乾元用九參天也坤元用六兩地也故曰參天兩地而倚數九六者止用生數也

日　月

取日月二字交配而成如篆文日下從月也

日

火木水金黄白黑青紫

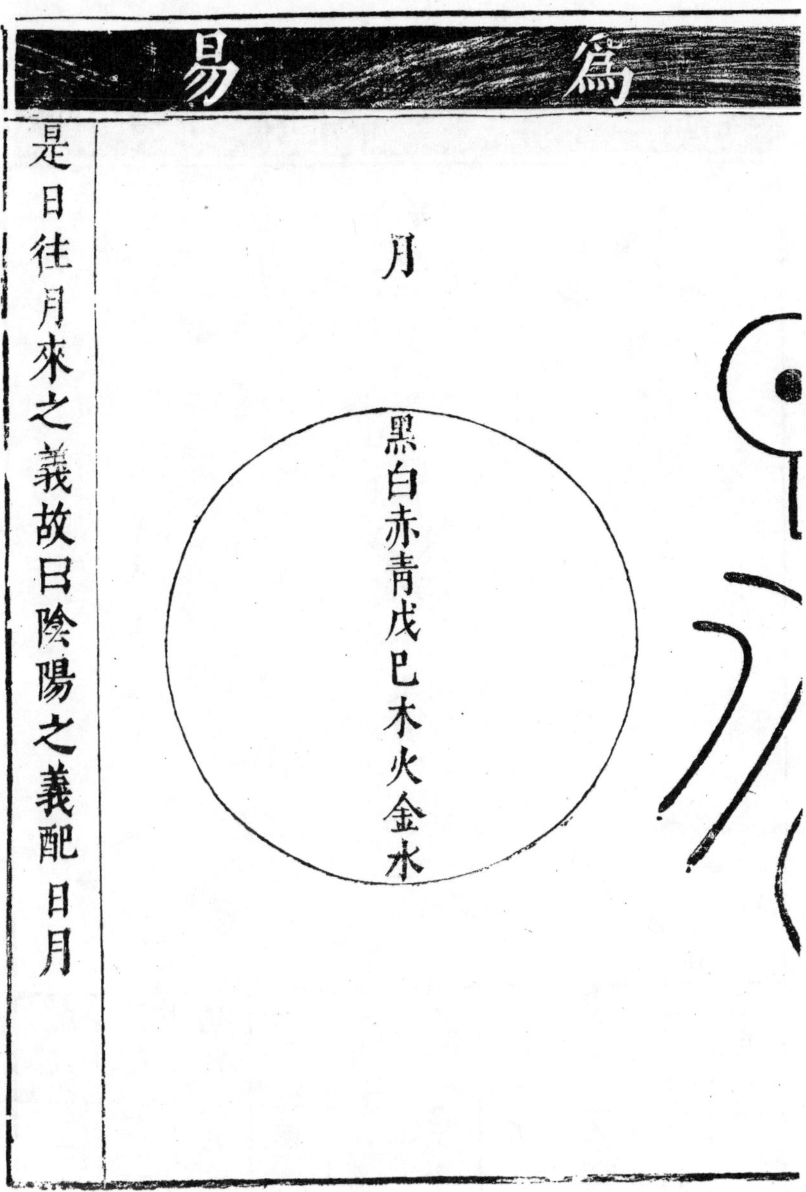
易
爲
月
黑
白
赤
青
戊
巳
木
火
金
水
是日往月來之義故曰陰陽之義配日月

河圖數圖

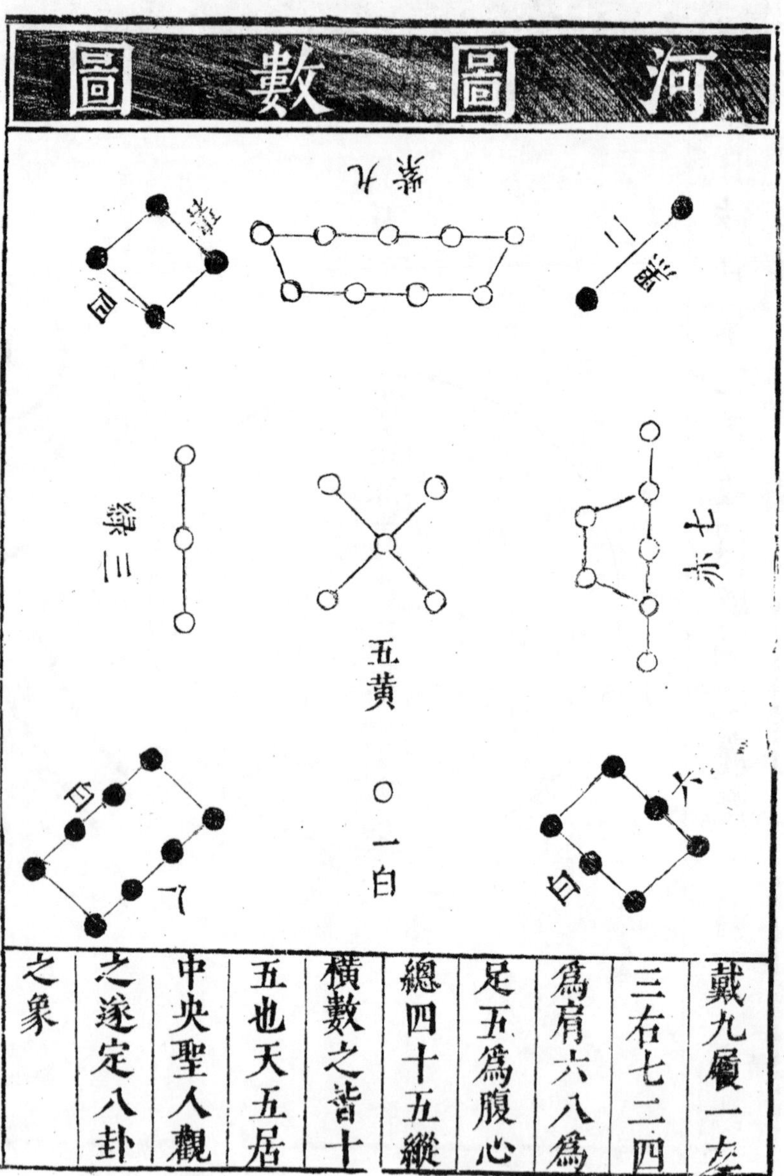

戴九履一左三右七二四爲肩六八爲足五爲腹心總四十五縱橫數之皆十五也天五居中央聖人觀之遂定八卦之象

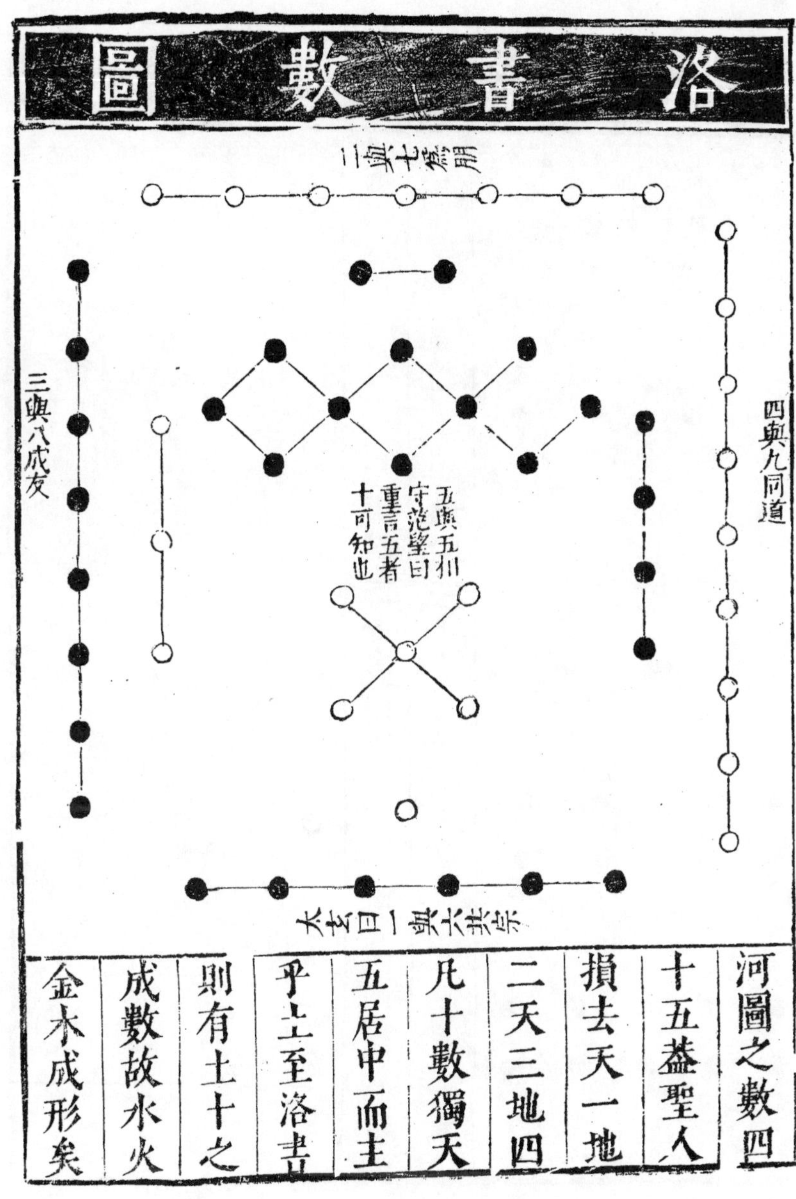

洛書數圖

河圖之數四十五蓋聖人損去天一地二天三地四凡十數獨天五居中而主乎土至洛書則有土十之成數故水火金木成形矣

天地之數

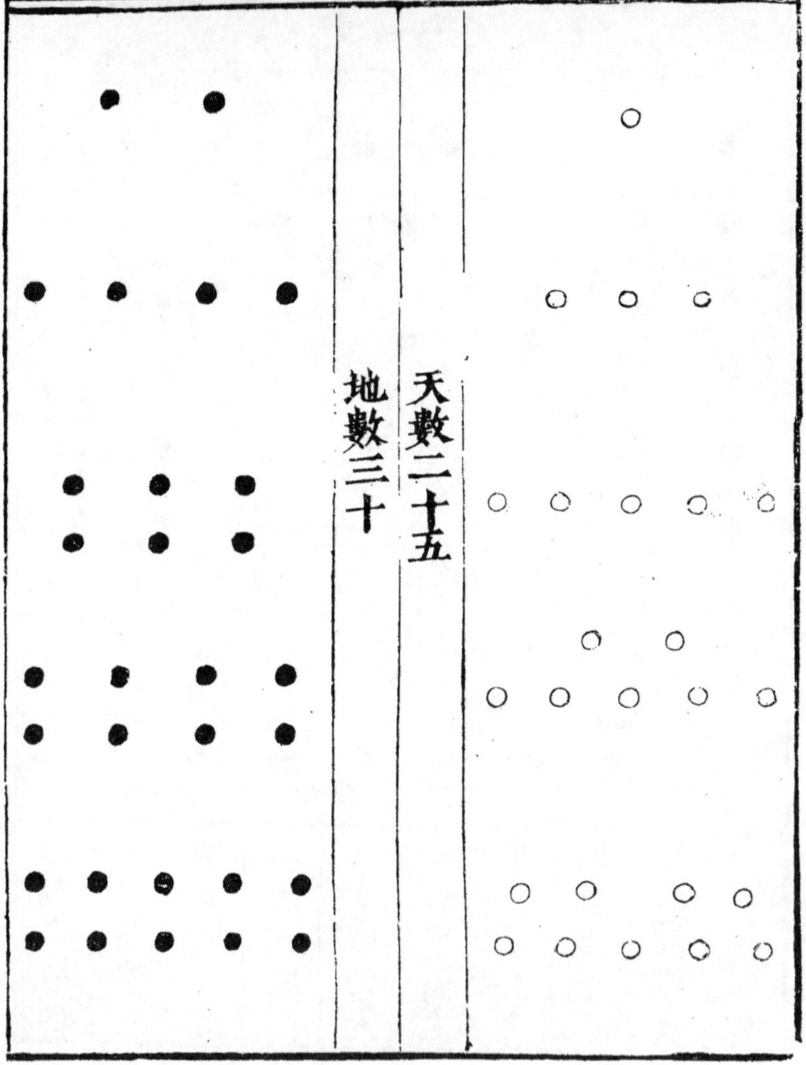

天數二十五

地數三十

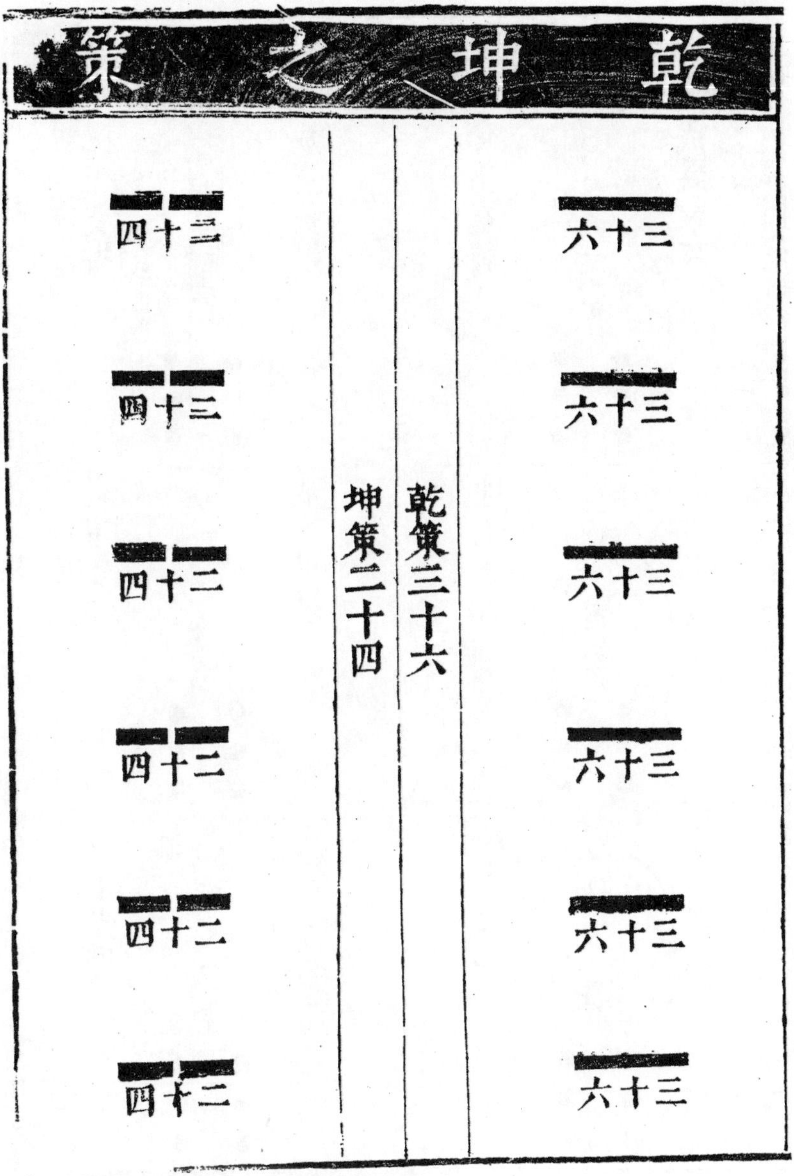

乾坤之策

乾策三十六

坤策二十四

六十三

六十三

六十三

六十三

六十三

六十三

四十二

四十三

四十二

四十二

四十二

四十二

六子圖

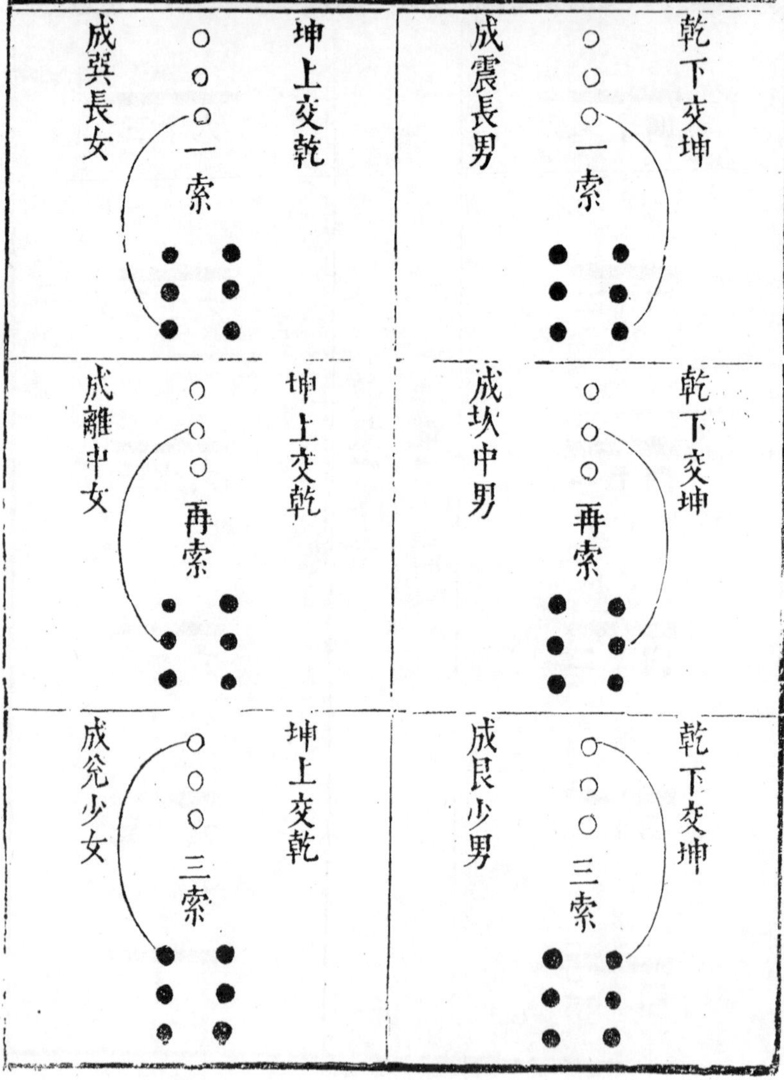

乾下交坤

○○○一索

●●●

成震長男

坤上交乾

○○○一索

●●●

成巽長女

乾下交坤

○○○再索

●●●

成坎中男

坤上交乾

○○○再索

●●●

成離中女

乾下交坤

○○○三索

●●●

成艮少男

坤上交乾

○○○三索

●●●

成兌少女

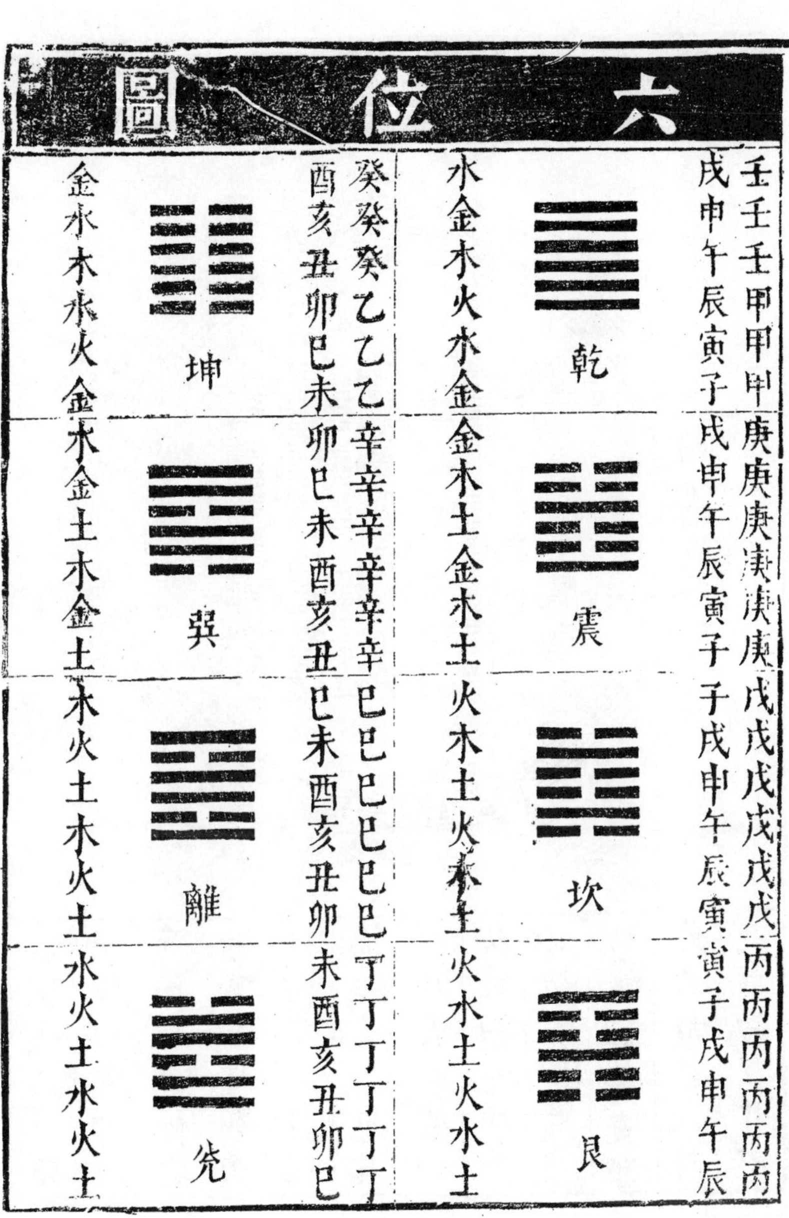
六位圖
壬壬壬甲甲甲庚庚庚庚庚庚戊戊戊戊戊戊丙丙丙丙丙丙
戌申午辰寅子戌申午辰寅子子戌申午辰寅寅子戌申午辰
乾
震
坎
艮
水金木火水金金木土金木土火木土火木土火水土火水土
癸癸癸乙乙乙辛辛辛辛辛辛巳巳巳巳巳巳丁丁丁丁丁丁
酉亥丑卯巳未卯巳未酉亥丑巳未酉亥丑卯未酉亥丑卯巳
坤
巽
離
兊
金水木水火金水金土水金土木火土木火土水火土水火土

伏羲先天圖

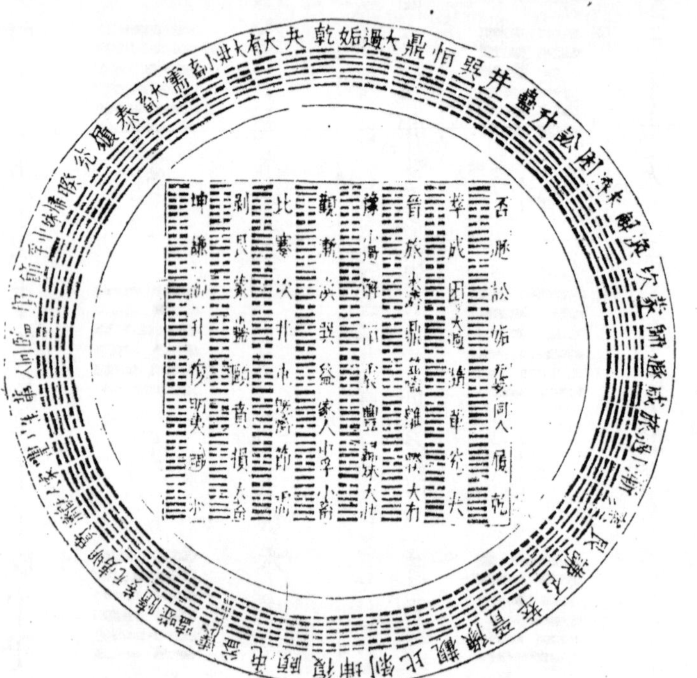

右伏犧八卦圖王豫傳於邵康節而鄭夬得之歸藏初經者伏犧初畫八卦因而重之者也其經初乾初奭坤初艮初兌初犖坎初離初釐震初巽卦皆六畫卽此八卦也八卦旣重爻在其中

方圓相生圖

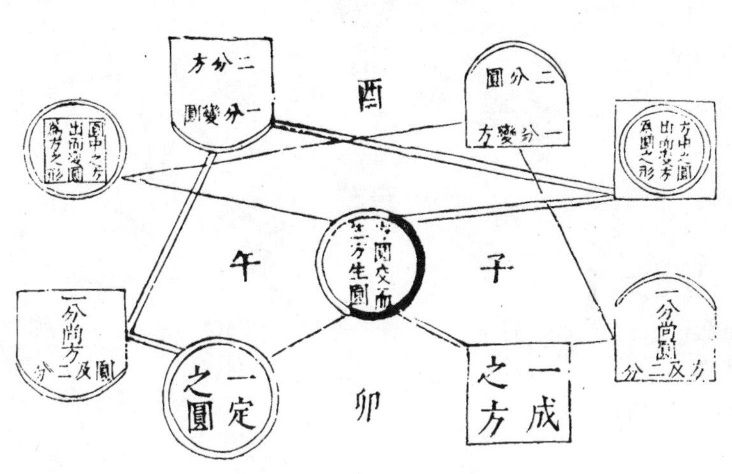

鄭氏云古先天圖楊雄太元經關子明洞極魏伯陽叅同契邵堯夫皇極經世而已惜乎雄之太元子明之洞極倣易為書泥於文字後世忽之以為屋上架屋頭上安頭也伯陽之叅同契意在於鍛鍊而入於術於聖人之道又為異端也堯夫擺去文字小術而著書天下又不願之但以為律歷之用難矣哉四家之學皆先於古先天圖先天圖其易之源乎復無文字解注而世亦以為無用之物也今予作方圓圖注脚比之四家為最簡易而四家之意不出於吾圖之中於易之學為最要

仰觀天文圖

伏羲仰觀天文以畫八卦故日月星辰之行度運數十日四時之屬凡麗於天之文者八卦无不統之

俯察地理圖

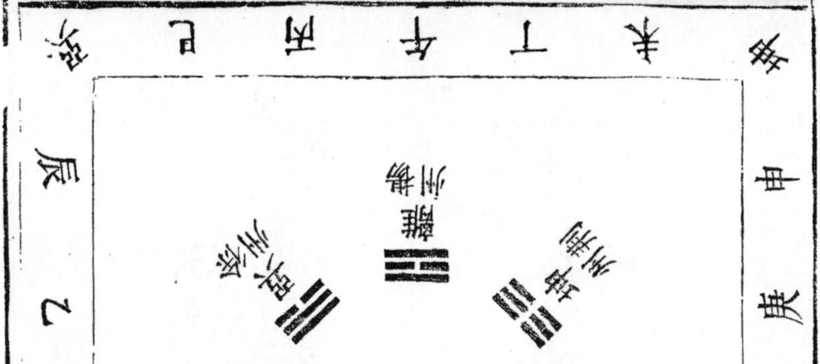

伏羲俯察地理以畫八卦故四方九州鳥獸草木十二支之屬凡麗於地之理者八卦无不統之

伏羲八卦圖

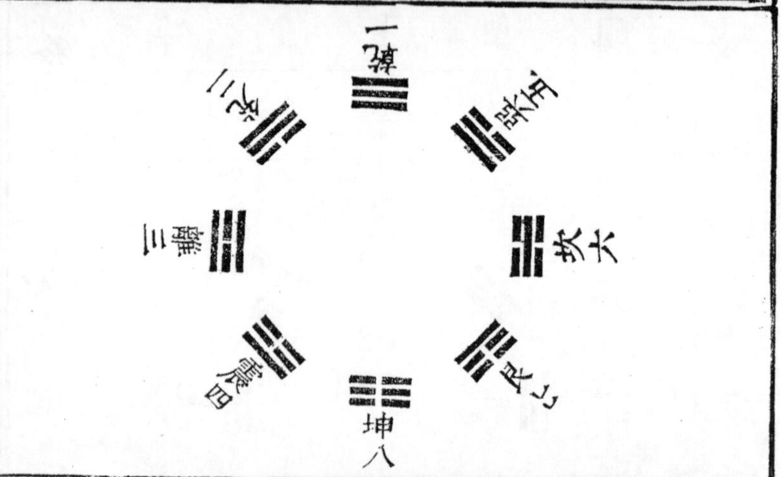

乾一
兌二
離三
震四
巽五
坎六
艮七
坤八

八卦取象圖

天乾 身首 物馬
澤兌 身口 物羊
火離 身目 物雉
雷震 身足 物龍
風巽 身股 物雞
水坎 身耳 物豕
山艮 身手 物狗
地坤 身腹 物牛

文王八卦圖

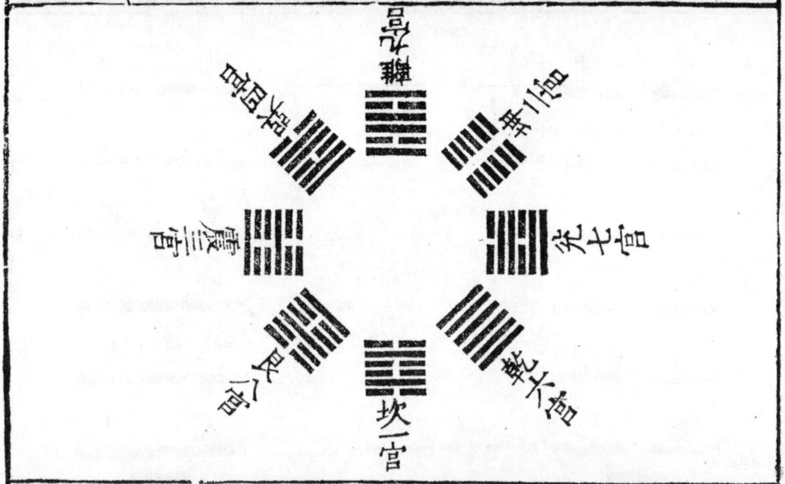

離九宮
坤二宮
兌七宮
乾六宮
坎一宮
艮八宮
震三宮
巽四宮

八卦象數圖

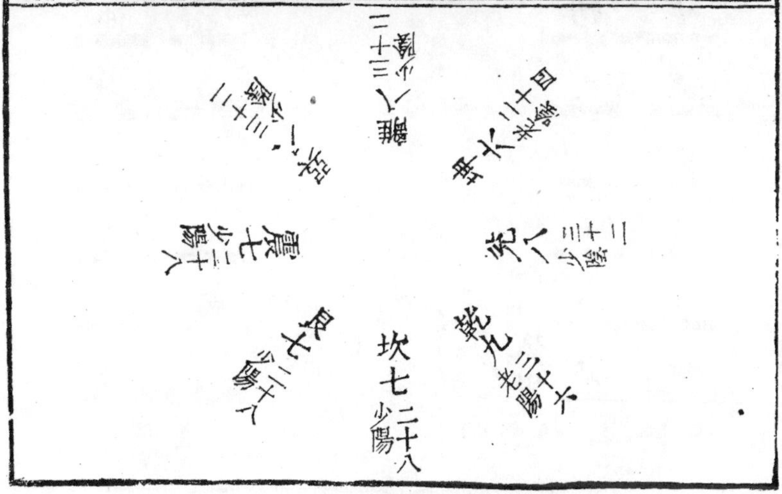

離八 少陰三十二
坤六 老陰二十四
兌八 少陰三十二
乾九 老陽三十六
坎七 少陽二十八
艮七 少陽二十八
震七 少陽二十八
巽八 少陰三十二

四卦合律圖

乾：無射、夷則、蕤賓、姑洗、太族、黃鍾

坤：仲呂、應鍾、大呂、夾鍾、南呂、林鍾

既濟：仲呂、蕤賓、林鍾、夷則、南呂、無射

未濟：姑洗、夾鍾、太族、大呂、黃鍾、應鍾

離中之陰巳降

坎中之陽將升

八卦納甲圖

乾盈甲壬十五日月

兌見丁八日月

巽辛十六日月

離就己

坎流戊

震出庚三日月

坤滅乙癸三十日月

艮消丙二十三日月

晦月朔旦坎象水流戊日中明離象火就己戊己土位象見於中

八日上弦 兌丁

二十三日下弦 艮丙

三日生魄 震庚

三十日晦 乙癸坤

離巳 坎戊

十六日虧 巽辛

十五日圓 甲壬乾

剛柔相摩圖

乾陽居上坤陰居下乾自震而左行坤自巽而右行天左地右故曰剛柔相摩

八卦相盪圖

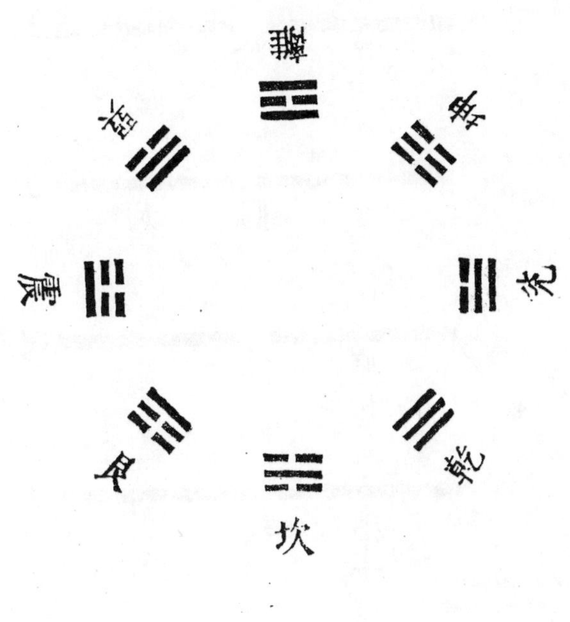

震盪艮兌
盪坤離盪
巽坎盪乾
八卦往來
迭相推盪
京房曰盪
陰入陽盪
陽入陰

六爻三極

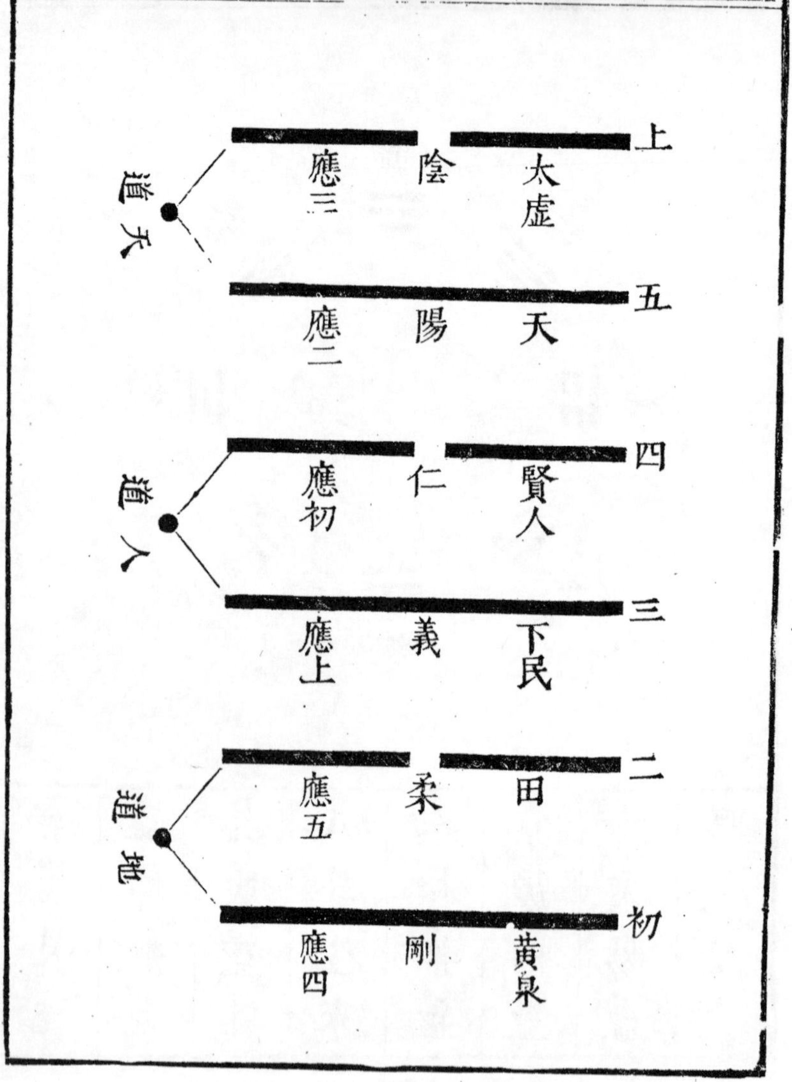

上	太虛	陰	應三	天道
五	天	陽	應二	天道
四	賢人	仁	應初	人道
三	下民	義	應上	人道
二	田	柔	應五	地道
初	黃泉	剛	應四	地道

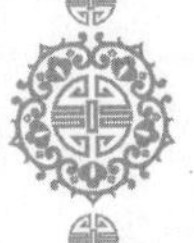

五位相合

乾　水合　坤

艮　木合　兌

坎　土合　離

震　火合　巽

乾　金合　坤

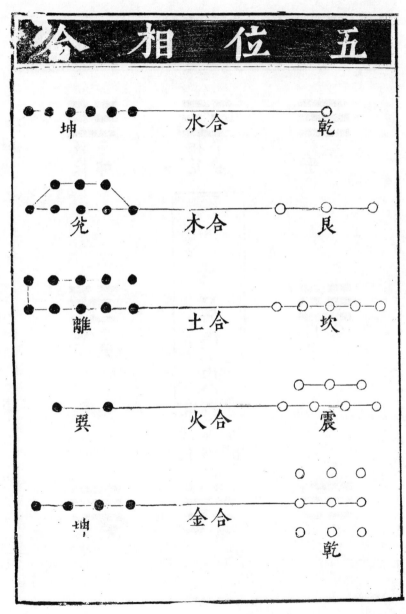

帝出震圖

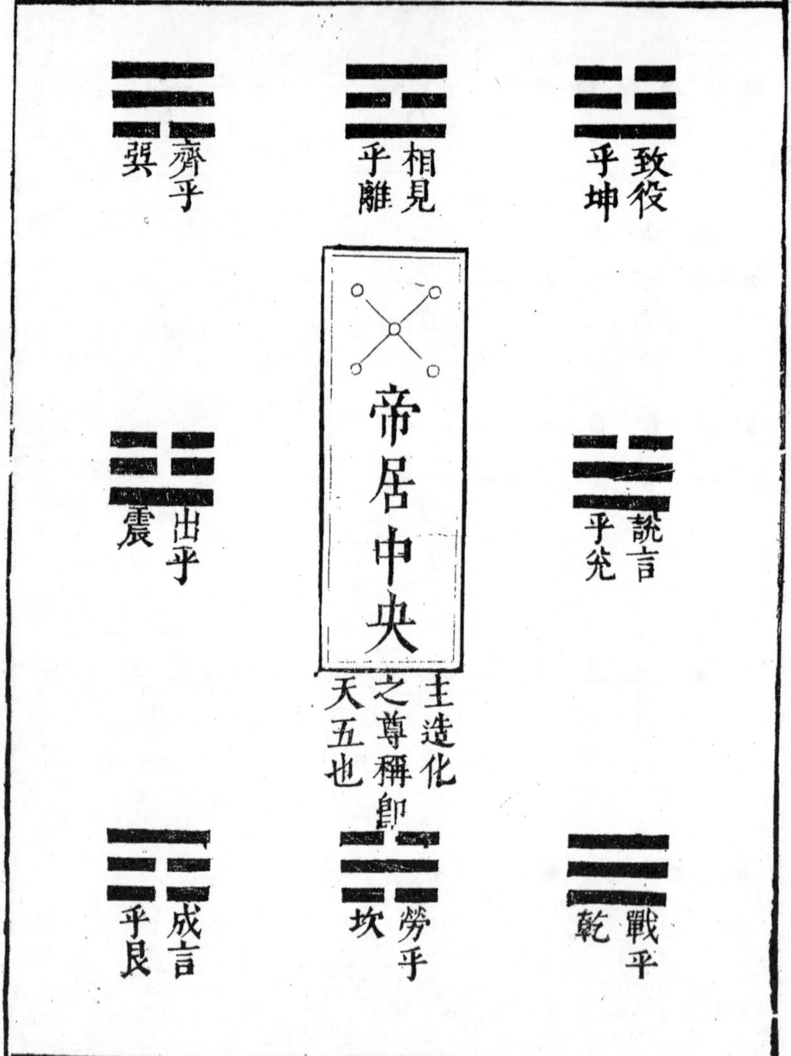

致役乎坤

相見乎離

齊乎巽

說言乎兌

帝居中央

主造化之尊稱即天五也

出乎震

戰乎乾

勞乎坎

成言乎艮

蓍卦之德

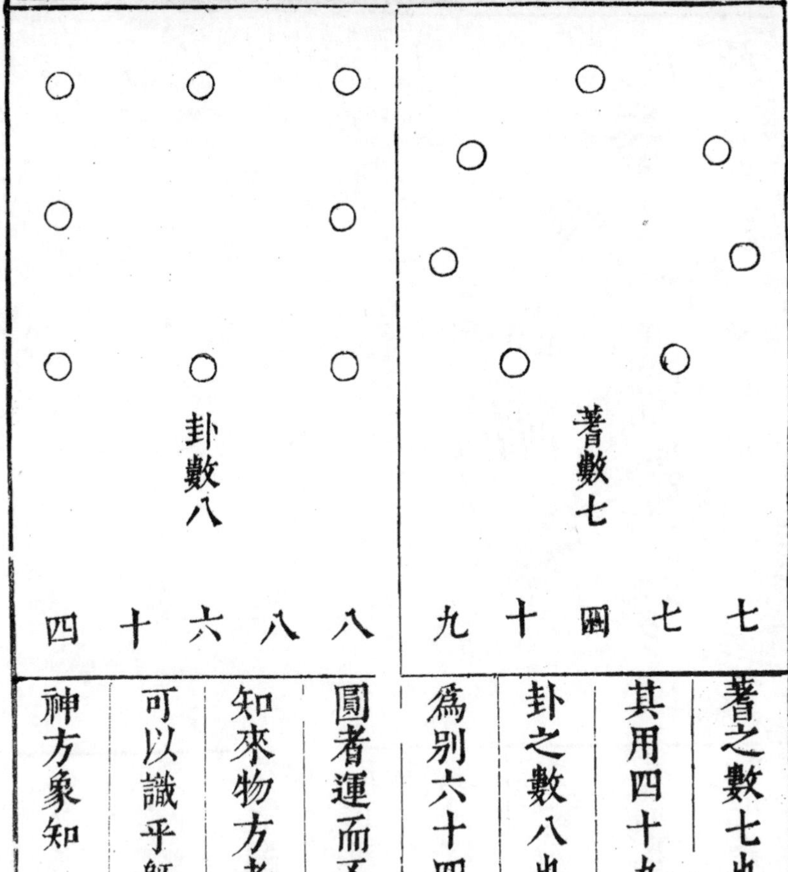

蓍數七

七　七　四　十　九

卦數八

八　八　六　十　四

蓍之數七也七而七之其用四十九故其德圓卦之數八也八而八之爲別六十四故其德方圓者運而不窮可以逆知來物方者其體有定可以識乎旣從故圓象神方象知

序上

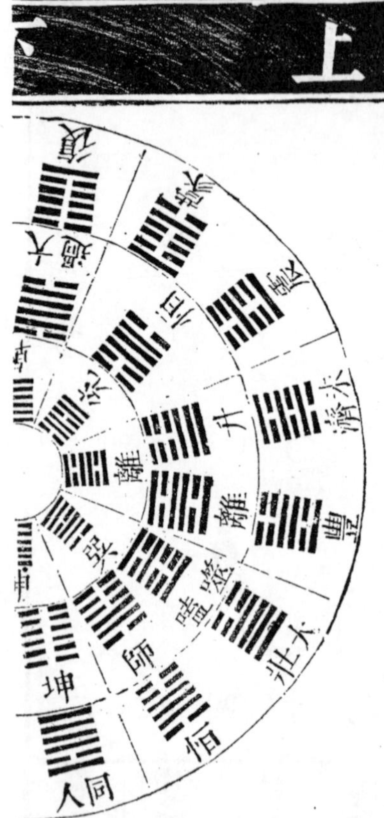

本乾九二爻變成同人次變无妄次變益次變頤終其變至離而止本坤六二爻變成師次變升次變恒次變大過終其變至坎而止故上經始於乾坤終於坎離焉

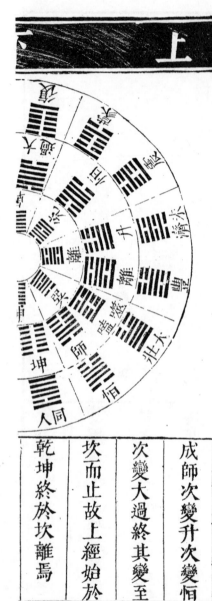

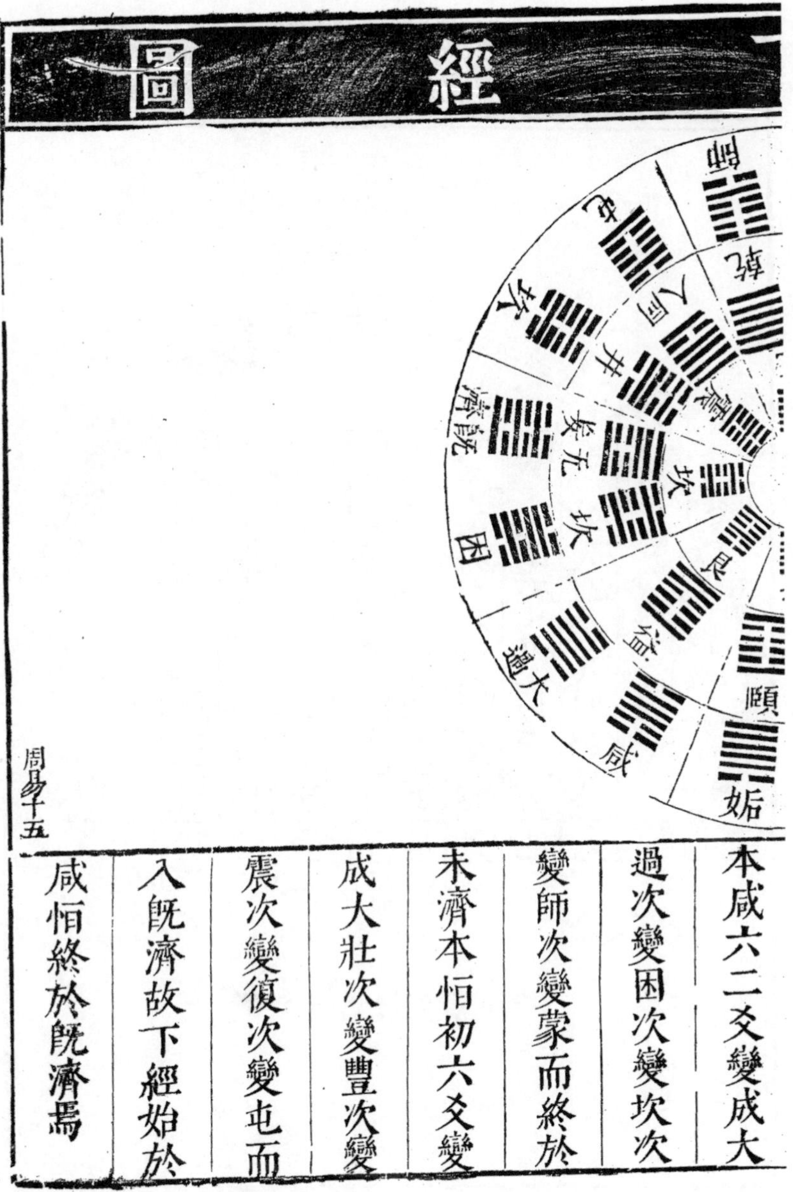

本咸六二爻變成大過次變困次變坎次變師次變蒙而終於未濟本恒初六爻變成大壯次變豐次變震次變復次變屯而入既濟故下經始於咸恒終於既濟焉

六十四卦天地數圖

八八	七八	六八	五八	四八	三八	二八	一八
八七	七七	六七	五七	四七	三七	二七	一七
八六	七六	六六	五六	四六	三六	二六	一六
八五	七五	六五	五五	四五	三五	二五	一五
八四	七四	六四	五四	四四	三四	二四	一四
八三	七三	六三	五三	四三	三三	二三	一三
八二	七二	六二	五二	四二	三二	二二	一二
八一	七一	六一	五一	四一	三一	二一	一一

天一地二
甲乙

山澤通氣
天三丙
地四丁

天五戊
地六己

易心

雷風相薄
天七庚
地八辛

地十天九
癸壬

三陽
少男
山
交坤
爲艮

二陽
中男
乾
正性
交坤
水
爲坎

一陽
長男
雷
交坤
爲震

三陰
少女
澤
交乾
爲兌

二陰
火
中女
坤
正性
交乾
爲離

一陰
風
長女
交乾
爲巽

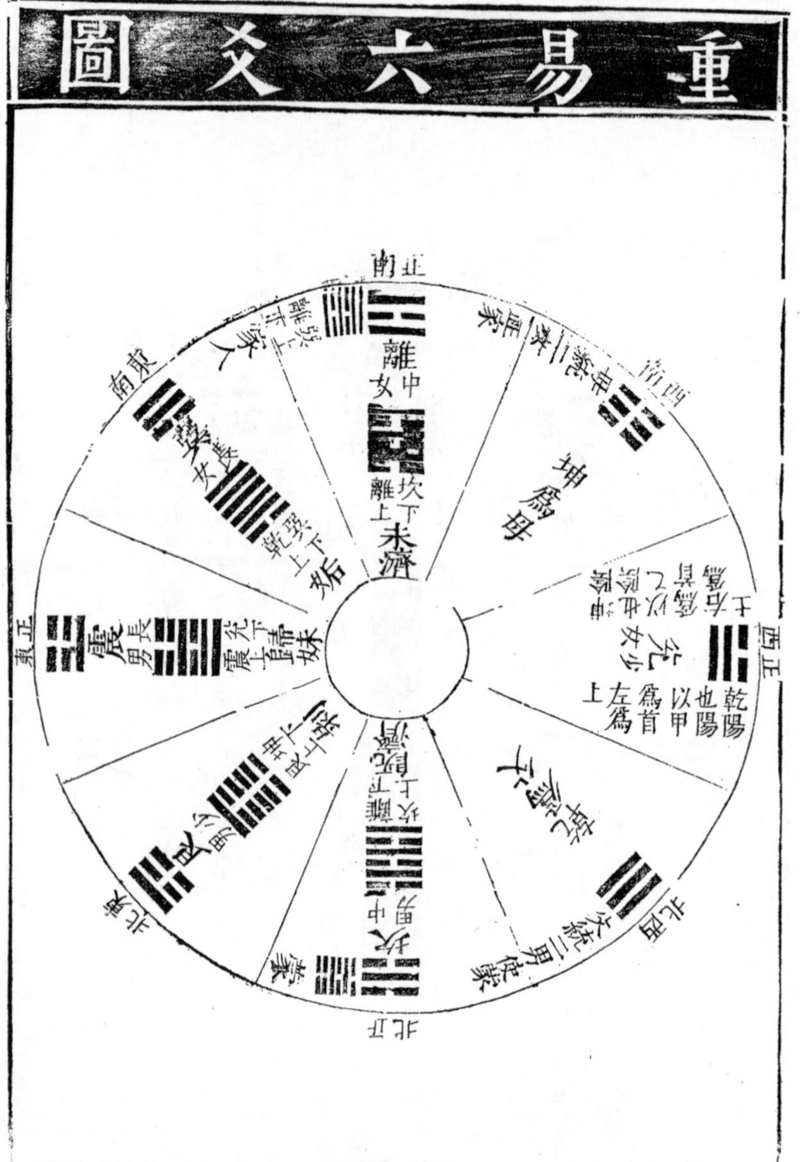
重易六爻圖
正南
正東
正西
正北
乾陽也以甲為首左為上

六十四卦萬物數圖

陽爻一百九十二以三十六乘
之得六千九百一十二陰爻一
百九十二以二十四乘之得四千
六百八合之計萬有一千五百二
十此老陽老陰策數乘也陽爻
一百九十二以二十八乘之得五千
三百七十六陰爻一百九十二
以三十二乘之得六千一百四
十四合之亦爲萬有一千五百
二十此少陽少陰策數乘也

卦爻律呂圖

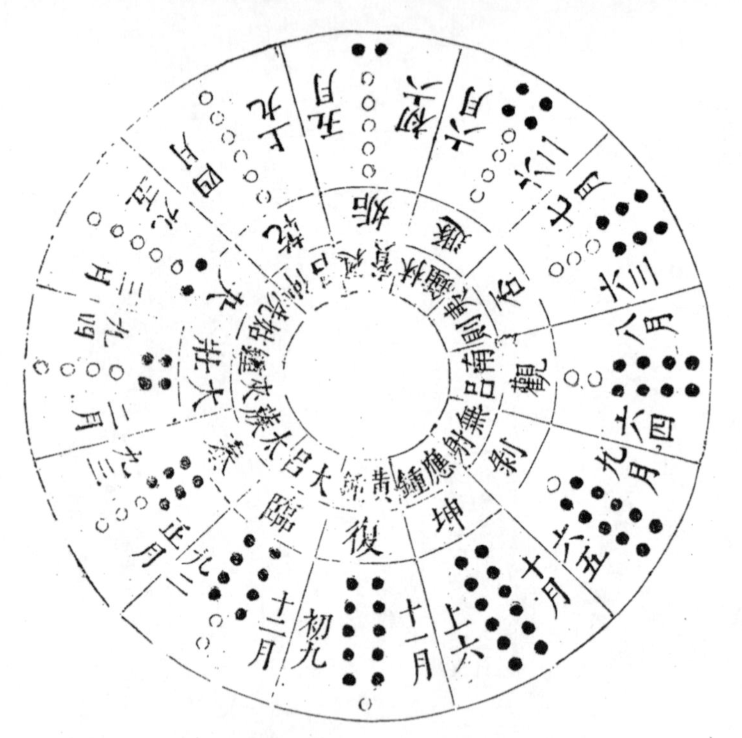

十一月復一陽生黃鍾氣應至四月六陽爲乾故闢戶謂之乾五月姤一陰生蕤賓氣應至十月六陰爲坤故闔戶謂之坤

運會曆數圖

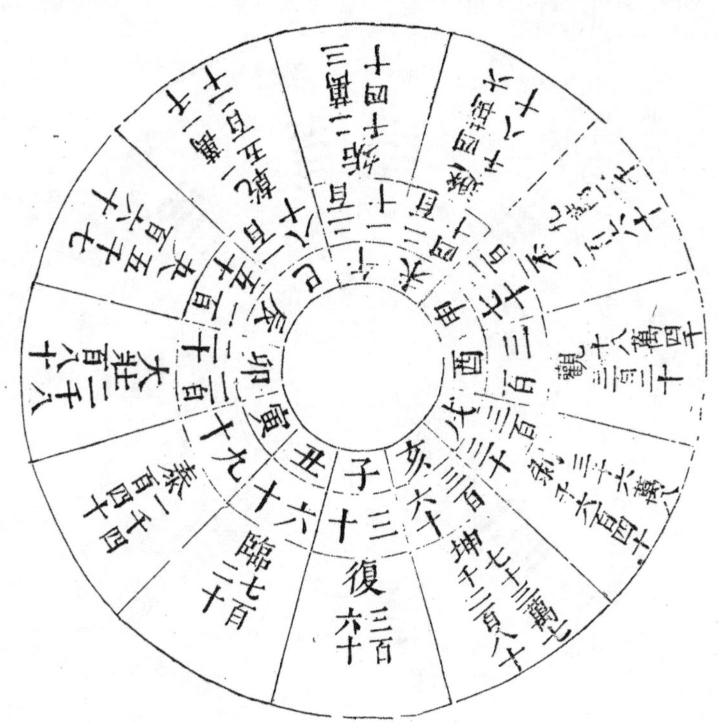

復十二世	臨二十四世	泰三十六世	大壯四十八世	夬六十世	乾七十二世	姤八十四世	遯九十六世	否一百八世	觀一百二十世	剝一百三十二世	坤一百四十四世

乾坤大父母圖

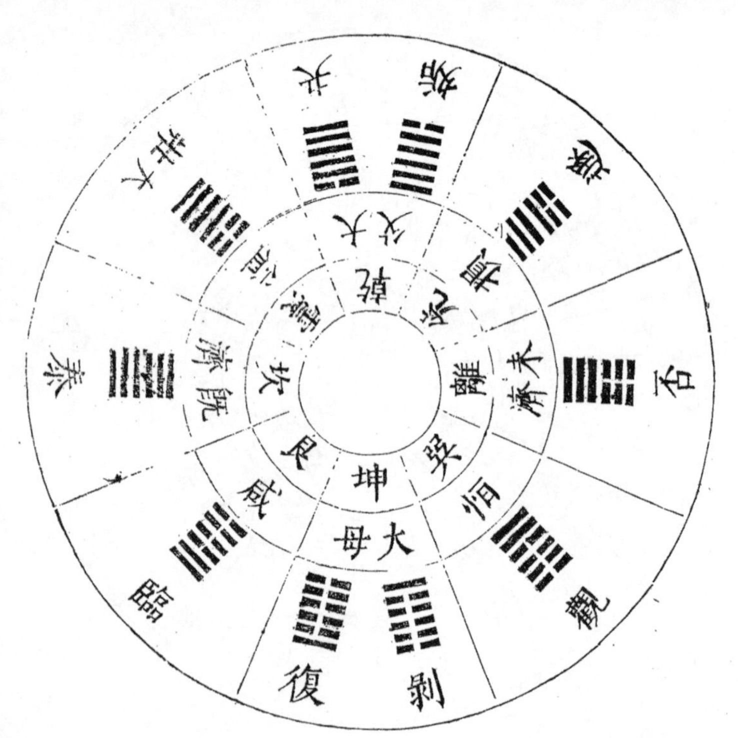

乾一變姤二變遯三變否至五變爲剝而止物不可以終盡剝窮上反下故受之以復坤一變復二變臨三變泰至五變爲夬而止夬必有遇故受之以姤

復姤小父母圖

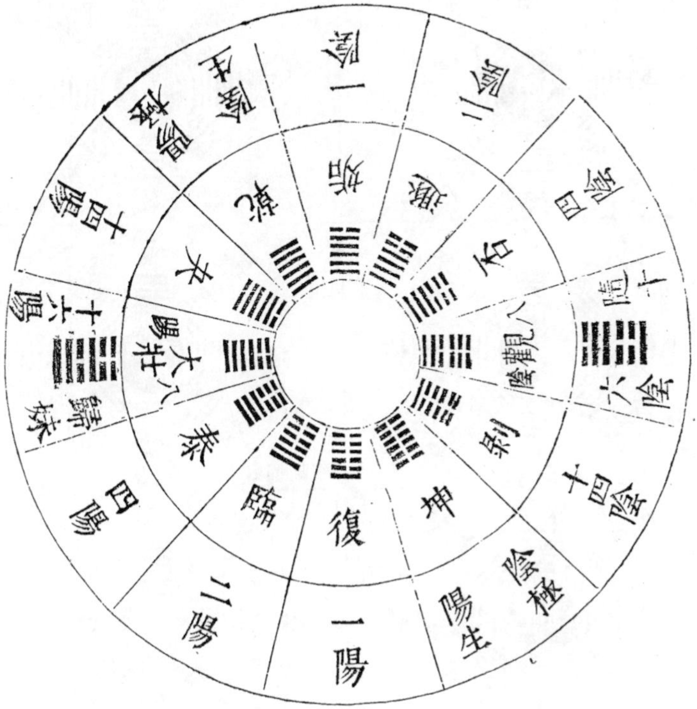

一陽來復變臨爲二陽變至泰爲四陽變至大壯爲八陽變至夬爲十四陽終其變於歸妹成十六陽一陰始姤變遯爲二陰變至否爲四陰變至觀爲八陰變至剝爲十四陰終其變於隨成十六陰

八卦生六十四卦圖

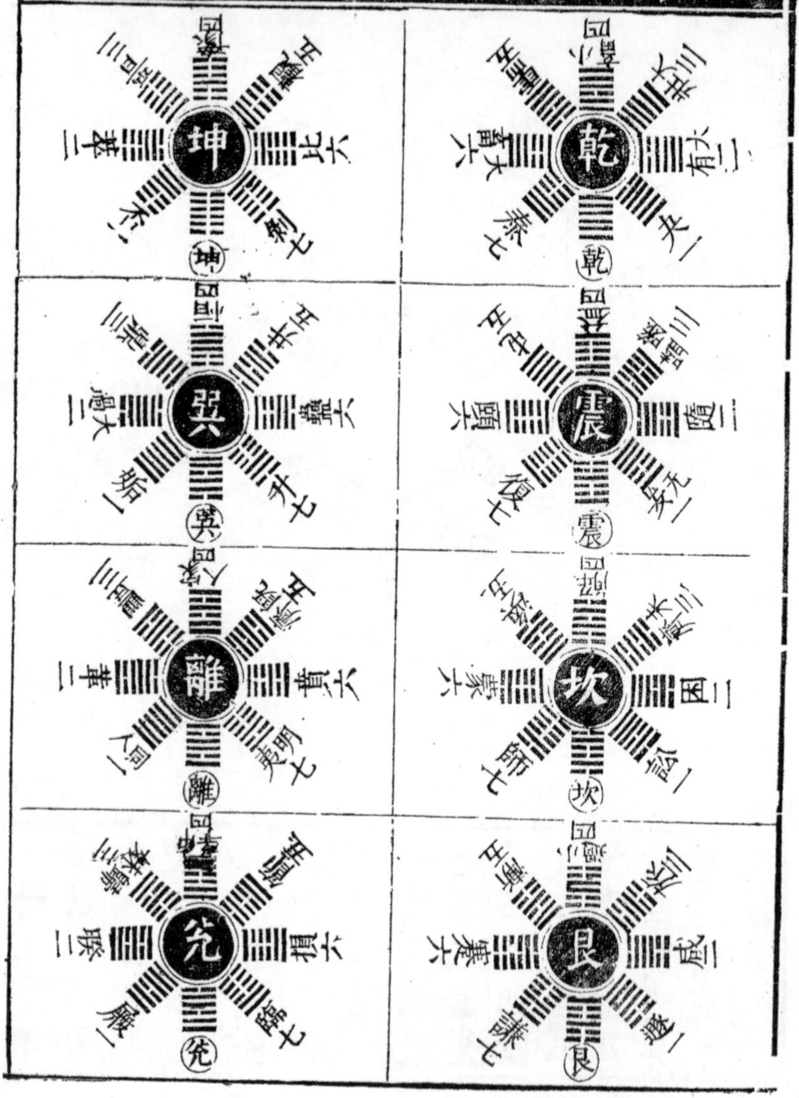

坤	乾
巽	震
離	坎
兌	艮

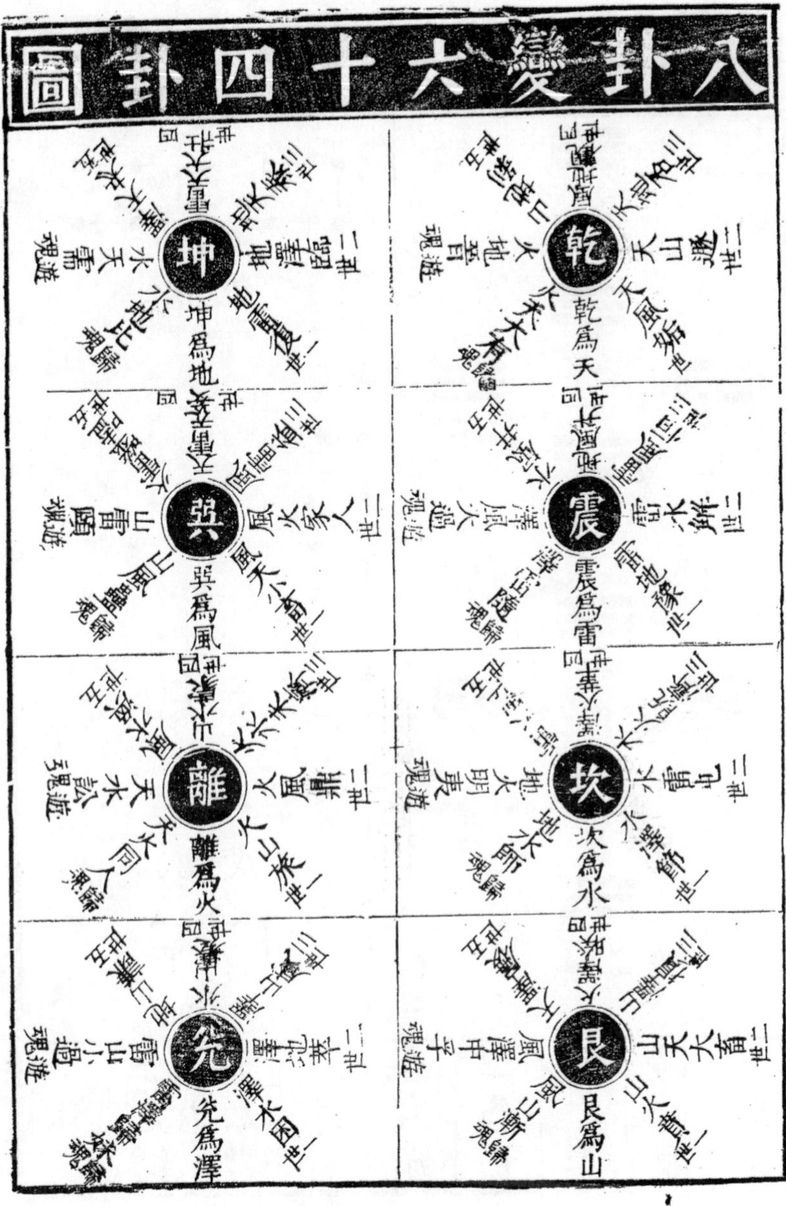
八卦變六十四卦圖
乾
震
坎
艮
坤
巽
離
兌

陽卦順生

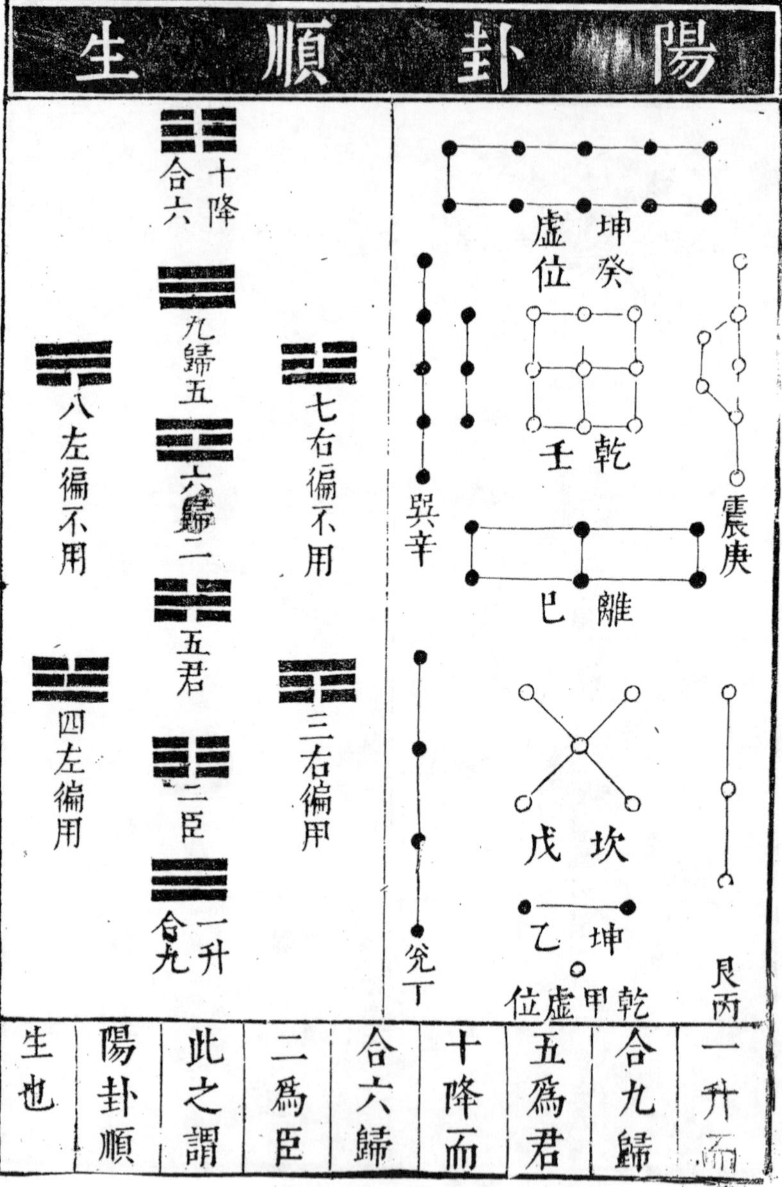

一升而合九歸五為君十降而合六歸二為臣此之謂陽卦順生也

陰卦逆生

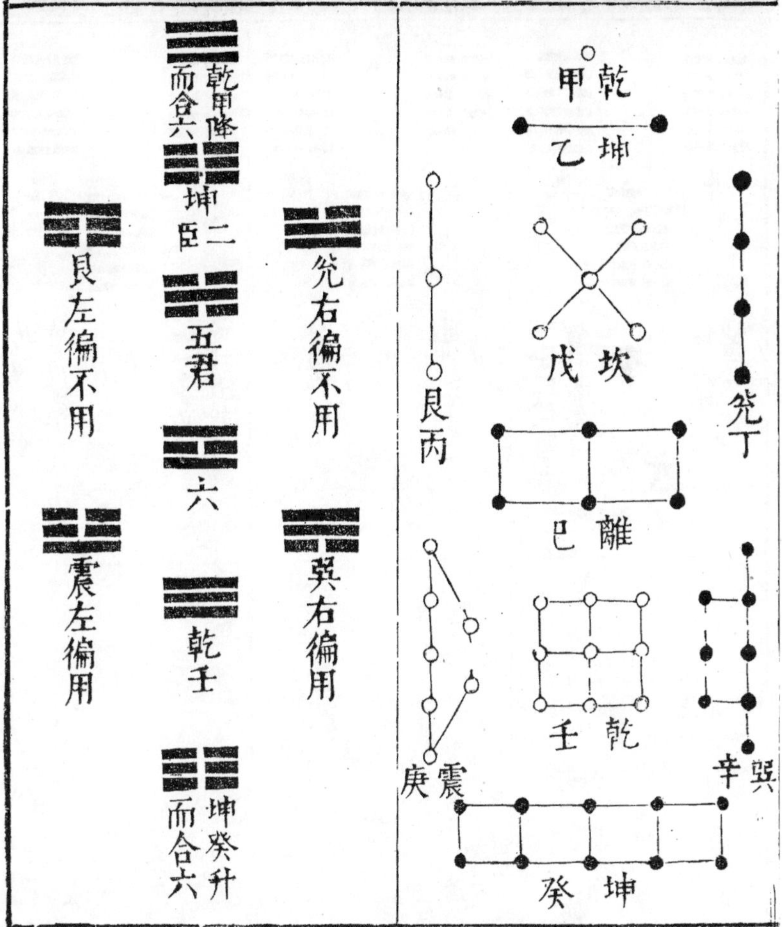

一降而合九歸五爲君十升而合六歸二爲臣此之謂陰卦逆生也

復姤臨遯泰否六

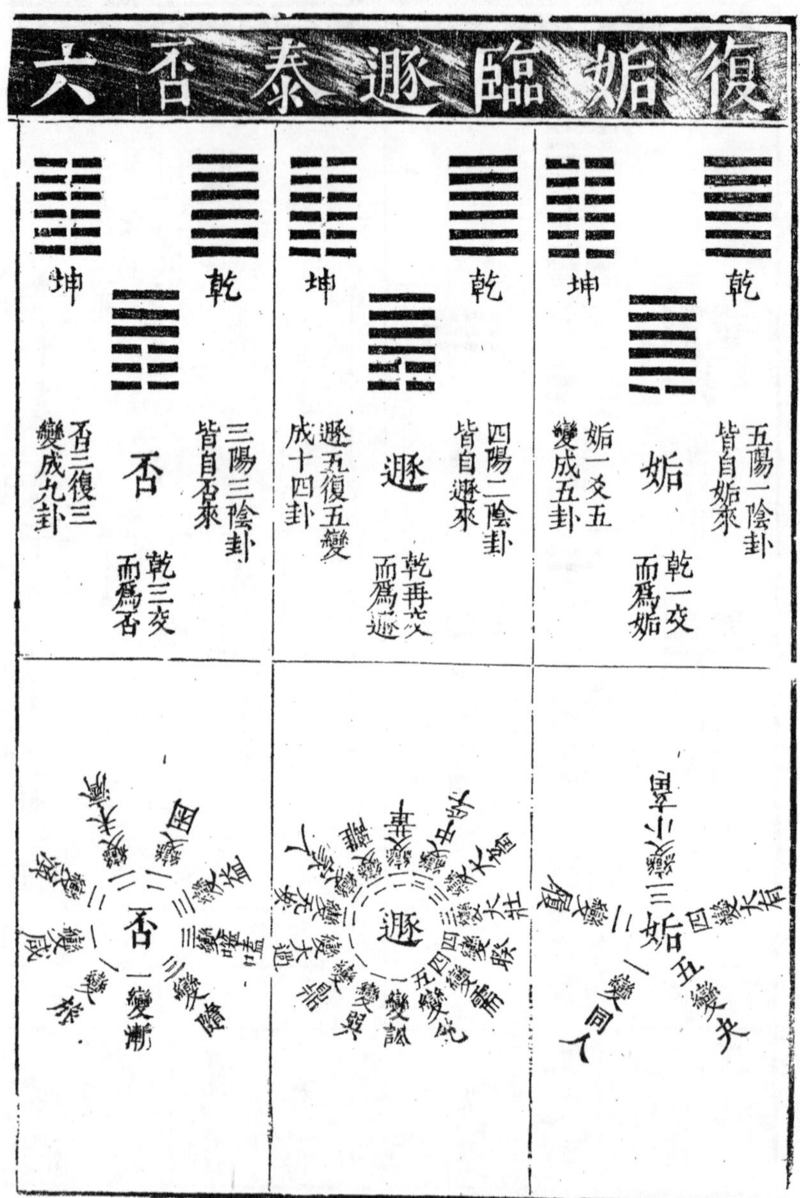
乾
坤
姤
五陽一陰卦皆自姤來
乾一交而爲姤
姤一爻五變成五卦
乾
坤
遯
四陽二陰卦皆自遯來
乾再交而爲遯
遯五復五變成十四卦
乾
坤
否
三陽三陰卦皆自否來
乾三交而爲否
否三復三變成九卦

卦生六十四卦圖

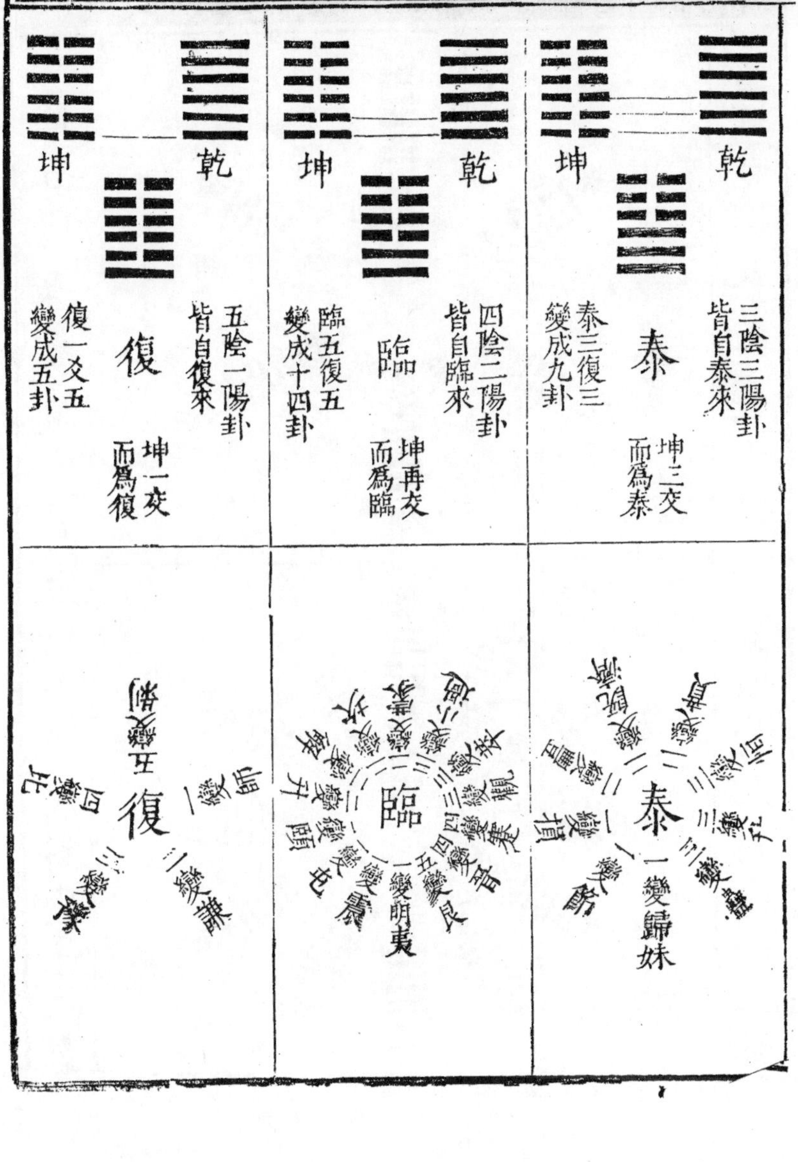

乾　坤

三陰三陽卦皆自泰來

泰

泰三復三變成九卦

坤三交而爲泰

一變歸妹　一變節　一變損　二變豐　二變既濟　二變賁　三變恒　三變井　三變蠱

乾　坤

四陰二陽卦皆自臨來

臨

臨五復五變成十四卦

坤再交而爲臨

一變明夷　一變震　一變屯　一變頤　二變升　二變解　二變坎　二變蒙　三變小過　三變萃　三變觀　四變蹇　四變晉　五變艮

乾　坤

五陰一陽卦皆自復來

復

復一爻五變成五卦

坤一交而爲復

一變師　二變謙　三變豫　四變比　五變剝

六十四卦

一陰五陽反對變六卦

一陽五陰反對變六卦

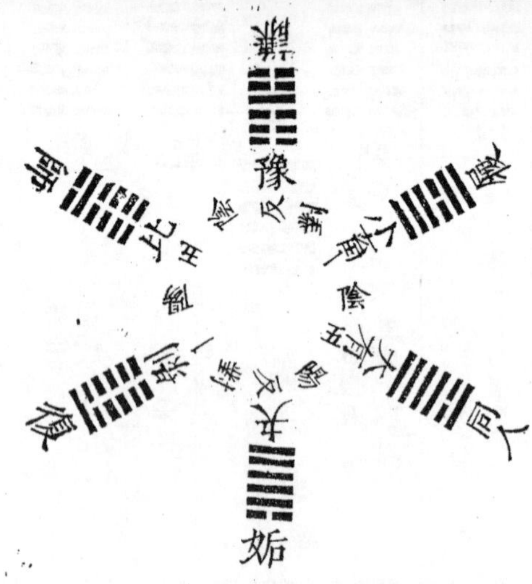

二陰四陽反對變十二卦

二陽四陰反對變十二卦

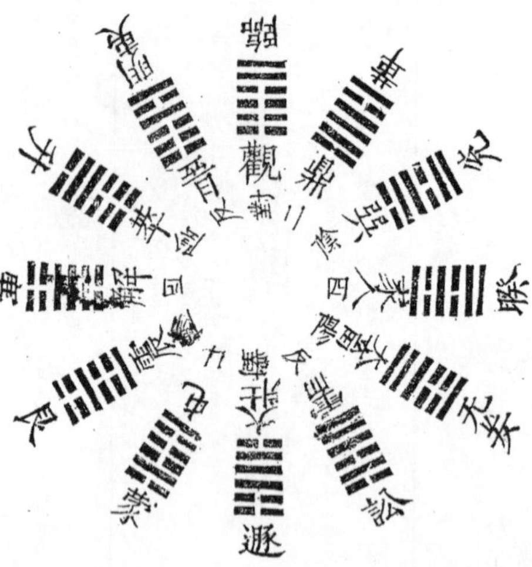

反對變圖

反對不

變八卦

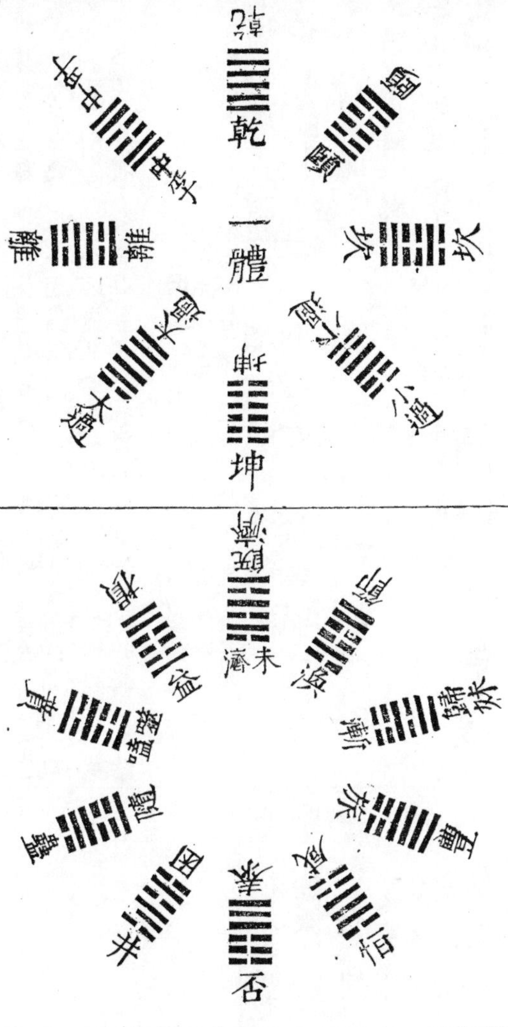

乾
頤
坎
小過
坤
大過
離
中孚

乾一體坤

三陰三陽反對

變二十四卦

既濟
未濟
豐
旅
歸妹
漸
隨
蠱
噬嗑
賁
益
損
恒
咸
井
困
泰
否

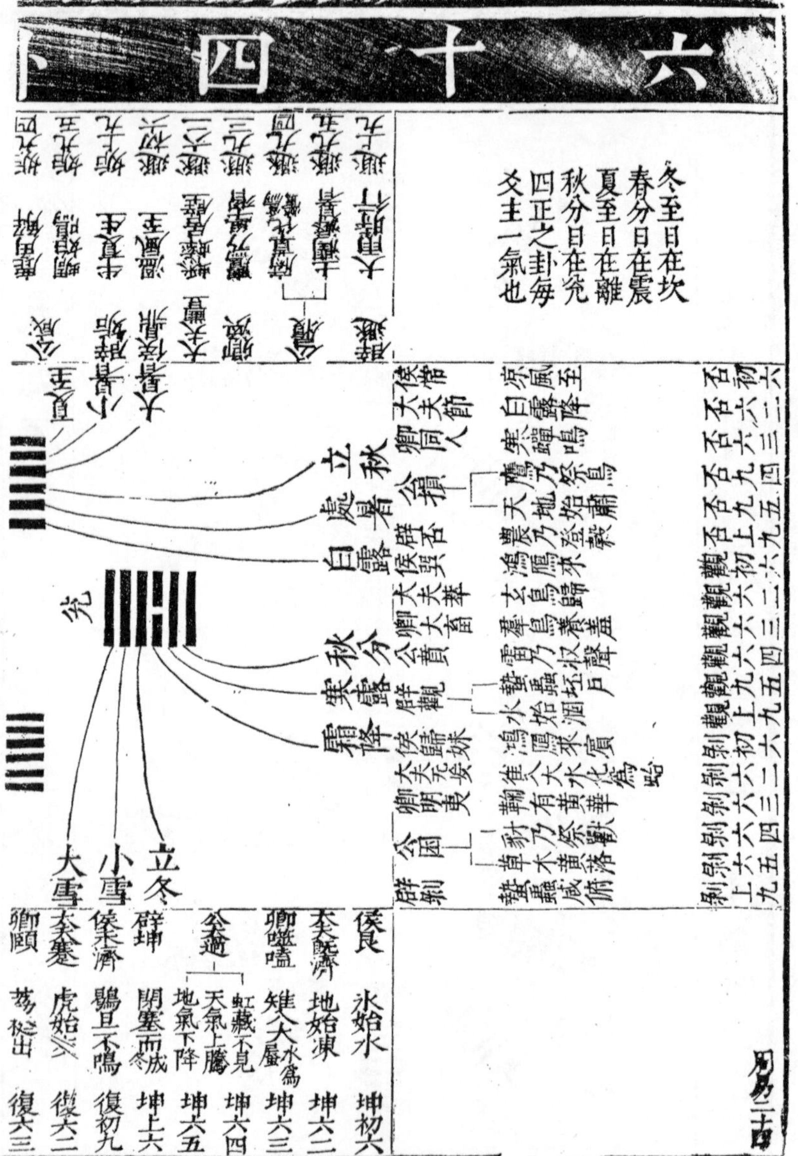

六十四
冬至日在坎
春分日在震
夏至日在離
秋分日在兌
四正之卦每
爻主一氣也
立秋
處暑
白露
秋分
寒露
霜降
兌
否初六 否六二 否六三 否九四 否九五 否上九
觀初六 觀六二 觀六三 觀六四 觀九五 觀上九
剝初六 剝六二 剝六三 剝六四 剝六五 剝上九
立冬
小雪
大雪
侯艮 水始冰 坤初六
大夫既濟 地始凍 坤六二
卿噬嗑 雉入大水為蜃 坤六三
公大過 虹藏不見 坤六四
天氣上騰 坤六五
辟坤 地氣下降 閉塞而成冬 坤上六
侯未濟 鶡旦不鳴 復初九
大夫蹇 虎始交 復六二
卿頤 荔挺出 復六三

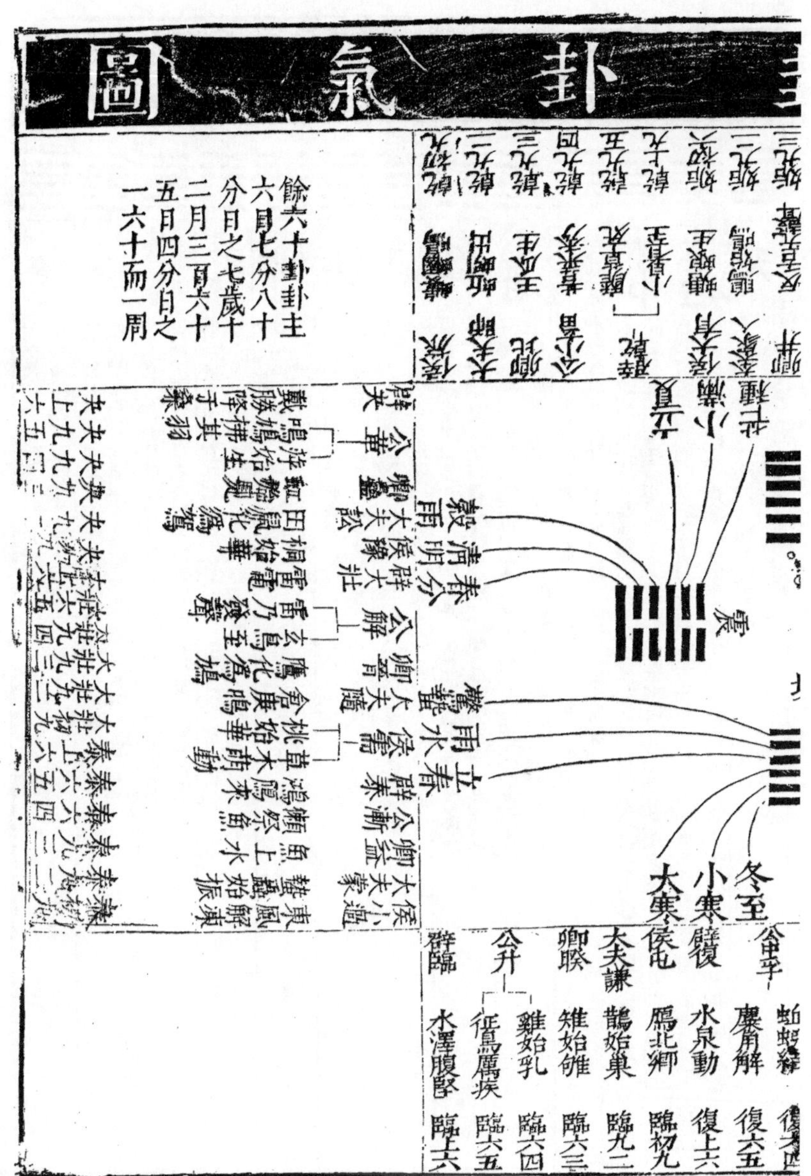
卦氣圖
餘六十卦卦主六日七分八十分日之七歲十二月三百六十五日四分日之一六十而一周

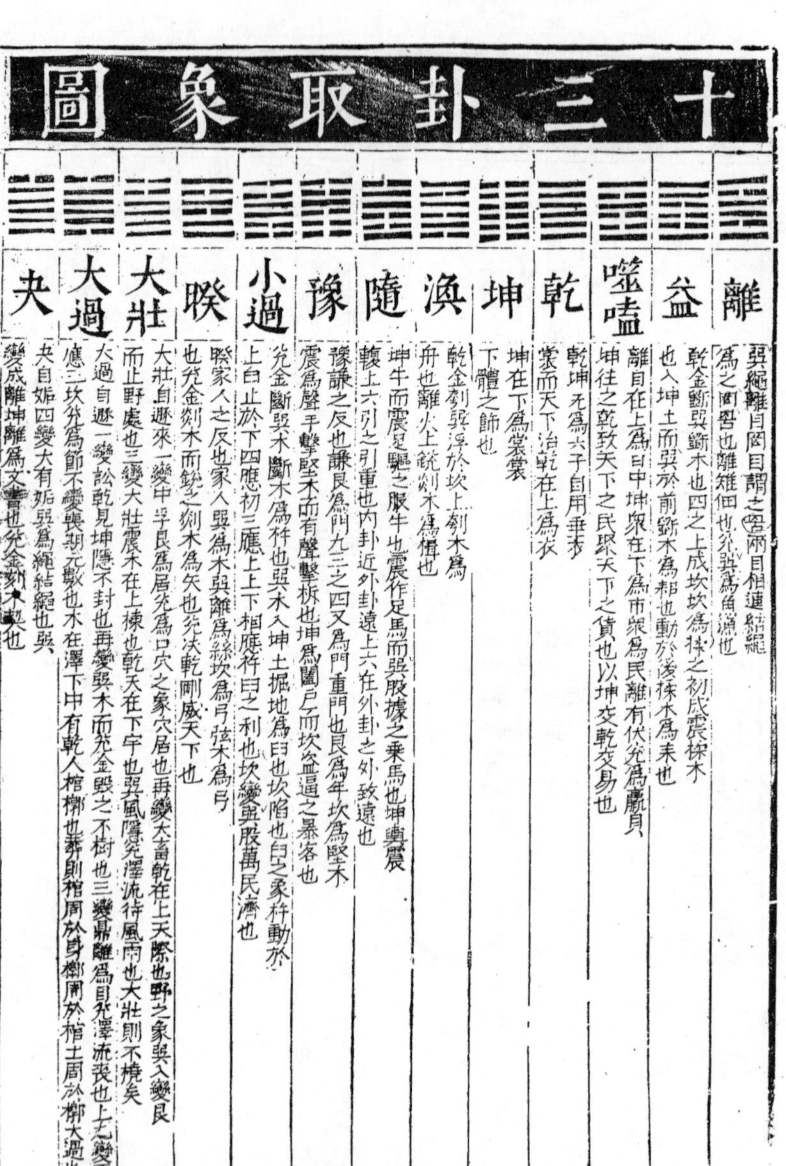

十三卦取象圖

離	巽繩離目罔目謂之罟兩目相連結繩為之罔罟也離雉佃也兌巽為魚漁也
益	乾金斷巽斵木也四之上成坎坎為揉之初成震揉木也入坤土而巽於前斵木為耜也動於後揉木為耒也
噬嗑	離自在上為日中坤衆在下為市聚為民離有伏兌為贏貝坤往之乾致天下之民聚天下之貨也以坤交乾交易也
乾	乾坤无為六子自用垂衣裳而天下治乾在上為衣
坤	坤在下為裳裳下體之飾也
渙	乾金刳巽浮於坎上刳木為舟也離火上銳剡木為楫也
隨	坤牛而震足驅之服牛也震作足馬而巽股據之乘馬也坤輿震轅上六引之引重也內卦近外卦遠上六在外卦之外致遠也
豫	豫謙之反也謙艮為門九三之四又為門重門也艮為手坎為堅木震為聲手擊堅木而有聲擊柝也坤為闔戶而坎盜逼之暴客也
小過	兌金斷巽木斷木為杵也巽木入坤土掘地為臼也坎陷也臼之象杵動於上臼止於下四應初三應上上下相應杵臼之利也坎變巽股萬民濟也
睽	睽家人之反也家人巽為木巽離為絲坎為弓弦木為弓也兌金剡木而銳之剡木為矢也兌決乾剛威天下也
大壯	大壯自遯來一變中孚艮為居兌為口穴之象穴居也再變大畜乾在上天際也野之象巽入變艮而止野處也三變大壯震木在上棟也乾天在下宇也巽風隱兌澤流待風雨也大壯則不橈矣
大過	大過自遯一變訟乾見坤隱不封也再變巽木而兌金毀之不樹也三變鼎離為目兌澤流喪也上之三變而應三坎兌為節不變喪期无數也木在澤下中有乾人棺槨也葬則棺周於身槨周於棺土周於槨大過也
夬	夬自姤四變大有姤巽為繩結繩也巽變成離坤離為文書也兌金刻木契也

三陳九卦之圖

陳			
一	履德之基	謙德之柄	復德之本
	恒德之固	損德之修	益德之裕
	困德之辯	井德之地	巽德之制
二	履和而至	謙尊而光	復小而辨於物
	恒雜而不厭	損先難而後易	益長裕而不設
	困窮而通	井居其所而遷	巽稱而隱
三	履以和行	謙以制禮	復以自知
	恒以一德	損以遠害	益以興利
	困以寡怨	井以辯義	巽以行權

上經卦三三敘而九下經卦六三敘而十八履十謙十五復二十四恒二損十一益十二困十七井十八巽二十七九卦之數總一百三十有六凡三求之四百有八也周大三百六十成數也餘四十八陰陽所以進退也陽進於乾六月各四十八（復至乾也）陰退於坤六月亦四十八（姤至坤也）此九卦數之用也

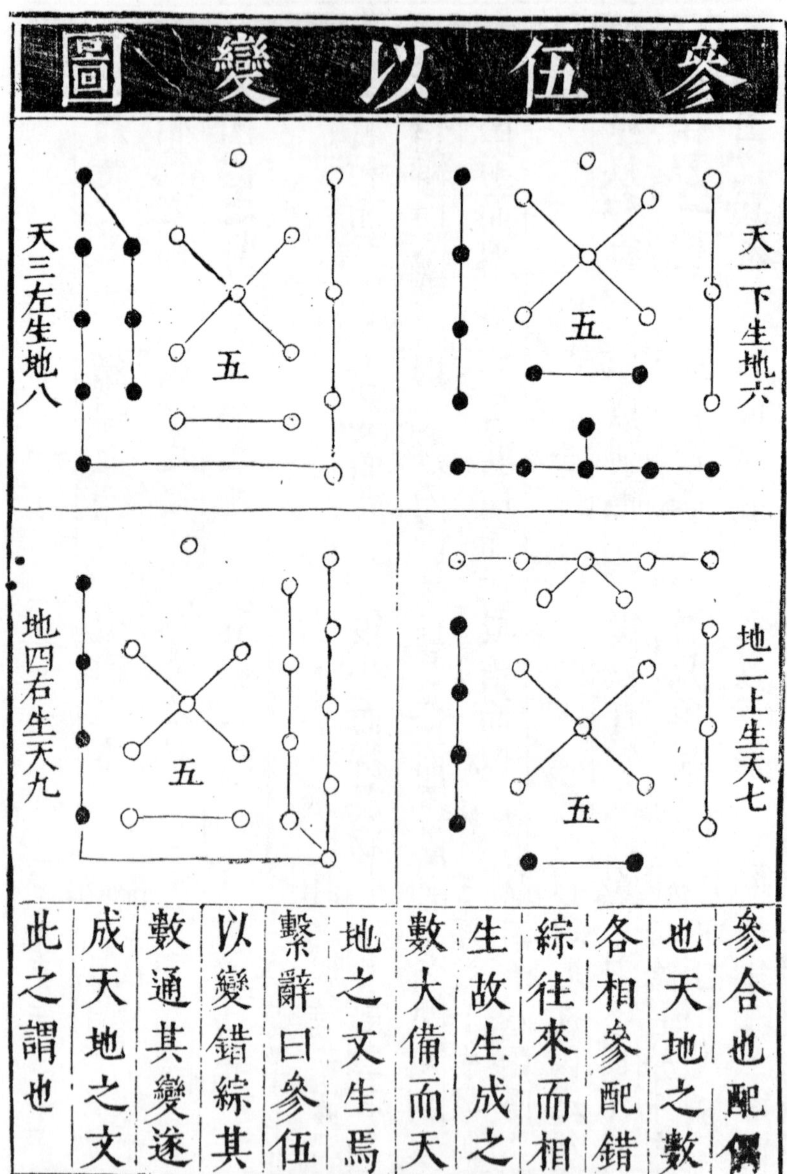

參合也配偶也天地之數各相參配錯綜往來而相生故生成之數大備而天地之文生焉繫辭曰參伍以變錯綜其數通其變遂成天地之文此之謂也

十有八變圖

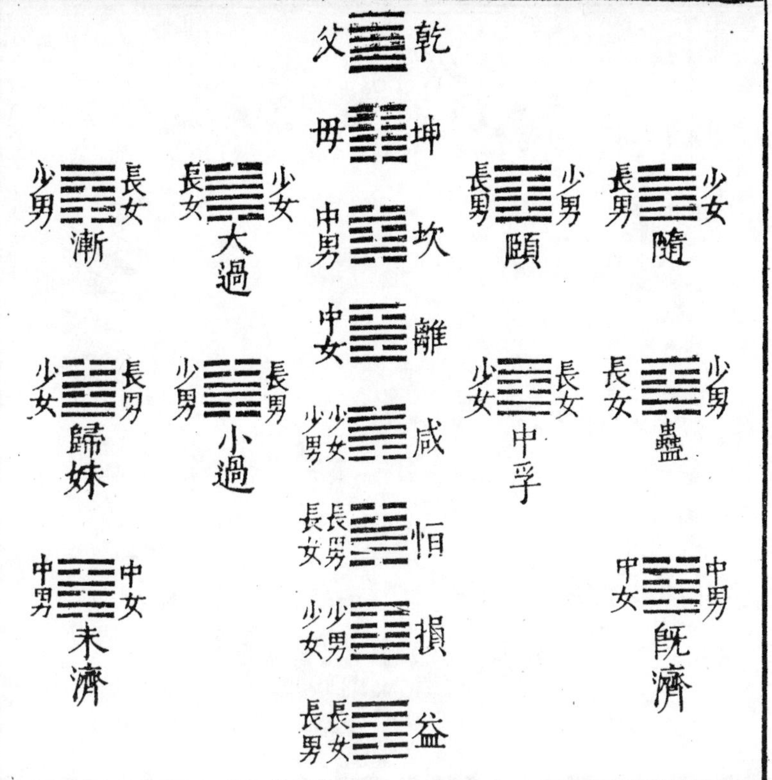

乾 父
坤 母
坎 中男
離 中女
咸 少女 少男
恒 長男 長女
損 少男 少女
益 長女 長男

隨 少女 長男
頤 少男 長男
大過 少女 長女
漸 長女 少男

蠱 少男 長女
中孚 長女 少女
小過 長男 少男
歸妹 長男 少女

既濟 中男 中女
未濟 中女 中男

男女合者上下經惟十二位正位乾坤坎離咸恒損益八卦分爲十八位乾坤變頤大過頤大過變坎離坎離變中孚小過中孚小過變咸恒咸恒成人倫也

一陰一陽圖

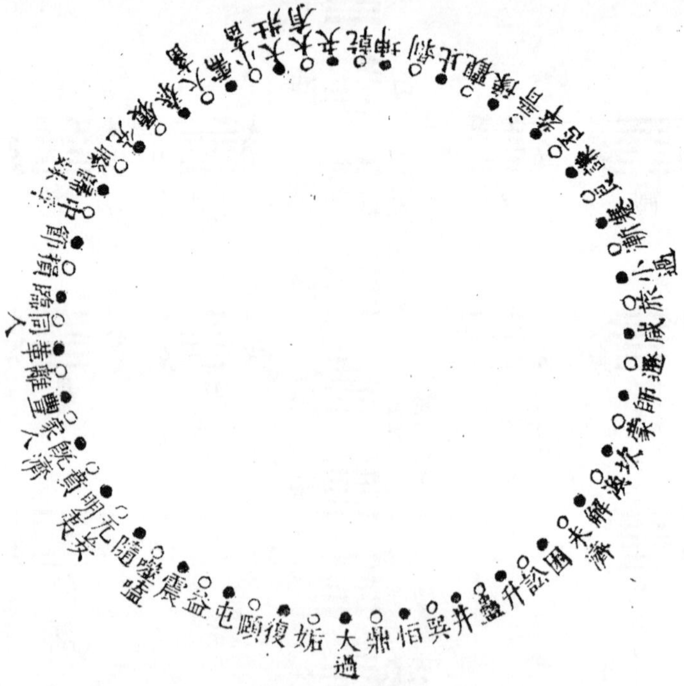

坤 乾 剝 比 觀 豫 晉 萃 否 謙 艮 蹇 漸 小過 旅 咸 遯 師 蒙 坎 渙 解 未濟 困 訟 升 蠱 井 巽 恒 鼎 大過 姤 復 頤 屯 益 震 噬嗑 隨 无妄 明夷 賁 既濟 家人 豐 離 革 同人 臨 損 節 中孚 歸妹 睽 兌 履 泰 大畜 需 小畜 大壯 大有 夬

六十四卦一陰一陽始乾終坤先自乾坤一陰一陽排六十四次自乾二陽二陰次四陽四陰次十六陽十六陰次三十二陽三十二陰即成六十四卦也故曰一陰一陽之謂道

先甲後甲圖

自甲午至癸亥三十日

先甲

黑暈

起申至巳

自甲子至癸巳三十日

後甲

白暈

起寅至亥

陰陽君民

震 坎 艮

巽 離 兌

陽卦以奇爲君故一陽而二陰陽爲君陰爲民也陰卦以偶爲君故二陽而一陰陰爲君陽爲民也陽一畫爲君二畫爲民其理順故曰君子之道陰二畫爲君一畫爲民其理逆故曰小人之道

陰陽奇偶

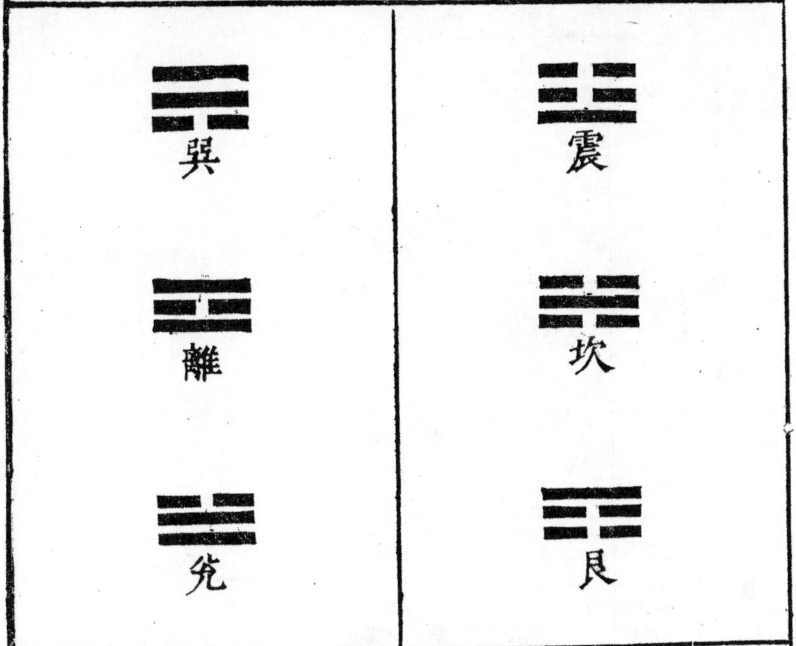

☳ 震　☵ 坎　☶ 艮

☴ 巽　☲ 離　☱ 兑

震坎艮陽卦也曷爲而多陰自坤而索也其卦皆一陽二陰凡五也故曰陽卦奇

巽離兑陰卦也曷爲而多陽自乾而來也其卦皆一陰二陽凡四也故曰陰卦偶

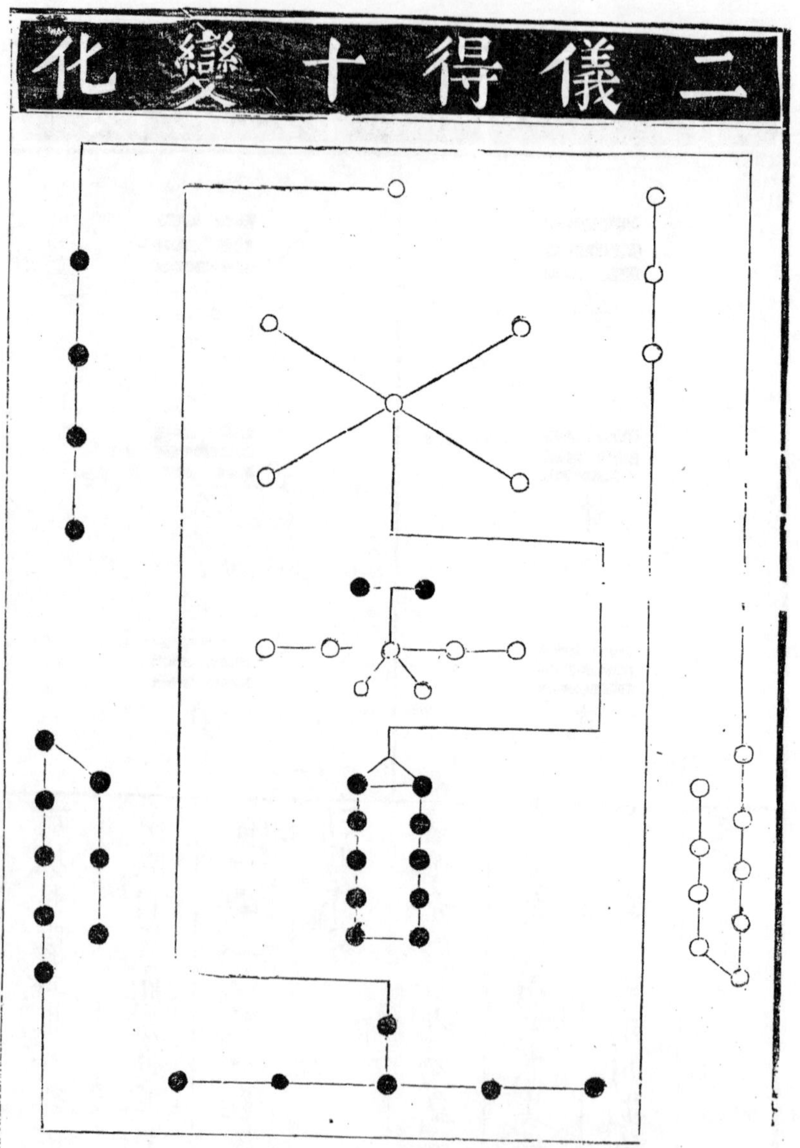
二儀得十變化

十日五行相生

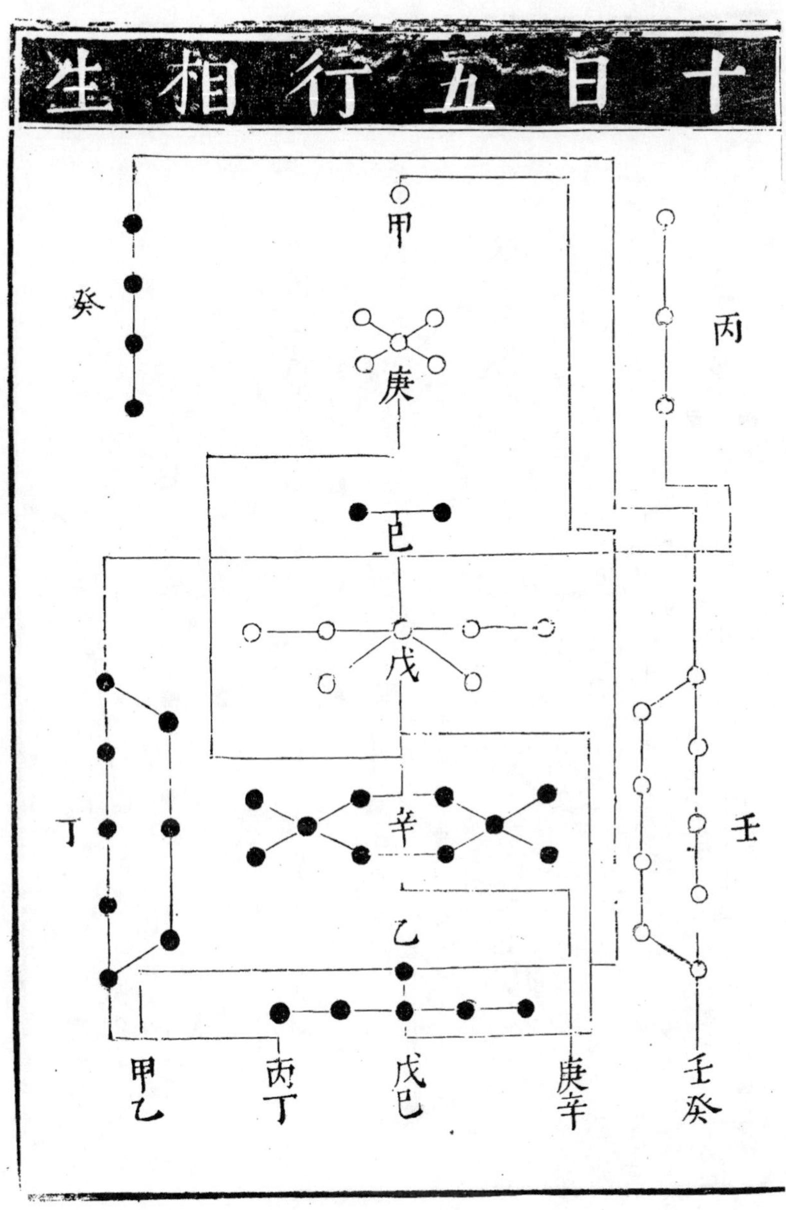

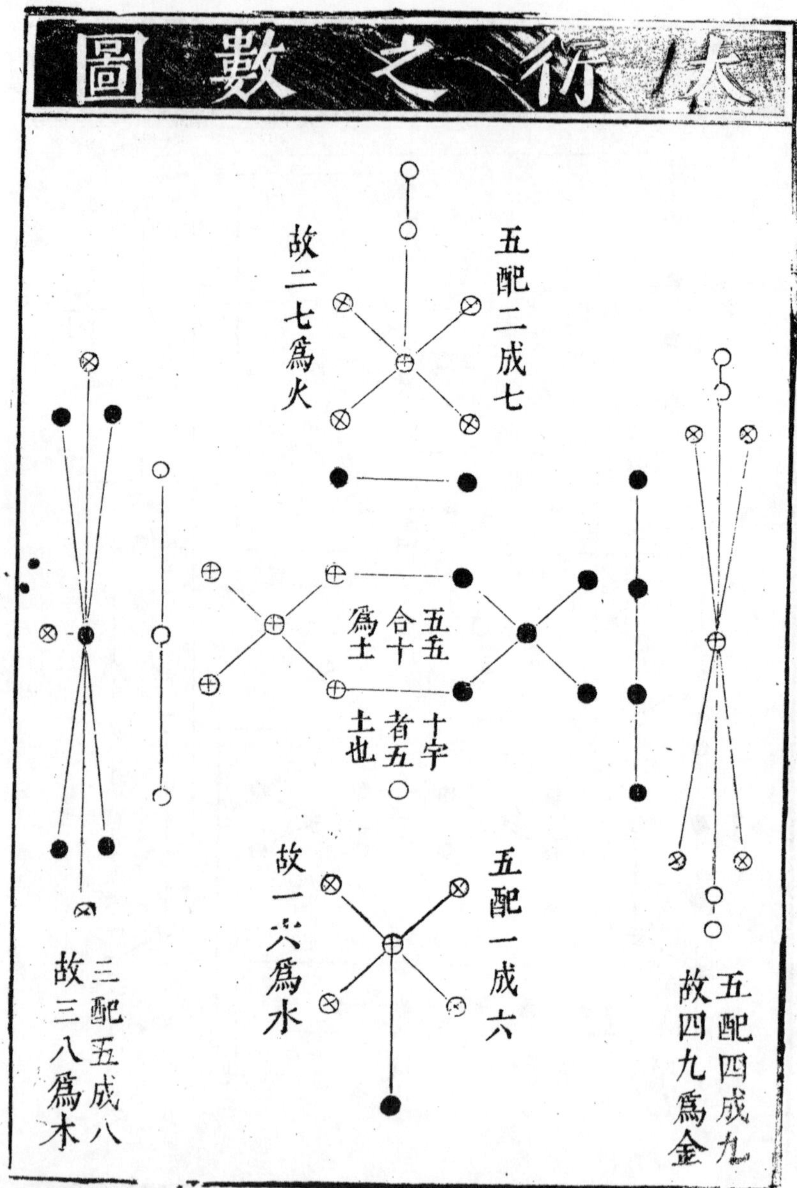
大衍之數圖
五配二成七
故二七爲火
五五合十爲土
十字者五土也
五配一成六
故一六爲水
三配五成八
故三八爲木
五配四成九
故四九爲金

揲蓍之法圖

第一揲	五	九	五	九	九	九	五	五
二揲	四	八	八	四	八	四	八	四
三揲	四	八	八	八	四	四	四	八
第一掛於小指間不五則九第二掛於中指間第三掛於食指間皆不四則八	此係三少計十三策四十九策中除十三餘三十六卽四九之數也是爲老陽	此係三多計二十五策四十九中除二十五餘二十四卽四六之數是爲老陰	少陽	並係兩多一少各計二十一策四十九中除二十一餘二十八卽四七之數也是爲少陽	少陽	少陰	並係兩少一多各計十七策四十九中除十七餘三十二卽四八之數也是爲少陰	少陰

河圖百六數

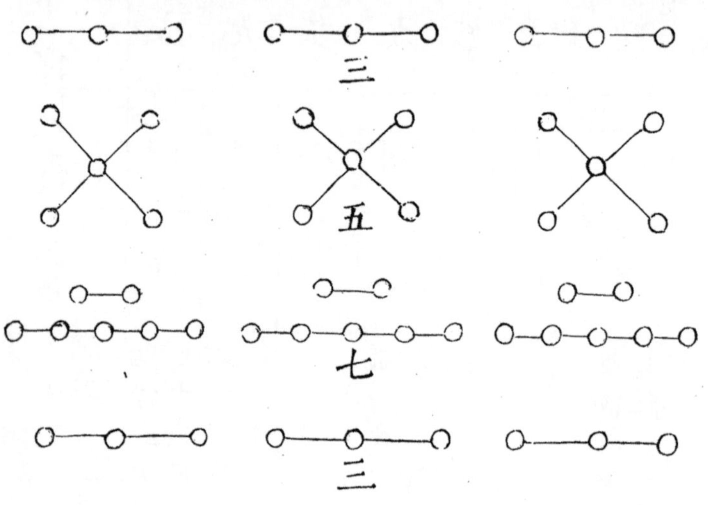

以三因天地十五數得四十五以五因天地十五數得七十五以七因天地十五數得一百五九宮數止一百五故百六爲極數用三五七者取陽數中者用之

八卦司化圖

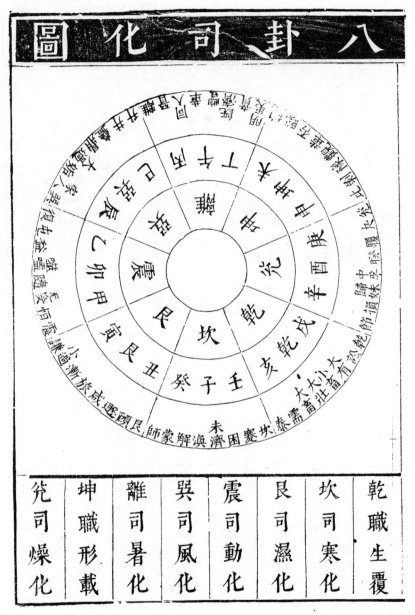

乾職生覆	坎司寒化	艮司濕化	震司動化	巽司風化	離司暑化	坤職形載	兌司燥化

類聚羣分圖

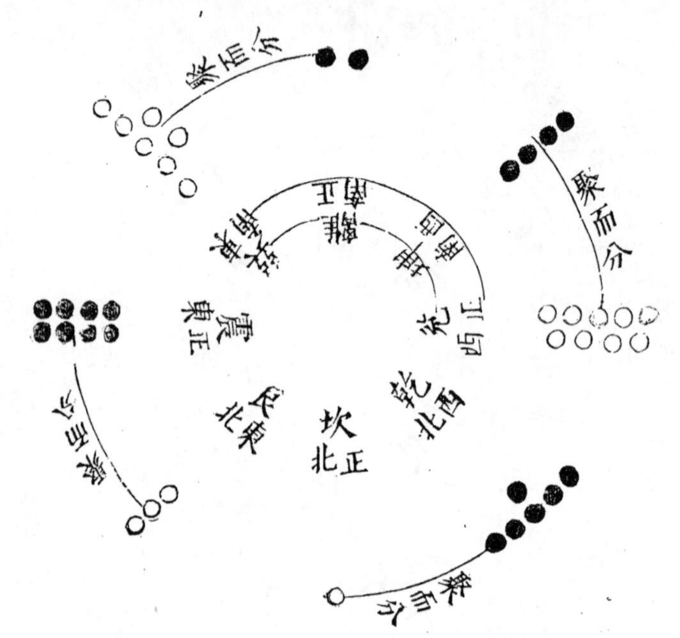

坎北震東乾西北艮東北四卦皆陽也離南兌西巽東南坤西南四卦皆陰也故曰方以類聚一聚於六而分乾坎四聚於九而分坤兌二聚於七而分離巽三聚於八而分震艮故曰物以羣分得朋則吉乖類則凶此吉凶所以生也

通乎晝夜圖

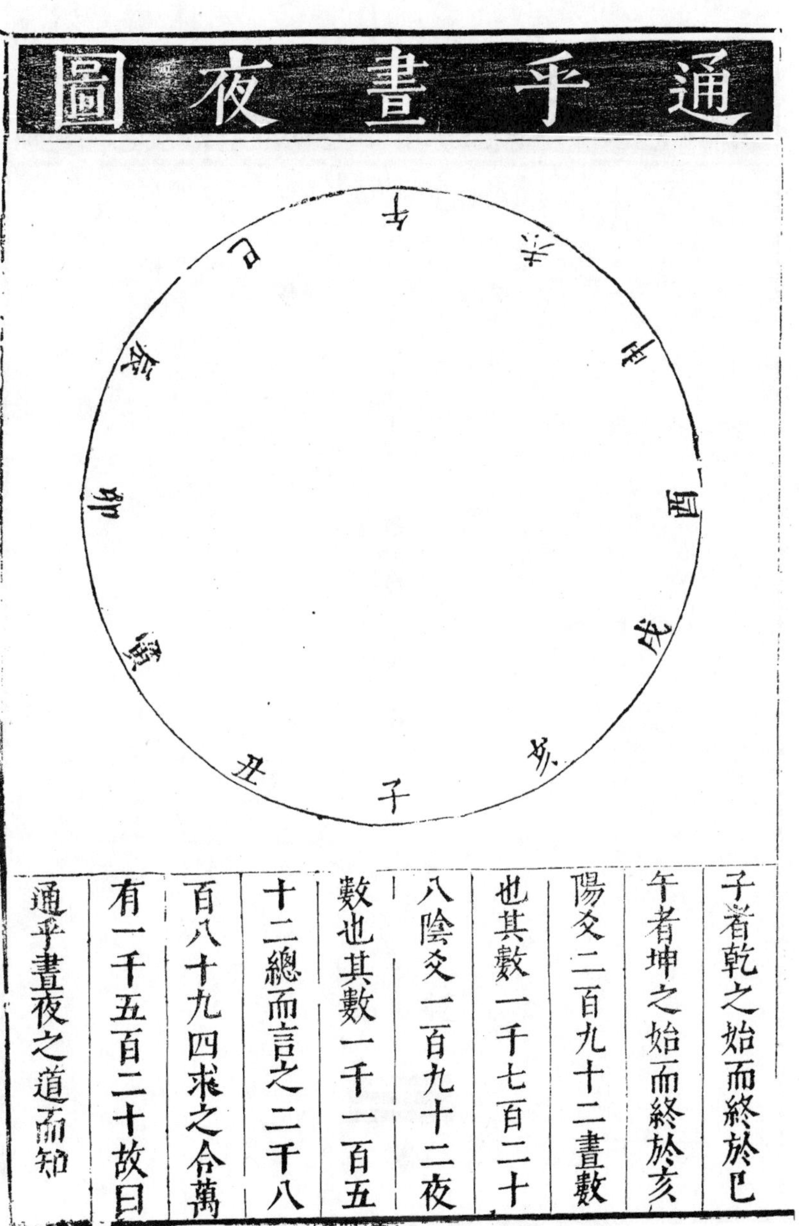

子者乾之始而終於巳午者坤之始而終於亥陽爻二百九十二晝數也其數一千七百二十八陰爻一百九十二夜數也其數一千一百五十二總而言之二千八百八十九四求之合萬有一千五百二十故曰通乎晝夜之道而知

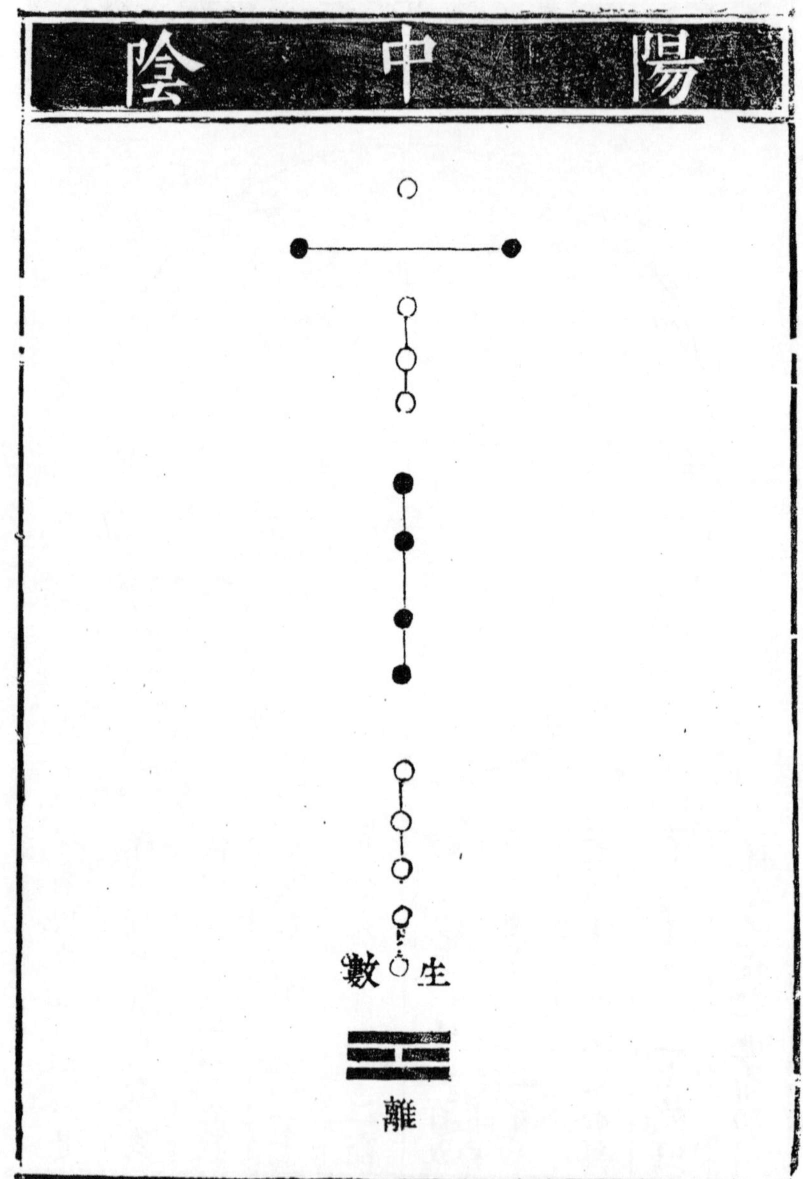
陽
中
陰
生
數
離

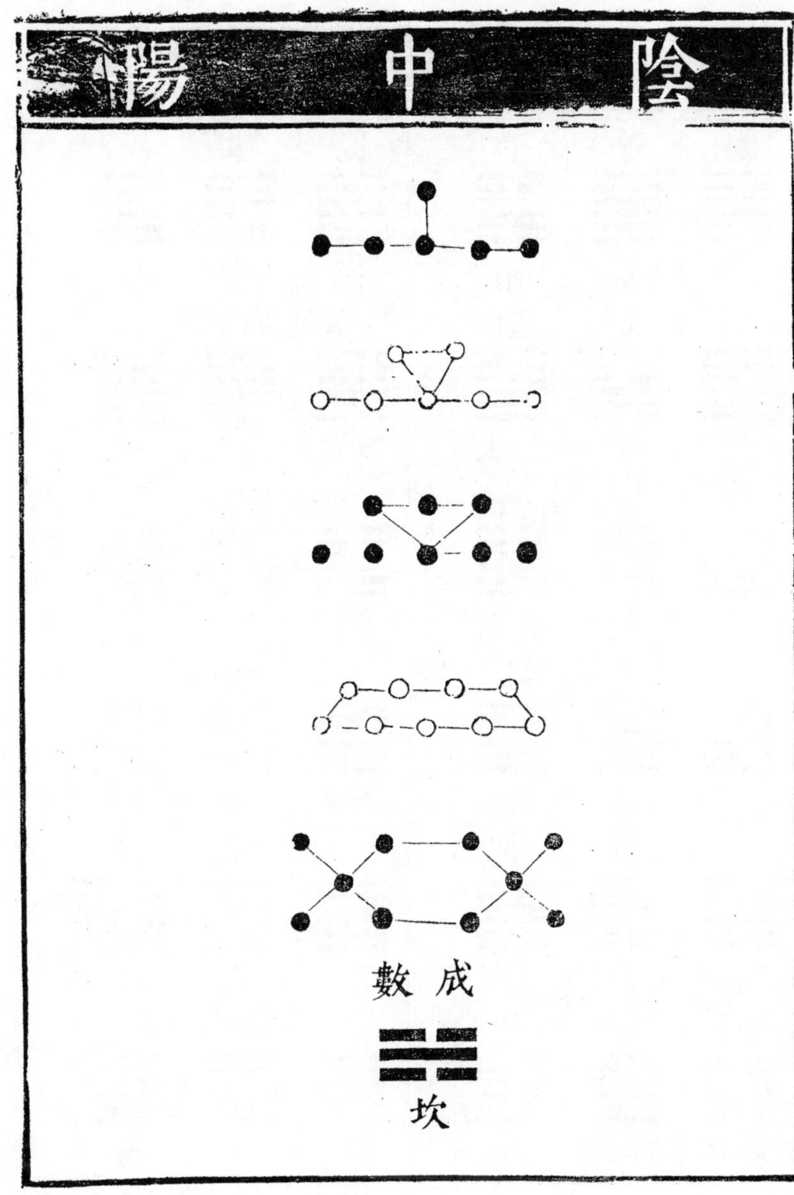
陰中陽
成數
坎

序卦圖

上經三十

乾	坤	屯 蒙	需 訟	師 比	小畜 履
泰 否	同人 大有	謙 豫	隨 蠱	臨 觀	噬嗑 賁
剝 復	无妄 大畜	頤	大過	坎	離

下經三十四

咸 恒	遯 大壯	晉 明夷	家人 睽	蹇 解	損 益
夬 姤	萃 升	困 井	革 鼎	震 艮	漸 歸妹
豐 旅	巽 兌	渙 節	中孚	小過	既濟 未濟

雜卦圖

乾	坤	比	師	臨	觀	屯	蒙
震	艮	損	益	大畜	无妄	萃	升
謙	豫	噬嗑	賁	兑	巽	隨	蠱
剝	復	晉	明夷	井	困	咸	恒
渙	節	解	蹇	睽	家人	否	泰
大壯	遯	大有	同人	革	鼎	小過	中孚
豐	旅	離	坎	小畜	履	需	訟
大過	姤	漸	頤	既濟	歸妹	未濟	夬

雜卦者雜揉衆卦錯綜其義以暢无窮之用故其義專以剛柔升降反復取義與序卦不同故韓康伯云或以同相類或以異相明雜六十四卦以爲義是也

太玄準易卦名圖

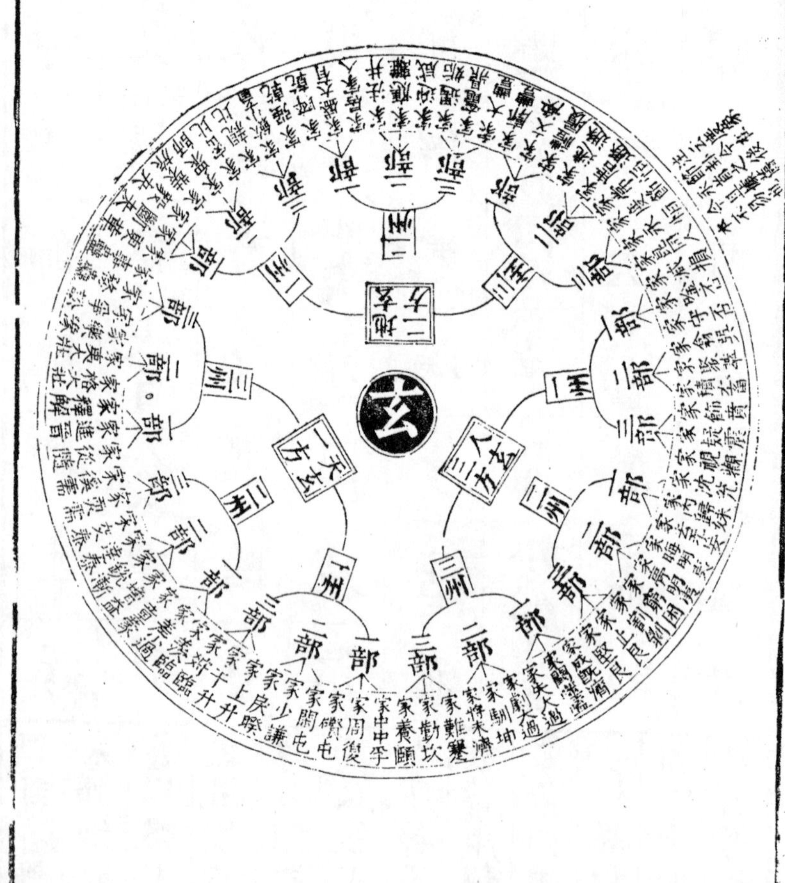

太玄準易卦氣圖

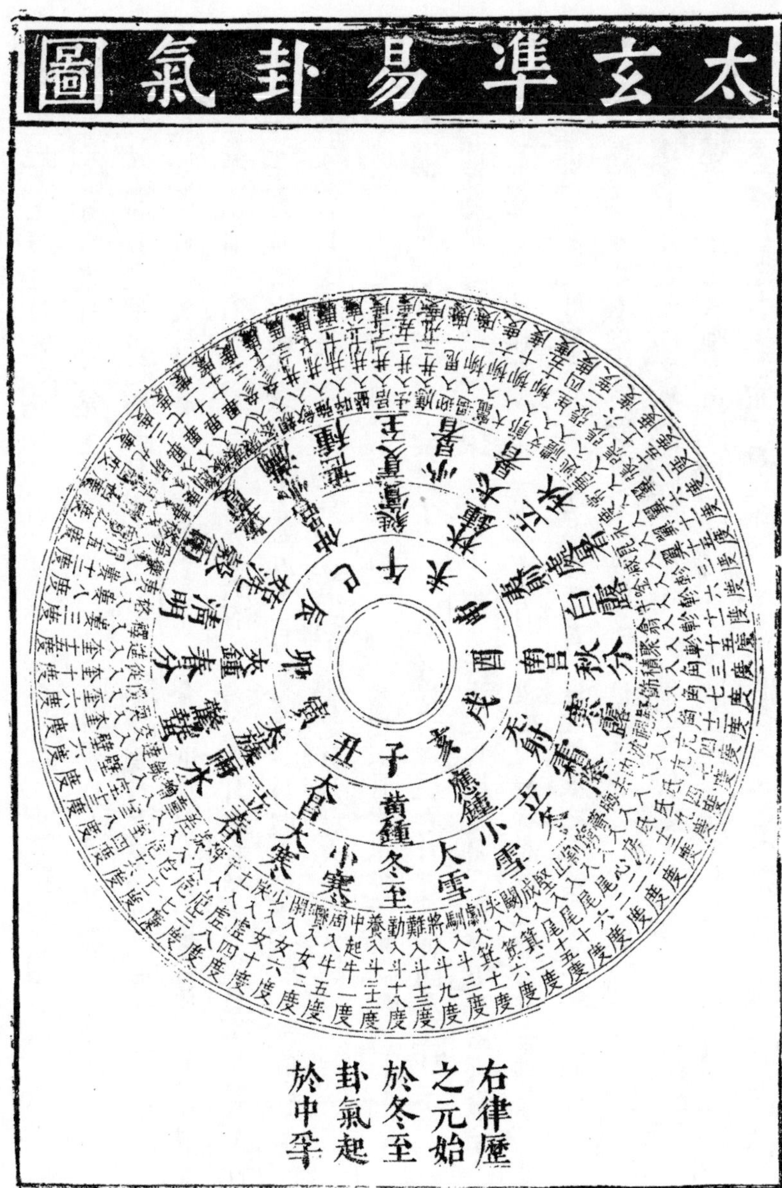

右律曆之元始於冬至卦氣起於中孚

皇極經世

一一 元之元日之日乾之乾 一

一二 元之會日之月乾之兌 十二

一三 元之運月之星乾之離 三百六十

一四 元之世日之辰乾之震 四千三百二十

一五 元之歲日之石乾之巽 一十二萬九千六百

一六 元之月日之土乾之坎 一百五十五萬五千二百

一七 元之日日之火乾之艮 四千六百六十五萬六千

一八 元之辰日之水乾之坤 五萬五千九百八十七萬二千

三一 運之元星之日離之乾 三百六十

三二 運之會星之月離之兌 四千三百二十

三三 運之運星之星離之離 一十二萬九千六百

三四 運之世星之辰離之震 一百五十五萬五千二百

三五 運之歲星之石離之巽 四千六百六十五萬六千

三六 運之月星之土離之坎 五萬五千九百八十七萬二千

三七 運之日星之火離之艮 一百六十七萬九千六百一十六萬

三八 運之辰星之水離之坤 二千一十五萬五千三百九十二萬

二一 會之元月之日兌之乾 一十二

二二 會之會月之月兌之兌 一百四十四

二三 會之運月之星兌之離 四千三百二十

二四 會之世月之辰兌之震 五萬一千八百四十

二五 會之歲月之石兌之巽 一百五十五萬五千二百

二六 會之月月之土兌之坎 一千八百六十六萬二千四百

二七 會之日月之火兌之艮 五萬五千九百八十七萬二千

二八 會之辰月之水兌之坤 六十七萬一千八百四十六萬四千

四一 世之元辰之日震之乾 四千三百二十

四二 世之會辰之月震之兌 五萬一千八百四十

四三 世之運辰之星震之離 一百五十五萬五千二百

四四 世之世辰之辰震之震 一千八百六十六萬二千四百

四五 世之歲辰之石震之巽 五萬五千九百八十七萬二千

四六 世之月辰之土震之坎 六十七萬一千八百四十六萬四千

四七 世之日辰之火震之艮 二千一十五萬五千三百九十二萬

四八 世之辰辰之水震之坤 二萬四千一百八十六萬四千七百四萬

全數圖

五一	歲之元石之日巽之乾	一十二萬九千六百
五二	歲之會石之月巽之兌	一百五十五萬五千二百
五三	歲之運石之星巽之離	四千六百六十五萬六千
五四	歲之世石之辰巽之震	五萬五千九百八十七萬二千
五五	歲之歲石之石巽之巽	一百六十七萬九千六百一十六萬
五六	歲之月石之土巽之坎	二千一十五萬五千三百九十二萬
五七	歲之日石之火巽之艮	六萬四百六十六萬一千七百六十萬
五八	歲之辰石之水巽之坤	七十二萬五千五百九十四萬一千一百二十萬
七一	日之元火之日艮之乾	四千六百六十五萬六千
七二	日之會火之月艮之兌	五萬五千九百八十七萬二千
七三	日之運火之星艮之離	一百六十七萬九千六百一十六萬
七四	日之世火之辰艮之震	二千一十五萬五千三百九十二萬
七五	日之歲火之石艮之巽	六萬四百六十六萬一千七百六十萬
七六	日之月火之土艮之坎	七十二萬五千五百九十四萬一千一百二十萬
七七	日之日火之火艮之艮	二百一十七萬六千七百八十二萬三千五百
七八	日之辰火之水艮之坤	二千六百一十一萬一千三百八十八萬二千
六一	月之元土之日坎之乾	一百五十五萬五千二百
六二	月之會土之月坎之兌	一千八百六十六萬二千四百
六三	月之運土之星坎之離	五萬五千九百八百八十七萬二千
六四	月之世土之辰坎之震	六十七萬一千八百四十六萬四千
六五	月之歲土之石坎之巽	二千一十五萬五千三百九十二萬
六六	月之月土之土坎之坎	二萬四千一百八十六萬四千七百四萬
六七	月之日土之火坎之艮	七十二萬五千五百九十四萬一千一百二十萬
六八	月之辰土之水坎之坤	八百七十萬七千一百二十九萬三千四百四十萬
八一	辰之元水之日坤之乾	五萬五千九百八十七萬二千
八二	辰之會水之月坤之兌	六十七萬一千八百四十六萬四千
八三	辰之運水之星坤之離	二千一十五萬五千三百九十二萬
八四	辰之世水之辰坤之震	二萬四千一百八十六萬四千七百四萬
八五	辰之歲水之石坤之巽	七十二萬五千五百九十四萬一千一百二十萬
八六	辰之月水之土坤之坎	八百七十萬七千一百二十九萬三千四百四十萬
八七	辰之日水之火坤之艮	二千六百一十一萬一千三百八十八萬二千
八八	辰之辰水之水坤之坤	三萬一千三百四十[illegible]六千六百五十八萬四千

邵氏皇極經世圖

元一 會 日甲月 子一星 運 三十辰 世 三百六十
月 丑二星 六十辰 七百二十
月 寅三星 九十辰 一千八十 開物 星之己七十六
月 卯四星 一百二十辰 一千四百四十
月 辰五星 一百五十辰 一千八百
月 巳六星 一百八十辰 二千一百六十 唐始星之癸一百八十 虞辰二千一百五十七
月 午七星 二百一十辰 二千五百二十 夏殷周秦漢晉 十六國南北朝 隋唐五代 宋
月 未八星 二百四十辰 二千八百八十
月 申九星 二百七十辰 三千二百四十
月 酉十星 三百辰 三千六百
月 戌十一星 三百三十辰 三千九百六十 閉物 星之戊三百一十五
月 亥十二星 三百六十辰 四千三百二十

一聲 多可介吉 禾火化八 開宰愛○ 回每退○
二聲 良兩向○ 光廣況○ 丁井亘○ 兄永瑩○
三聲 千典旦○ 元犬半○ 臣引艮○ 君允巽○
四聲 刀早孝岳 毛寶報霍 牛斗奏六 ○○○玉
五聲 妻子四日 衰○帥骨 ○○○德 龜水貴北
六聲 宮孔眾○ 龍甬用○ 魚鼠去○ 烏虎兔○
七聲 心審禁○ ○○○十 男坎欠○ ○○○妾
八聲 ●●●● ●●●● ●●●● ●●●●
九聲 ●●●● ●●●● ●●●● ●●●●
十聲 ●●●● ●●●● ●●●● ●●●●

右正聲

一音 古甲九癸 口口近揆 坤巧丘棄 口口乾虯
二音 黑花香血 黃華雄賢 五瓦仰口 吾牙月堯
三音 安亞乙一 口爻王寅 母馬美米 目皃眉民
四音 夫法口飛 父凡口吠 武晚口尾 文萬口未
五音 卜百丙必 步白精鼻 普朴品匹 旁排平瓶
六音 東丹帝■ 兌大弟■ 土貪天■ 同覃田■
七音 乃妳女■ 內南年■ 老冷呂■ 鹿犖離■
八音 走哉足■ 自在匠■ 草采七■ 曹才全■
九音 思三星■ 寺口象■ 口口口■ 口口口■
十音 ■山手■ ■士石■ ■口耳■ ■口二■
十一音 ■莊震■ ■乍口■ ■叉赤■ ■崇辰■
十二音 ■卓中■ ■宅直■ ■坼丑■ ■茶呈■

右正音

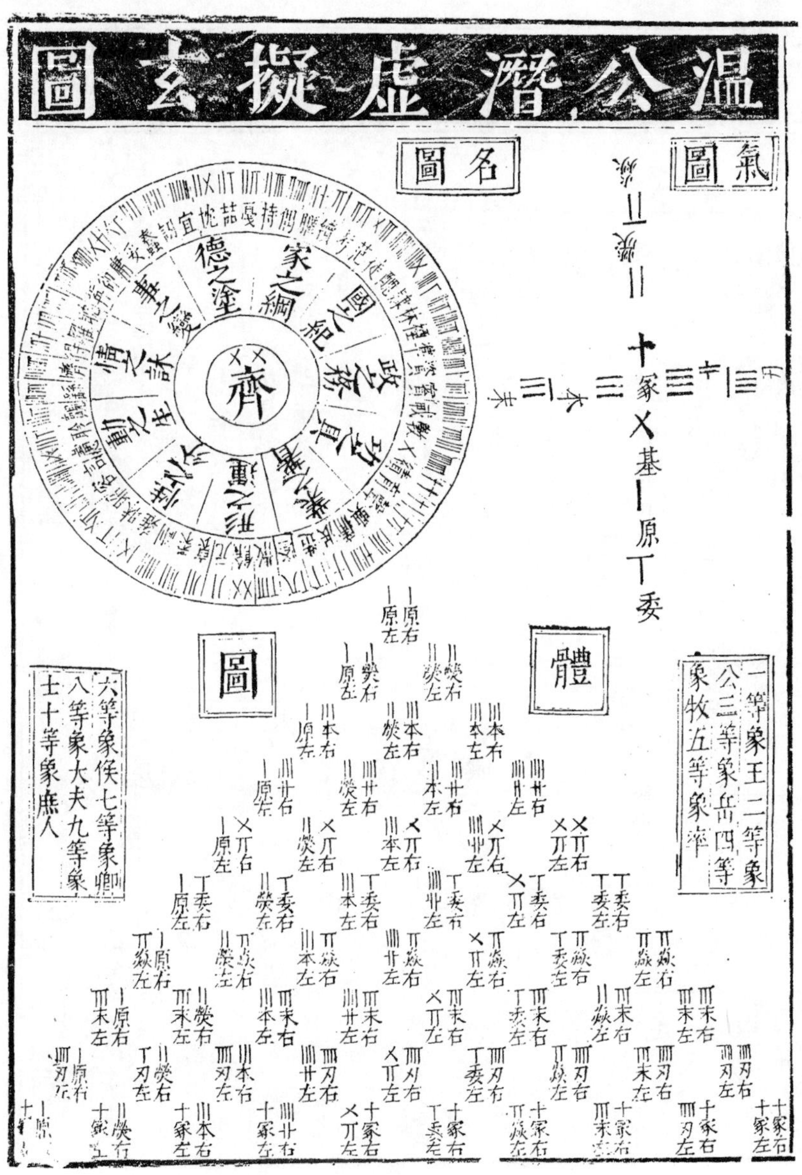
溫公潛虛擬玄圖
氣圖
名圖
體圖
齊
一等象王二等象公三等象岳四等象牧五等象率
六等象侯七等象卿八等象大夫九等象士十等象庶人

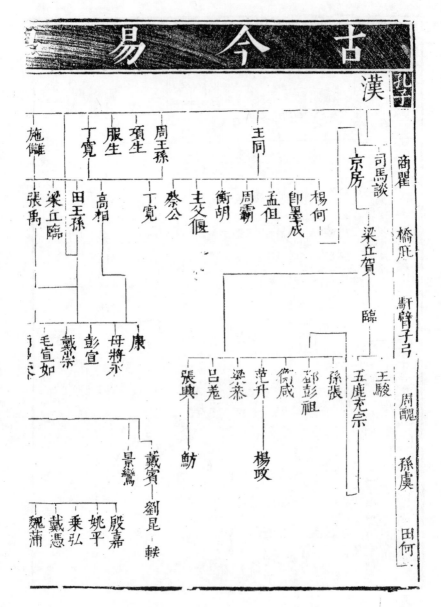

古今易

孔子
商瞿
橋庇
馯臂子弓
周醜
孫虞
田何

漢

司馬談
京房
梁丘賀
臨
王駿
五鹿充宗

楊何
即墨成
孟但
周霸
衡胡
主父偃
蔡公
丁寬

王同
周王孫
項生
服生
丁寬
施讎

高相
田王孫
梁丘臨
張禹

孫張
鄧彭祖
衡咸
范升
梁恭
呂羌
張興
魴
楊政

康
毋將永
彭宣
戴崇
毛宣如

戴賓
劉昆
軼
景鸞

殷嘉
姚平
乘弘
戴憑
魏蒲

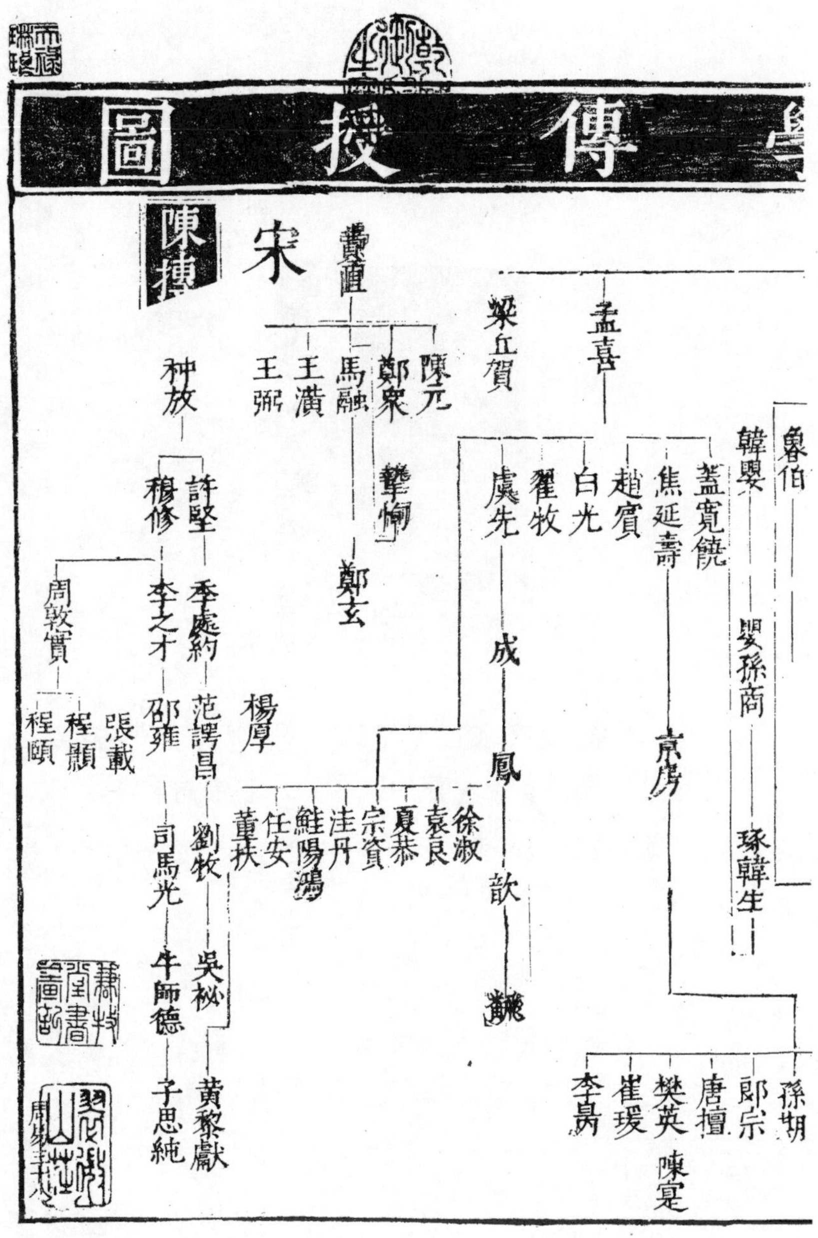
傳授圖
魯伯
韓嬰
嬰孫商
琢韓生
孟喜
梁丘賀
蓋寬饒
焦延壽
趙賓
白光
翟牧
虞先
成
鳳
歆
京房
孫期
郎宗
唐檀
樊英
陳寔
崔瑗
李郃
徐淑
袁良
夏恭
宗資
洼丹
鮭陽鴻
任安
董扶
楊厚
費直
陳元
鄭衆
馬融
王璜
王弼
鄭玄
宋
陳摶
种放
許堅
穆修
李處約
李之才
范諤昌
劉牧
吳祕
黃黎獻
邵雍
司馬光
牛師德
子思純
周敦實
張載
程顥
程頤

教學單元講義目錄

第01輯　紫微斗數觀念及基本術語
第02輯　排盤介紹(一)
第03輯　排盤介紹(二)
第04輯　十二宮職、紫微星、
　　　　天機星、太陽星介紹
第05輯　武曲星、天同星、
　　　　廉貞星、天府星介紹
第06輯　太陰星、貪狼星、
　　　　巨門星、天相星介紹
第07輯　天梁星、七殺星、
　　　　破軍星、祿存星介紹
第08輯　文昌星、文曲星、左輔星、
　　　　右弼星、天魁星、天鉞星介紹
第09輯　擎羊星、陀羅星、火星、
　　　　鈴星、天空星、地劫星介紹
第10輯　宮氣介紹及論盤
第11輯　雙星介紹
第12輯　丙級介紹
第13輯　博士、歲前、長生、
　　　　將前諸星介紹
第14輯　四化星介紹
第15輯　四化星飛宮介紹
第16輯　四化疊宮---命宮介紹
第17輯　四化疊宮---財帛宮介紹
第18輯　四化疊宮---官祿宮介紹
第19輯　四化疊宮---夫妻宮介紹
第20輯　四化星組合及自化介紹
第21輯　十年流運論斷及論盤
第22輯　四化運用及預測方法
第23輯　面相對應十二宮(一)
第24輯　面相對應十二宮(二)
第25輯　疾厄宮介紹
第26輯　四化垂象法則介紹 官祿宮運用
第27輯　四化垂象法則介紹 財帛宮運用
第28輯　四化垂象法則介紹 夫妻宮運用
第29輯　陰煞星應用介紹
第30輯　意外論斷介紹
第31輯　流年論斷介紹
第32輯　紫微斗數觸機法則介紹
　　　　命盤範例集(20張盤)

講義一冊、光碟片32片，另外有四小時面授時間 。

王文華老師　電話：0989-471-968　　EMail: sw5353@gmail.com

紫微斗數教學影片

打開學習盲點

1、『關係』指「星曜」、「四化」與「宮職」之相互關係。

2、『應期』區分天干、地支、小限年應期及垂象法則(四化疊宮應期)。

3、『同位』同位層階關係之觀念。

4、『繼承』上下關係之影響。

5、『觸機』更高一層次實用方法。

本涵授教材是累積十餘年之教學經驗而成，由入門基礎到高階運用都在本涵授教材內，課程內容精彩可期。過去所教授之學生中，已有數位學員，論斷及運用能力有獨到一面，所以沒有學不會的學生，只有懶惰加上不努力才學不會。

八字排盤 專家版　本命　十年　流年　流月　流日　流時　曆　客　i　分享　列印　客戶管理　紫微

日空	年空	胎息	胎元	命格	命宮	果【時】	花【日】	苗【月】	根【年】	姓名	王大明
申酉	寅卯	己卯	丁未	偏財	癸亥	食神 休	命主 囚	食神 休	正印 死	主星	陰男 肖牛 45歲
人元用事		乙 劫財				丙火	甲木	丙火	癸水	天干	國曆 1973年4月8日 AM 04:49
日主旺度		A29＜34B				寅木	戌土	辰土	丑土	地支	農曆 1973年3月6日寅時
陰陽氣合		7.0				戊 丙 甲	丁 辛 戊	癸 乙 戊	癸 辛 己	藏干	清明 木當令
中用神						偏財 食神 比肩	偏官 正官 偏財	正印 劫財 偏財	正印 正官 正財	副星	
格局用神						臨官	養	衰	冠帶	12運	
疾病檢核表		用神 木				紅鸞、祿神、劫煞、孤虛、孤辰	寡宿、天羅	地網	天乙貴人	神煞	出生後00年11月28日交大運；每逢癸或戊年穀雨後10天交大運
						爐中火	山頭火	沙中土	桑拓木	納音	

疾病檢核表		用神	
甲膽	39	用神	木
乙肝	5	喜神	水
丙小腸	57	閒神	火
丁心	0	忌神	金
戊胃	8	仇神	土
己脾	8	旺	土
庚大腸	16	相	金
辛肺	5	休	火
壬膀胱	0	囚	木
癸腎	20	死	水

10/19	10/18	10/17	10/16	10/15	10/14	10/13	10/12	10/11	10/10	10/9	10/8	流日運
正財	偏財	傷官	食神	劫財	比肩	正印	偏印	正官	七殺	正財	偏財	丁酉年
己卯	戊寅	丁丑	丙子	乙亥	甲戌	癸酉	壬申	辛未	庚午	己巳	戊辰	庚戌月 庚午日
8/30	8/29	8/28	8/27	8/26	8/25	8/24	8/23	8/22	8/21	8/20	8/19	2017年
乙	戊丙甲	癸辛己	癸	甲壬	丁辛戊	辛	戊壬庚	丁乙己	己丁	庚戊丙	癸乙戊	10月
劫財	偏財 食神 比肩	正印 正官 正財	正印	比肩 偏印	傷官 正官 偏財	正官	偏財 偏印 七殺	傷官 劫財 正財	正財 傷官	七殺 偏財 食神	正印 劫財 偏財	10日
帝旺	臨官	冠帶	沐浴	長生	養	胎	絕	墓	死	病	衰	
城頭土	城頭土	澗下水	澗下水	山頭火	山頭火	劍鋒金	劍鋒金	路旁土	路旁土	大林木	大林木	

比肩	劫財	偏印	正印	七殺	正官	偏財	正財	食神	傷官	水	木	火	土	金
39	5	0	20	16	5	8	8	57	0	14	15	73	34	0

2017年九月　丁酉年庚戌月　45歲

10/10 庚午日 二 寒露 8/21		
丙子時	23:00～01:00	寒露
丁丑時	01:00～03:00	寒露
戊寅時	03:00～05:00	寒露
己卯時	05:00～07:00	寒露
庚辰時	07:00～09:00	寒露
辛巳時	09:00～11:00	寒露
壬午時	11:00～13:00	寒露
癸未時	13:00～15:00	寒露
甲申時	15:00～17:00	寒露
乙酉時	17:00～19:00	寒露
丙戌時	19:00～21:00	寒露
丁亥時	21:00～23:00	寒露
10/11 辛未日 三 寒露 8/22		
戊子時	23:00～01:00	寒露
己丑時	01:00～03:00	寒露
庚寅時	03:00～05:00	寒露
辛卯時	05:00～07:00	寒露
壬辰時	07:00～09:00	寒露
癸巳時	09:00～11:00	寒露
甲午時	11:00～13:00	寒露
乙未時	13:00～15:00	寒露
丙申時	15:00～17:00	寒露
丁酉時	17:00～19:00	寒露
戊戌時	19:00～21:00	寒露
己亥時	21:00～23:00	寒露

本命　十年　流年　流月　流日

八字流日盤

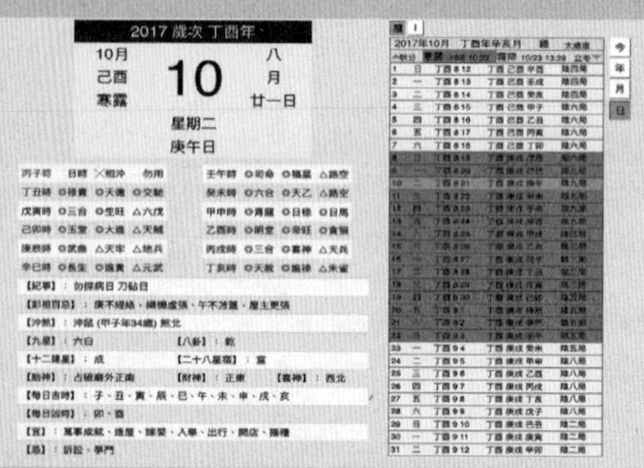

萬年曆

星鑰排盤 meen.tw

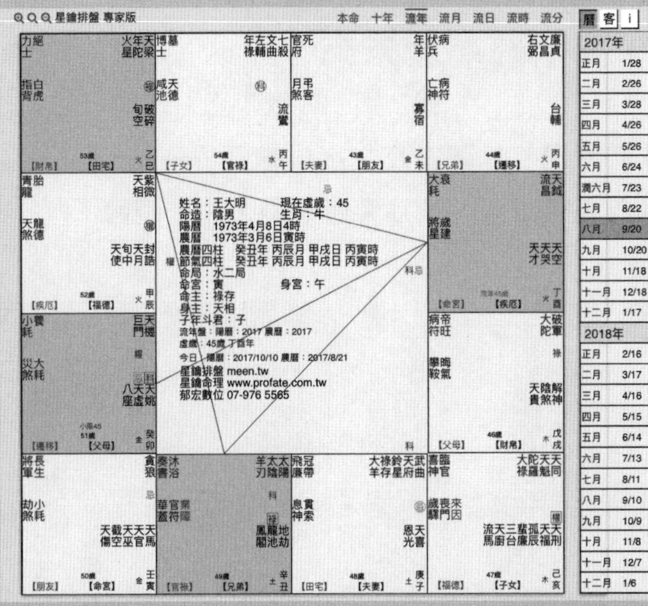

紫微斗數流年四化疊盤

紫微斗數流時盤

項　目	月租	年租
紫微、八字、萬年曆基本盤	0	0
紫微動盤功能	250	2,200
紫微論斷分析	350	3,500
紫微吉凶分析	750	7,500
紫微堂號功能	150	1,200
八字動盤功能	250	2,200
八字堂號功能	150	1,200
萬年曆功能	0	250
以上實際費用請參考網站為（新台幣/元）		

Facebook 粉絲專頁

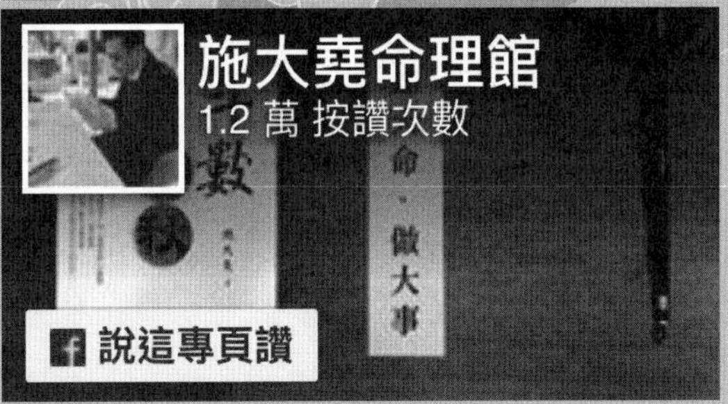

營業時間和資訊：

台北市大安區和平東路 2 段 359 號 1F

(+886)988-519-843　dahyau@me.com　預約制：11am-6pm

你對紫微斗數無法突破瓶頸嗎？

與王文華老師的緣分，起於2005年。

我自6歲命理啟蒙，從19歲開始開班教授風水學與紫微斗數，已經記不得、算不清寫了多少份命盤，看盡多少人的一生在我的手裡來來去去、又聽了多少大起大落感人至深的人生故事。

在我感恩得到這麼多的支持時，隨著時代的變遷，我也在思考是不是有更快更便捷的方式能為顧客排盤？坊間其實有很多電腦排盤程式，但追求完美主義的我都覺得不夠好；很幸運的，後來我遇到了王文華老師。看了王老師的命盤程式，我馬上就認定這正是我需要的！不僅解救了我十幾年來手寫命盤造成的肩頸痠痛，更讓我節省了一大半寫命盤的時間而有更多時間為客戶詳細解說；在我使用近四年來已累積近兩千筆客戶資料，省下的時間心力更是無法計算。對於每天都要耗費大量腦力的命理師而言，真的很感謝王老師！

紫微斗數是一條寂寞的路，在大部分的人都不了解此道的情況下，對於王老師與我這樣致力研究斗數並期望發揚光大的人來說，路上總是充滿荊棘。但是懷抱著對紫微斗數的熱情與喜愛，冀望著能讓更多人參透斗數之奧妙、並讓人生的路途上能得到指引。祝賀王文華老師的新書出版，一定能讓對斗數有興趣的讀者們從中獲益良多！

《斗數春秋》作者 施大堯 2017.10

時報悅讀17

紫微探源

作　者—王文華
主　編—王瑤君
責任編輯—謝翠鈺
行銷企劃—曾睦涵
封面設計—楊珮琪
美術編輯—李宜芝
製作總監—蘇清霖
董 事 長—趙政岷
出 版 者—時報文化出版企業股份有限公司
108019台北市和平西路三段二四〇號七樓
發行專線—（〇二）二三〇六六八四二
讀者服務專線—〇八〇〇二三一七〇五
（〇二）二三〇四七一〇三
讀者服務傳真—（〇二）二三〇四六八五八
郵撥—一九三四四七二四時報文化出版公司
信箱—一〇八九九臺北華江橋郵局第九九信箱
時報悅讀網—http://www.readingtimes.com.tw
法律顧問—理律法律事務所　陳長文律師、李念祖律師
印刷—勁達印刷有限公司
初版一刷—二〇一八年一月十九日
初版二刷—二〇二二年八月三十日
定價—新台幣一三〇〇元
（缺頁或破損的書，請寄回更換）

時報文化出版公司成立於一九七五年，
並於一九九九年股票上櫃公開發行，於二〇〇八年脫離中時集團非屬旺中，
以「尊重智慧與創意的文化事業」為信念。

紫微探源 / 王文華作 . -- 初版 . -- 臺北市 : 時報文化, 2018.01
面；　公分 . -- (時報悅讀 ; 17)

ISBN 978-957-13-7259-4(平裝)

1. 紫微斗數

293.11　　106023358

ISBN 978-957-13-7259-4
Printed in Taiwan